Utopie

AF630269

Alexander Neupert-Doppler

Utopie

Vom Roman zur Denkfigur

Reihe
theorie.org

Schmetterling Verlag

Bibliografische Informationen der Deutschen Nationalbibliothek
Die Deutsche Nationalbibliothek verzeichnet diese Publikation in der Deutschen Nationalbibliografie; detaillierte bibliografische Daten sind im Internet über http://dnb.d-nb.de abrufbar.

Schmetterling Verlag GmbH
Lindenspürstr. 38b
70176 Stuttgart
www.schmetterling-verlag.de
Der Schmetterling Verlag ist Mitglied von aLiVe,
der assoziation Linker Verlage.

ISBN 3-89657-683-6
1. Auflage 2015
Printed in Czech Republic
Alle Rechte vorbehalten
Satz und Reproduktionen: Schmetterling Verlag
Druck: Euro PB, Pribam

Inhalt

1. Einleitung

«Meine Utopie ist gar nicht so weit weg,
hab ich verstanden, denn sie wohnt sehr wohl in meinem Kopf,
somit in meinem Handeln.»
Sookee 2011: Track 15

Kaum ein Begriff ist schon so oft totgesagt und wiederbelebt worden wie jener der Utopie. Utopie, die kein Sein hat, ist schwer zu bestimmen, denn sie ist eine Form von Bewusstsein. Die linke Debatte um utopisches Bewusstsein, in die dieser Band einführt, ist äußerst vielfältig. Im Folgenden geht es nicht darum, die Inhalte zahlloser Utopien nachzuerzählen, sondern mögliche Funktionen utopischen Denkens darzustellen. Das Interesse daran ist besonders nach dem Beginn der (Finanz-) Krise deutlich gestiegen, wie einige Schlaglichter verdeutlichen: Ein Aufruf zum Bewegungskongress «Recht auf Stadt» im Juni 2011 in Hamburg endete mit der Perspektive «Utopischer Überschuss – Eine Stadt für Alle»[1]. Ein Kongress an der Technischen Universität Cottbus befasste sich im November 2012 mit «Utopie als Lebensentwurf und Gesellschaftskritik»[2]. An den Universitäten Berlin und Frankfurt am Main wurde 2013 über den «Verlust utopischen Denkens in der Spätmoderne»[3] bzw. «Ökonomische Utopien»[4] beraten. Auch in der Gewerkschaftszeitung «Erziehung und Wissenschaft» wird 2013 die 22-Stunden-Woche gefordert, als «Strategie, die Realität und Utopie verbindet»[5].

Bewegungslinke, Universitätslinke und Gewerkschaftslinke zeigen also Interesse an Utopie. Dabei ist freilich weitgehend

1 http://kongress.rechtaufstadt.net (eingesehen am 11.11.2014)

2 http://www.tu-cottbus.de/fakultaet4/de/fsr-umwelttechnologien/einzelansicht.html?tx_ttnews[tt_news]=420&cHash=49a1360f7312bcc75f8f585211f35665 (eingesehen am 11.11.2014)

3 http://www.rosalux.de/event/49212/ohnmaechtige-sehnsucht-zum-verlust-utopischen-denkens-in-der-spaetmoderne.html (eingesehen am 11.11.2014)

4 http://www.normativeorders.net/media/downloads/2013-10-26-27_Tagung_Utopische_konomien.pdf (eingesehen am 11.11.2014)

5 Ralf Beduhn (2013): 22 Stunden sind genug – für alle!, in: Erziehung und Wissenschaft 10/11.2013, S. 28

unklar, was genau unter dem Begriff der Utopie zu verstehen wäre. Utopie soll einen Überschuss markieren, sie soll Lebensentwurf und Gesellschaftskritik sein, sie kann sowohl verloren gehen als auch für die strategische Ausrichtung sinnvoll sein. Um überhaupt eine Debatte über den Sinn und Unsinn utopischen Denkens führen zu können, ist die Vielfältigkeit des Utopischen nicht nur anzuerkennen, sondern auch aufzuklären. Entscheidend ist dabei der historische Wandel des Utopiebegriffs, die Evolution der Utopie, die in Kapitel eins dieses Bandes behandelt wird. Meint Utopie zunächst eine Literaturgattung in der Tradition von Thomas Morus' Roman ‹Utopia› (1516), so wird Utopie im 19. Jahrhundert zu einem Kampfbegriff, der zur Diffamierung sozialistischer Siedlungspläne verwendet wird. Erst im 20. Jahrhundert kommt es zur Rehabilitation von Utopie als eine anzuerkennende politische Denkfigur, als verhandelbares Fernziel.

In diesem Buch wird daher die Unterscheidung zwischen literarischen, (früh-)sozialistischen und politischen Utopien vorgeschlagen, wobei die Funktionen politischer Utopie den Schwerpunkt der Auseinandersetzung bilden. Die Evolution der Utopie ist dabei nicht so zu verstehen, als würden z.B. sozialistische Siedlungsutopien die literarischen Romanutopien ablösen. Utopische Romane, die durchaus sozialistisch und politisch sein können, erscheinen bis heute, aber der Begriff Utopie im politischen Sinne geht inzwischen weit über diese Form hinaus.

Inwiefern diese Ausweitung des Utopiebegriffs angemessen ist oder eine Überdehnung darstellt, ist in der Wissenschaft bis heute umstritten; auf jeden Fall erfolgt sie nicht zufällig.

Klaus J. Heinisch stellt in seinem Kommentar zu den literarischen Utopien des 16. und 17. Jahrhunderts, also denen von Thomas Morus, Tommasso Campanella und Francis Bacon, fest, es «enthalten die Staatsromane der Renaissance ganz unverkennbar die Keime und Wurzeln des gesamten ‹utopischen Sozialismus› der späteren Zeit» (Heinisch 1998: 217). Mit der Suche nach diesen Keimformen und dem Ausgraben der Wurzeln befasst sich Kapitel 2.1. Die von Heinisch hergestellte Verbindung ist eine Entdeckung des 20. Jahrhunderts. Hätten nicht KritikerInnen des Frühsozialismus, allen voran Karl Marx und Friedrich Engels, die Siedlungspläne ihrer Vorgänger utopischen Sozialismus genannt und somit ferne Inseln und überseeische Siedlungen verglichen, wären Ähnlichkeiten weniger augenfällig. «Robert Owen und Saint-Simon, Fourier und Proudhon lehnen den Utopismus heftig ab; und sie wiederum werden von Marx und Engels als ‹utopische Sozialisten› angeklagt.» (Habermas 1985: 143) Obwohl es sich also um eine Fremdbezeichnung handelte, ist diese für die Begriffsgeschichte der Utopie entscheidend. Spätere politische Utopien berufen sich dementsprechend auch auf Inhalte des Frühsozialismus, mit dessen sozialistischen Utopien sich das Kapitel 2.2 befasst. Die marxistische Unterscheidung zwischen wissenschaftlichem und utopischem Sozialismus, die in Kapitel 2.3 vorgestellt wird, führte vor allem in der deutschen Sozialdemokratie zu Konsequenzen, die Marx und Engels nicht ahnen konnten. In der Sozialdemokratie wurde Utopie mit dem bloßen Willen zum Sozialismus gleichgesetzt, während Wissenschaft die exakte Vorhersage des Sozialismus ermöglichen würde, die alles Wollen irrelevant mache. Mit den fatalen Folgen dieser Sozialismuserwartung beschäftigt sich Kapitel 2.4, mit dem dieser Teil der Darstellung der Evolution der Utopie, vom Roman zum Kampfbegriff, endet.

Die hier vorgeschlagene Unterscheidung zwischen literarischen, (früh-)sozialistischen und politischen Utopien verweist auf den entscheidenden Einschnitt, den die Rehabilitation der Utopie in der ersten Hälfte des 20. Jahrhunderts darstellt. Autoren wie Gustav Landauer, Ernst Bloch, Karl Mannheim und Max Horkheimer verstehen Utopie als einen politischen Faktor. Gegen linke Wissenschaftsgläubigkeit an objektive Entwicklungsgesetze der Geschichte rehabilitieren sie Funktionen utopischen Denkens, welche politische Utopien kennzeichnen. Es geht ihnen weniger um die Inhalte zahlloser Utopien, die auch in diesem Einführungsband nicht nacherzählt werden sollen, sondern um eine kritische Theorie utopischer Denkfiguren. Ihre unterschiedlichen Ansätze werden in Kapitel drei vorgestellt und verglichen. Versteht Gustav Landauer Utopien als Bestrebungen in einer historischen Epoche (Kapitel 3.1), so erkennt Ernst Bloch in Utopien das Aufscheinen entstehender Möglichkeiten (Kapitel 3.2). Karl Mannheim deutet Utopien als Triebkräfte von Bewegungen (Kapitel 3.3), Max Horkheimer und Theodor W. Adorno verorten Utopisches in radikaler Kritik (Kapitel 3.4). Diese Ansätze aus dem deutschsprachigen Raum teilen einen Erfahrungshintergrund. Ihre Beiträge zu einer Historisierung und Mentalisierung von Utopie, die utopisches Bewusstsein als historische und (anti-)ideologische Größe behandelt, ergeben sich aus der vorhergehenden «Utopievergessenheit bzw. der Vernachlässigung des geistigen Elements im Marxismus» der SPD (Graf 2003: 167). Rüdiger Graf nennt dies eine «mentalistische Wende» (Graf 2003: 151). In Kapitel drei wird dafür argumentiert, diese miteinander konkurrierenden Überlegungen verschiedener Theoretiker nicht einfach als Gegenpositionen zueinander stehen zu lassen, sondern ihre Ansätze als Beiträge zu einer kritischen Theorie der Utopie zu verstehen und ihre Begriffe in eine Konstellation zu bringen, die unterschiedliche Funktionen von Utopie verbindet, den Sinn utopischen Bewusstseins umkreist.

Eine grundlegende Gemeinsamkeit im Bereich der Rehabilitation utopischen Denkens ist deren Perspektive auf politische Praxis: Das Wünschen und Hoffen, das Handeln und Erkennen der Individuen soll als subjektiver Faktor in die Theorie sozialer Emanzipation eingehen. Die ideengeschichtliche Rehabilitation der Utopie, wie sie anhand der Werke von einzelnen Autoren vorgestellt wird, beinhaltet die Reflexion von realgeschichtlicher Massenerfahrung. Das Scheitern linker Kräfte, die ihren Sieg bereits für wissenschaftlich verbürgt ansahen, an Faschismus, Stalinismus und Nationalsozialismus, ist Antrieb zur Beschäftigung mit Utopie. In dieser Hinsicht erscheint ein Anknüpfen an die Debatte, die in Deutschland im frühen 20. Jahrhundert einsetzt, im frühen 21. Jahrhundert wieder geboten. Es geht nicht nur um theoretisches Abarbeiten an einem Begriff, sondern um die Erarbeitung einer praktischen Perspektive. Krisen allein führen nicht automatisch zu Besserem, sie stellen vielmehr Entscheidungssituationen dar. «Gegen die neoliberalen Versprechen individueller Partizipation und die islamistischen oder faschistischen repressiven Sozialprojekte muss die Linke eine utopische Offensive setzen.» (Adamczak/Kirsten 2013: 27)

Bini Adamczak und Guido Kirsten weisen darauf hin, dass gerade in Zeiten der Krise (neo-)liberale, konservative und reaktionäre Kräfte auf ihre Deutungshoheit erpicht sind. Die hier skizzierte kritische Theorie der Utopie soll helfen, Utopie offensiv zu wenden, woraus keineswegs folgt, wir müssten nun neue literarische Gesellschaftsentwürfe verfassen oder wieder sozialistische Mustersiedlungen gründen. Die hier vorgeschlagene Perspektive besteht vielmehr darin, dem Aufscheinen utopischen Bewusstseins Aufmerksamkeit zu schenken. Untersuchungen zur tatsächlichen Relevanz utopischer Denkfiguren heute würden umfangreiche empirische Studien erfordern, für die mit diesem Band theoretisches Rüstzeug zur Verfügung gestellt werden soll. Wissen um die Evolution des Utopiebegriffs und um die Bemühungen zur Rehabilitation utopischer Denkfiguren ist Bedingung heutiger Debatten.

Eine utopische Perspektive ist für die (radikale) Linke, zumal in Deutschland, ungewohnt. Seit dem Ende des Staatssozialismus hat sich Kritik zu Recht als ihr Kerngeschäft etabliert. Kritik am Staatsfetischismus derjenigen, die auf Staatssozialismus oder Sozialstaat gesetzt haben, Kritik des Kapitals und Kritik an antisemitischen und rassistischen Ideologien (vgl.: Gruppe Paeris 2010). Über Sozialismus wird kaum geredet, über Kommunismus wird gesagt: «Aus der Kritik des Bestehenden kann zumindest gefolgert werden, welche für die heutige Gesellschaft konstitutiven Elemente im Kommunismus nicht existieren würden: Warenproduktion, Wertförmigkeit, Staat, Nation.» (Grigat 2007: 359) Auch dies kann als negative Utopie bzw. als utopische Negation verstanden werden. Die ernste Frage lautet aber: Genügt ein solches kritisches Bewusstsein, um Schlimmeres zu verhüten und Besseres zu erreichen? Dagegen meint Hendrik Wallat, ohne neue Ziele werde es «schlicht und ergreifend nie wieder eine revolutionäre Bewegung geben» (Wallat 2013: 41). Wie kann Utopie dazu beitragen, neue Ziele zu entwerfen? Kann Utopie ideologischen, fundamentalistischen und völkischen «Versprechen» etwas entgegensetzen? Wie wird Utopietheorie praktisch?

Der Ausgang von der Rehabilitation utopischen Denkens in der ersten Hälfte des 20. Jahrhunderts ist in diesem Zusammenhang eng verbunden mit einer weiteren «Hochphase des utopischen Denkens [...] nämlich in den 1960er und 70er Jahren mit der Neuen Linken, mit den Neuen Sozialen Bewegungen» (Nida-Rümelin 2011: 35). Die von Julian Nida-Rümelin so genannte Hochphase wird in Kapitel 4 als Renaissance der Utopie um 1968 vorgestellt. In Fortsetzung der Arbeit seiner Freunde Adorno und Bloch versteht Herbert Marcuse Utopie nun als Ausdruck neuer Bedürfnisse (Kapitel 4.1), die neue Bewegungen antreiben (Kapitel 4.2). Musste sich die Rehabilitation der Utopie gegen sozialistische Utopiekritik behaupten, so folgen auf diese Renaissance der Utopie liberale, postmoderne und konservative Kritiken. Liberale erheben einen Totalitarismusverdacht gegen utopisches Denken an sich (Kapitel 4.3). Michel

Foucaults postmoderne Konzeption der Heterotopie stellt eine weitere Herausforderung dar, die Co-Autor Simon Dämgen annimmt (Kapitel 4.4). Sehen sich GegnerInnen und BefürworterInnen von Utopie in den 1960er und 1970er Jahre allerdings noch im Handgemenge, so scheint dieses in den 1980ern zuungunsten von Utopie entschieden. Pragmatische Einstellungen und Zukunftsängste verdrängen utopische Perspektiven. Obwohl gerade die Erinnerung an unabgegoltene sozialistische Utopien stets auch als Argument gegen den Staatssozialismus im Osten in Anschlag gebracht wurde, lässt der sich ankündigende Zusammenbruch der Sowjetunion Alternativen zum Kapitalismus überhaupt als veraltet erscheinen. Die Renaissance der Utopie in den Industrieländern des globalen Nordens kommt an ihr Ende.

Dennoch setzt die jüngste Welle der Auseinandersetzungen um politische Utopien, die hier in Kapitel fünf als Reaktualisierung der Utopie gefasst wird, schon unmittelbar nach dem Ende des Staatssozialismus ein. Das utopische Denken befindet sich dabei bis heute in der Defensive. Jürgen Habermas erkennt in den 1980er Jahren eine Erschöpfung der utopischen Energien. Sein ambivalentes Verhältnis zur Utopie erläutert als zweiter Co-Autor Marius Klausener (Kapitel 5.1). Ihm und Simon Dämgen herzlichen Dank für die Kapitel zum Utopieverständnis von Foucault bzw. Habermas. Die Skepsis dieser Autoren gegenüber dem Utopischen wird von der in den 1990ern einsetzenden konservativen Utopiekritik übertroffen. Mit dem Ende des Staatssozialismus spricht Joachim Fest «vom Ende des utopischen Zeitalters» überhaupt (Fest 1991). Gegen den konservativen Abgesang auf die Utopie (Kapitel 5.2) setzt im deutschsprachigen Raum eine neue Debatte ein, die maßgeblich von dem Utopieforscher Richard Saage in Gang gebracht wird. Anders als in der früheren Rehabilitation der Utopie als politische Utopie wird nun allerdings verstärkt auf den ethischen Wert literarischer Utopien hingewiesen (Kapitel 5.3). Zum Rückblick auf die Evolution der Utopie, von einer Bezeichnung für Romane über einen Kampfbegriff gegen den Frühsozialismus bis zur modernen politischen Utopie, sowie auf die Anläufe zu ihrer Rehabilitation, Renaissance und Reaktualisierung, muss angemerkt werden, dass die Debatte um Utopien keineswegs deren soziale Relevanz beweist. Oskar Negt hat sich intensiv damit beschäftigt, wie Utopiebewusstsein verloren gehen und gewonnen werden kann, wie Menschen überhaupt eine Utopiefähigkeit erlangen, die zum Einsatz für Fernziele befähigt, welche als Kohäsionsfaktor sozialer und politischer Bewegungen wirken. Mit Negts Utopietheorie erreichen wir den aktuellen Stand ihrer Reaktualisierung (Kapitel 5.4).

Der hier unternommene geschichtliche Rückblick soll durch die vorgeschlagene Unterscheidung von literarischen, (früh-)sozialistischen und politischen Utopien aktuelle Debatten erleichtern. Aus der Erinnerung an den eigentlichen «Streit um die Utopie», der, wie Arnhelm Neusüss gezeigt hat, «erst mit dem Aufkommen und Wirksamwerden sozialistischer, kommunistischer und anarchistischer Bewegungen» (Neusüss 1968/1986: 50) beginnt, sind die Begriffe zu gewinnen, die eine Bestimmung utopischer Denkfiguren ermöglichen können. Als theoretische Studie, als Arbeit am Begriff der Utopie, kann dieser Einführungsband eine Ebene nicht erreichen, die nichtsdestotrotz dringend unserer Aufmerksamkeit bedarf. «In einer ganzen Reihe von Fällen sind auch Fragmente breitere und umfassendere Sozialutopien, die als gefühls- und handlungsbestimmende Orientierungsmittel im mündlichen Verkehr von Gruppen und im Bewußtsein ihrer Mitglieder eine oft recht bedeutende Rolle spielen, selbst wenn sie keinen Niederschlag in Büchern finden.» (Elias 1985: 107)

Gerade in Zeiten, in denen das Wort Utopie als Synonym für Unmögliches diffamiert wird, werden Individuen, Gruppen und Bewegungen ihre Orientierungsweisen oftmals selbst nicht als Utopie bezeichnen. Mit einem funktionalen Begriff utopischen Bewusstseins, der als dessen Merkmale die überschreitende Intention, die Konkretion von entstehenden Möglichkeiten, die Motivation von Gruppen durch Fernziele und die radikale Negation des Bestehenden bestimmt, lässt sich utopischer Gehalt auch dort entdecken, wo nicht das Wort Utopie draufsteht. Die hier zu entfaltende Konstellation utopischer Funktionen soll Utopiebewusstsein kenntlich machen, stärken und erhellen. Die in Kapitel sieben vorgeschlagene weiterführende Perspektive auf Utopie in sozialen Bewegungen heute setzt die hier zusammengestellten Ergebnisse der bisherigen Debatten um utopische Denkfiguren voraus. Utopien sind «Projektionen der Gegenwart» und keineswegs einfache Rezepte für eine gute Zukunft. «Politische Sehnsüchte, Wünsche und Hoffnungen müssen sich nicht im Detail ausformulieren lassen, sie motivieren gleichwohl das politische Handeln. [...] Schwindet das utopische Bewusstsein, verkümmert das Potenzial der Kritik.» (Jour fixe initiative 2013: 7)

Utopie ist niemals ein Abbild einer ganz anderen Zukunft und muss kein Gesamtentwurf sein. Wie Kritik ist sie stets Ausdruck ihrer Gegenwart und Leitbild möglicher Entwicklungen. Utopien treten in der Geschichte auf, in der sie als subjektiver Faktor wirken, sie können verwirklicht werden und damit als Utopie vergehen, sie können veralten, vergessen und erinnert werden. Was können Utopien zu ihrer Verwirklichung beitragen, worin besteht ihre Funktion für eine emanzipatorische Linke? Die Beantwortung dieser Frage in diesem Band ist Begründung wie Grundlage der anstehenden Ausschau nach utopischen Energien heute.

2. Die Evolution der Utopie – Vom Roman zum Kampfbegriff des 19. Jahrhunderts

> «Der an der Irrealität des ‹Staatsromans› gewonnene Utopiebegriff wird wider den weltanschaulichen und politischen Gegner eingesetzt.»
> Arnhelm Neusüss 1968/1986: 50

Utopie blieb lange Zeit der Name eines literarischen Genres, hätte es bleiben können und wird bis heute auch als ein solcher verwendet. Wird aber heutzutage gesagt, jemand «habe eine Utopie», so ist nicht unbedingt der Erwerb eines Buches, literarische Utopie, gemeint. Aus der Perspektive des 20. Jahrhunderts bringt das 19. Jahrhundert die entscheidenden Veränderungen, die die Utopiedebatte bis ins 21. Jahrhundert maßgeblich prägen. Der Historiker Lucian Hölscher hat den Bedeutungswandel von Utopie umfassend untersucht und dargestellt. «Als politischer Kampfbegriff löste sich der Utopiebegriff in der ersten Hälfte des 19. Jahrhunderts von dem literarischen Vorbild.» (Hölscher 1990: 764)

In England schon seit dem 17. Jahrhundert gebräuchlich, wird Utopie im 18. bzw. 19. Jahrhundert auch in Frankreich und schließlich Deutschland zum politischen Kampfbegriff. So wie Konservative Liberale als Utopisten beschimpfen, tun es Liberale mit den Sozialisten. Letztere werfen sich sowohl untereinander als auch ihren politischen Gegnern Utopismus vor. 1764 trifft der Utopievorwurf die Gesellschaftstheorie von Jean-Jacques Rousseau, ab 1812 Immanuel Kants Schrift «Zum Ewigen Frieden» (vgl. ebd.: 744). Ausgerechnet der Sozialist Fourier beschimpft 1818 die Liberalen als Utopisten (vgl. ebd.: 760), sein sozialistischer Konkurrent Robert Owen wirft 1830 wiederum Fourier den Utopismus vor (vgl. ebd.: 767). Der Konservative Karl Winkelblech nennt 1850 liberale Rechtsstaaten Utopie (vgl. ebd.: 774) und sogar dem Fürsten Bismarck wird von der Sozialdemokratie vorgeworfen, sein Landreformprojekt von 1876 sei eine «junkerliche Utopie» (zitiert nach Hölscher 1990: 766).

Dieses Hin und Her des Utopievorwurfs muss hier nicht weiter verfolgt werden. Die meisten derartigen Angriffe blieben auf den (Früh-)Sozialismus, den Kommunismus, den Anarchismus und die Sozialdemokratie gerichtet.

Gehalten hat sich die Abqualifizierung des Frühsozialismus zum utopischen Sozialismus durch Marx und Engels. Sie waren aber weder die Ersten noch die Einzigen, die eine Verbindung zwischen den frühsozialistischen Siedlungsplänen ihrer Vorgänger und den utopischen Romanen der Renaissance gezogen haben. Louis Reybaud verweist 1840 auf Gemeinsamkeiten zwischen dem Humanisten Morus und den Sozialisten Henri de Saint-Simon, Fourier und Owen (vgl. Hölscher 1990: 747). Zugleich ist den ZeitgenossInnen deren neue Ernsthaftigkeit bewusst. Im Unterschied zu literarischen Utopien sollen sozialistische Utopien nicht nur die Gegenbilder der Gegenwart sein, sondern die Leitbilder der Zukunft. Der Staatsrechtler Robert von Mohl unterscheidet daher die «sogenannten Staatsromane» der Renaissance einerseits und die «Staatspläne des Socialismus und Communismus» (von Mohl 1859: 82) andererseits. Während er den literarischen Utopien attestiert, durchaus geistreich und unterhaltsam zu sein, so hört für ihn beim verderblichen Einfluss der sozialistischen Utopien der Spaß auf. Schließlich sei der utopische «Fourierismus» (ebd.: 595) bereits ein «Vorbote von ernstlichen Bewegungen» (ebd.: 561) und gefährlicher als alle literarische Utopie. Dennoch ist von Mohl bereit, beide Phänomene als Utopie zu bezeichnen. Inhaltliche Gemeinsamkeiten werden unterstellt.

Um diesen Aspekt der Evolution von Utopie prüfen zu können, werden im Folgenden die Roman-Utopien der Renaissance (Kapitel 2.1) und die Siedlungs-Utopien des Frühsozialismus (Kapitel 2.2) in ihren zentralen Ideen und Argumentationen skizziert. Die sozialistische Kritik an frühsozialistischen Utopien, wie sie Marx und Engels leisten, richtet sich weniger gegen deren Ziele als gegen deren vorgeschlagene Wege zum Ziel (Kapitel 2.3). Eine interessante Frage ist in diesem Zusammenhang, wie erfolgreich die Utopiekritik des wissenschaftlichen Sozialismus tatsächlich war. Sie wirkte primär in der Sozialdemokratie. Aber auch hier werden im 19. Jahrhundert Prognosen über den Zukunftsstaat populär. Die Intellektuellen der Bewegung sehen sich genötigt, ihren AnhängerInnen mehr über den Sozialismus zu sagen, als dass dieser notwendig auf den Kapitalismus folgen werde. Es zeigt sich hier ein von den TheoretikerInnen der SPD verleugnetes und letztlich unterdrücktes Utopiebedürfnis (Kapitel 2.4).

Gegen die Fortschrittsgläubigkeit des wissenschaftlichen Sozialismus, der subjektives Wollen als politischen Faktor ausblendet, setzt im 20. Jahrhundert die Rehabilitation der Utopie ein (Kapitel 3). Bereits im 19. Jahrhundert kommt laut Lucian Hölscher ein geschichtliches Verständnis von Utopie auf. So beruft sich z.B. der österreichische Politiker Lazar von Hellenbach 1893 bei seinem Entwurf für ein geeintes Europa darauf, dass seit jeher «jede Neuerung für eine Utopie gehalten wurde» (zit. n. Hölscher 1990: 782) und selbst der Konservative Adolf Wagner bemerkt, vor einem Menschenalter sei «vieles von dem, was wir heute schon als selbstverständlich ansehen, noch utopisch genannt worden» (zit. n. ebd.). Zur Diffamierung von Utopie als Kampfbegriff kommt allmählich ihre Historisierung hinzu. Es keimt der Gedanke, dass Utopien nicht nur literarische Gegenbilder oder frühsozialistische Gegenwelten sein können, sondern auch politische Leitbilder, deren Verwirklichung sich in der Geschichte vollzieht.

Mit der Historisierung des Utopieverständnisses ergibt sich die Frage, wie Utopie als Begriff sinnvoll eingegrenzt werden kann. Würden wir alle Vorstellungen, die nicht mit einer gegebenen Realität übereinstimmen, Utopie nennen, so hätten wir eine unüberschaubare Anzahl von z.B. mythischen Paradiesen, religiösen Endzeiten und Jenseitsentwürfen, Märchen, Romanen, philosophischen und politischen Entwürfen zu behandeln. Eine solche universale Entgrenzung des Utopiebegriffs würde schließlich dem politischen Erkenntnisinteresse dieses Bandes zuwiderlaufen. Die strikte Eingrenzung auf literarische Utopien der Renaissance hingegen, die fiktive Inseln oder Länder beschreiben, ginge an den bis heute wirksamen Auseinandersetzungen um Utopie völlig vorbei. Für eine politische Debatte um die Funktionen utopischen Denkens können daher nicht seine frühen literarischen Formen ausschlaggebend sein, sondern dessen grundlegende Merkmale.

Im Mittelpunkt steht dabei das moderne Menschenbild des utopischen Denkens. Für Thomas Morus ist der Mensch nicht primär ein sündiges, erlösungsbedürftiges Wesen im religiösen Sinn, sondern ein vernunftbegabtes Wesen, das sein Schicksal selbst gestalten kann. Wie die Sozialwissenschaftlerin Gudrun

Honke gezeigt hat, «führt Morus mit der Kategorie Vernunft als Ausdruck menschlicher Natur eine neue Ebene in die Beurteilung von Realität ein» (Honke 1985: 170). Morus' Utopia ist keine seit Menschheitsgedenken vorhandene Vorstellung vom verlorenen Paradies, sondern die Konzeption einer Ordnung, die auf menschlicher Vernunft basiert. Aber nicht nur von paradiesischer Vor-Zeit, auch von messianischer End-Zeit ist Utopie verschieden. In der Eschatologie, der religiösen Lehre vom Ziel der Geschichte, gewährt Gott die Rückkehr zur Harmonie. Hierin sieht Martin Buber den Unterschied zur sozialen Utopie: «Für die Eschatologie geschieht [...] der entscheidende Akt von oben, für die Utopie ist alles dem bewussten Menschenleben unterworfen.» (Buber 1945/1967: 20) An die Stelle göttlicher Offenbarung tritt die Einsicht in die menschlichen Möglichkeiten.

Utopische Vernunft und Praxis unterscheiden sich also von religiöser Hoffnung auf Erlösung. Was aber ist mit philosophischen Gerechtigkeitslehren, wie sie etwa Platon vertreten hat? Der Utopieforscher Richard Saage nennt Utopie «das von Platon und Morus ‹erfundene› Genre» (Saage 2010: 155). Ist Platons Entwurf einer idealen Polis in seiner ‹Politeia› um 370 v. Chr. eine Utopie? In der Tat soll bei Platon der vernünftige Mensch das praktische Leben der Polis beherrschen. Auch die Utopisten der Renaissance, allen voran Morus und Campanella, erwähnen Platon. Dessen Politeia enthält den utopisch anmutenden Satz: «Wohlan, sprach ich, lasst uns also in Gedanken eine Stadt von Anfang an gründen.» (Platon 370 v. Chr./1991: 369c) Eine Unterscheidung moderner Utopie von antikem Ideal erlauben aber Platons Vernunftkriterien.

Er beruft sich auf die Vernunft der Philosophen, die die Polis beherrschen sollen. Zu dessen Legitimation entwirft Sokrates, der die Dialoge führt, einen Mythos, der die Zuordnung der Menschen zu ihren Ständen und ihren Aufgaben erklärt (vgl. Stapelfeldt 2013: 39). Platons Gerechtigkeit kommt aus dem Ideenhimmel, an welchen die philosophische Seele sich lediglich erinnert (vgl. Bloch DPH 1: 7). Ihr eigentliches Ziel liegt jenseits der irdischen Welt, «nachdem die Seele von jedem Üblen und Verderblichen des Körpers gereinigt ist» (DPH 3: 1376). Bis dahin soll Vernunft die ungerechten, körperlichen Begierden beherrschen. Von Platons Philosophie der Vernunft unterscheidet sich Morus' utopischer Humanismus. Nicht ein ideales Prinzip der Gerechtigkeit ist ihm Maßstab des utopischen Zustandes, sondern das Naturrecht auf Glück und auch körperliche Lust der Einzelnen. «Wenn aber die eigentliche Menschlichkeit, die dem Menschen angemessener als jede andere Tugend ist, darin besteht, die Not anderer zu lindern, ihren Kummer zu beheben und dadurch ihrem Leben wieder Freude, das heißt Lust, zu geben, warum sollte dann die Natur nicht einen jeden dazu antreiben, sich selbst den gleichen Dienst zu leisten?» (Morus 1516/1998: 71)

Morus teilt mit Platon den Anspruch auf eine Verwirklichung der menschlichen Vernunft. Platons Philosophie kann daher als eine Quelle des utopischen Denkens angesehen werden. Orientierung an Lust, Freude und Glück der Einzelnen ist dem antiken Ideal aber ganz fremd. In gewissem Sinn ist die literarische Utopie, die mit Morus beginnt, eine Synthese: Das Erbe religiöser Glücksversprechen wird mit dem Erbe der philosophischen Vernunft verbunden. Ernst Bloch erkennt darin den Kern utopischen Denkens: «Sozialutopie geht überwiegend auf menschliches Glück.» (DPH 2: 632) Utopie ist die Vorstellung von Glück durch Vernunft.

Die Befreiung vom Unglück ist auch Teil älterer messianisch-religiöser Vorstellungen. So verkündet der biblische Prophet Ezechiel etwa um 586 v. Chr. das Wort Gottes: «Ich vermehre die Früchte der Bäume und den Ertrag des Feldes, damit ihr nicht mehr unter den Völkern die Schande einer Hungersnot ertragen müsst.» (Ezechiel 36, 30) Die Hoffnung auf eine Welt ohne Hunger mag in dieser religiösen Erwartung angelegt sein. In der literarischen Utopie sind es aber die Menschen selbst, die qua Vernunft ihre Bedürfnisse befriedigen. «Obwohl sie [die Utopier] ausgerechnet haben, und zwar aufs genaueste, wie viel Lebensmittel die Stadt mitsamt ihrer Umgebung verbraucht, so säen sie dennoch viel mehr aus und ziehen mehr Vieh auf, als für ihren eigenen Bedarf genügen würde, um den Überschuß an ihre Nachbarn abzugeben.» (Morus 1516/1998: 50) Utopia ist kein Mythos vom Paradies und keine Offenbarung, aber auch kein Ideal der Gerechtigkeitslehre, sondern die Idee einer vernünftigen Ordnung, die dem Glück derer dient, die sie errichtet haben.

Die Abgrenzung zu religiösen und philosophischen Vorläufern grenzt das Utopische ein. Evolution der Utopie bedeutet aber auch, dass sich das utopische Denken selbst verändert. Eine Tendenz ist die zunehmend stärker werdende Perspektive ihrer realen Verwirklichung. Thomas Morus beschrieb zwar utopische Zustände, riet aber keineswegs zu ihrer Einführung in der Wirklichkeit. Er gibt nur den vorsichtigen Hinweis, er könne «zwar nicht allem zustimmen» was Utopia betrifft, gestehe aber, «daß es im Staate der Utopier sehr vieles gibt, was ich in unseren Staaten eher wünschen möchte als erhoffen kann» (Morus 1516/1998: 110). Für den Literaten Morus war es, so Buber, «noch möglich, ernste Unterweisung mit unverbindlichem Spiel zu mischen» (Buber 1945/1967: 22), für den Frühsozialisten Fourier «ist das nicht mehr möglich, hier ist alles praktische Folgerung und logischer Entschluß» (ebd.: 23).

Diese Tendenz, vom literarischen Leitbild zum sozialistischen Siedlungsplan, ist ebenso wenig bruchlos wie umfassend. Utopie löst als säkularisierte Religion der Vernunft weder die Philosophie noch die Religion ab, wird auch immer wieder mal in deren Kontext gestellt. So behauptet der Theologe Paul Tillich, «daß jede Utopie sich ein Fundament in der Vergangenheit schafft» (Tillich 1951/1969: 142), aber damit konstruiert er vor allem eine Analogie zwischen dem «Symbol des Paradieses, das verloren ist und das [...] am Ende der Tage als wiederhergestellt gedacht wird» und der «Utopie des ursprünglichen Kommunismus, der [...] die Grundlage für die klassenlose Gesellschaft der Zukunft ist» (ebd.: 143). Grundlage des Kommunismus kann aber keine Erinnerung ans Paradies sein, sondern nur die Entwicklung der Produktivkräfte.

Die religiöse Verheißung einer Welt ohne Hunger, die in die literarische Utopie eingeht, wird erst heute zu einer politischen, zur konkreten Utopie, wie sie die Wissenschaftlerin Marion Guillou 2012 ausdrückt: «Ja, es ist möglich, Nahrungsmittel für die rund neun Milliarden Menschen bereitzustellen, die in 40 Jahren voraussichtlich die Erde bevölkern werden. Unser gegenwärtiges Problem ist nicht die Quantität, sondern die Verteilung» (Guillou 2012).

Die Abschaffung des Hungers als eine zu verwirklichende Utopie zu denken, setzt die Ausdifferenzierung des Utopiebegriffs voraus, die im 19. Jahrhundert einsetzt. Bis heute stehen oft verschiedene Begriffsvarianten nebeneinander, ohne klar getrennt zu werden. Die Einteilung in literarische, (früh-)sozialistische und politische Utopie ist in der Utopietheorie von Arnhelm Neusüss implizit angelegt. Er unterscheidet drei Auffassungen von Utopie: «Einmal jene, die einen Satz von gewissen formalen Eigenschaften an literarischen Phänomenen zum Kriterium des Utopischen macht; zum anderen jene, die eine bestimmte, durch vorwissenschaftliche Verfahrensweise gekennzeichnete frühe Phase des Denkens über Gesellschaft als utopisch bestimmt, schließlich jene, die gewisse Intentionen im Hinblick auf die Gestaltung des gesellschaftlichen Zusammenlebens utopisch nennen.» (Neusüss 1968/1986: 18) Um diese Begriffe unterscheiden zu können, müssen sie begriffen werden.

2.1 Literarische Utopien und ihr Beginn in der Frühen Neuzeit

Mit den literarischen Utopien der Frühen Neuzeit beschäftigen sich unzählige Einführungen. Sind auch sozialistische und politische Utopien für das 19. und 20. Jahrhundert wirkmächtiger, so reißt doch die Kette literarischer Utopien nicht ab. Richard Saage unterscheidet verschiedene Entwicklungsphasen der utopischen Romane, die immer «als ethischer Seismograph ihrer Herkunftsgesellschaft» (Saage 2010: 155) zu lesen sind. Gemessen werden Erschütterungen einer etablierten Moral. Zu Beginn der «Utopia» geht Morus auf Einhegungen des Frühkapitalismus ein: «Überall, wo in Eurem Reiche [England] feinere und deshalb bessere Wolle erzeugt wird, da sind hohe und niedere Adlige, ja auch heilige Männer, wie einige Äbte, nicht mehr mit den jährlichen Einkünften und Erträgnissen zufrieden, die ihren Vorgängern aus den Landgütern erwuchsen. Es genügt Ihnen nicht, müßig und üppig zu leben, der Allgemeinheit nicht zu nützen, sofern sie ihr nicht sogar schaden; sie lassen kein Stück Land zur Bebauung übrig, sie zäunen alles als Weide ein.» (Morus 1516/1998: 26) Zerstört ist die mittelalterliche Ordnung der Allmende, der Gemeingüter. Morus' utopisch-literarische Antwort ist also Kritik des Chaos, das er in Gestalt umherziehender Landloser erkennt. Utopia bildet die Kontrastfolie, sowohl durch das Fehlen des Adels als auch durch die Heranziehung aller zum Arbeitseinsatz (vgl. ebd.: 63). So gerne der Autor Gesundheit, Lust und Glück als Zweck einer vernünftigen Ordnung angibt, so unübersehbar ist auch der disziplinierende Charakter der vorgeschlagenen Mittel. Mit der Bekämpfung der Vagabunden nimmt der Lordkanzler die späteren Arbeitshäuser vorweg, die die Bevölkerung an die Fabrikdisziplin gewöhnen sollten. In vielen literarischen Utopien des 17. Jahrhunderts, etwa Johann Valentin Andreaes «Christianopolis» (1619) und Tommasso Campanellas «Sonnenstaat» (1623) wird das hierarchische Moment noch verstärkt. Neben die kritische Negation des Elends tritt die Konkretion des möglichen Zentralstaates. Als klassische literarische Utopien des 16. und 17. Jahrhunderts sind die Werke von Morus, Campanella und Francis Bacon in die Geschichte eingegangen, sie sind Vorbilder zahlreicher Fortschreibungen geworden.

Für die Zeit zwischen ihren literarischen und den sozialistischen Utopien konstatiert Ernst Bloch einen raschen Bedeutungsverlust. «Zwischen Campanella und Owen ist charakteristischerweise ein von originalen Sozialutopien fast leerer Raum.» (DPH 2: 634) Für die Zwischenzeit «hat das Naturrecht, während des Bürgerkampfes gegen die oberen Stände, die Sozialutopien weitgehend ersetzt» (DPH 2: 632). Blochs Kriterium ist die Wirksamkeit. Das Naturrecht auf menschliche Würde ersetzt im Kampf der Bürger utopische Ansprüche auf Glück. Aus Blochs marxistischer Sicht haben Utopien einen historischen «Fahrplan» (DPH 2: 555): «Bei Morus das freie Handelskapital, bei Campanella die absolutistische Manufakturperiode, bei Saint-Simon die neue Industrie.» (DPH 2: 556)

Als Gegenposition zu Bloch, der den Fortschritt von literarischen zu sozialistischen Utopien in den Mittelpunkt stellt, vertritt Richard Saage eine lange Kontinuität literarischer Utopien. Er zählt literarische Utopien im Zeitalter des Absolutismus und der Aufklärung auf, die einerseits Motive der Renaissance fortführen, andererseits aber ihre Kritik anpassen. «In diesen utopischen Entwürfen ist die Kritik an der frühkapitalistischen und feudalen Ausbeutung der menschlichen Arbeit überlagert von einer massiven Verurteilung der katholischen Kirche und der Adelsgesellschaft in ihrer Funktion als Stützen eines absolutistischen Regimes.» (Saage 2010: 22) Diese Variationen bringen durchaus neue Aspekte, wie eine Gesellschaft ohne Recht und Staat in Gabriel de Foignys «Südland» (1676) oder Ideen des «Edlen Wilden» in Baron de la Hontans «Gespräche mit einem Wilden» (1704), während Johann Gottfried Schnabels «Insel Felsenburg» (ab 1731) klassische Utopien fortsetzt. Ihrer Absicht nach sind diese Utopien kritische Kommentare zur jeweiligen Gegenwart. Dass James Harringtons «The Commonwealth of Oceana» (1656) Vorbild der Verfassung der USA wurde, liegt am Inhalt seiner Rechtslehre, nicht an der Form als Roman (vgl. DPH 2: 633).

Eine Veränderung, die Reinhart Koselleck als Verzeitlichung der Utopie beschreibt, vollzieht Louis-Sébastien Mercier mit seinem Roman «Das Jahr 2440» (1771). Er gibt keinen Reisebericht von entlegenen Orten, sondern beschreibt eine Traumreise ins zukünftige Paris. Diesem ersten Zukunftsroman der Weltliteratur (vgl.: Koselleck 1985: 2), der ersten «Uchronie» (ebd.: 3), liegt die Annahme kontinuierlicher geschichtlicher Entwicklung zugrunde. An die Stelle der absoluten tritt eine konstitutionelle, soziale Monarchie (ebd.: 4). Was von heute aus nicht mehr besonders utopisch wirkt, ist es zu Merciers Zeiten allerdings. Vor allem versteht dieser sich nach der Revolution von 1789 als deren Prophet (ebd.: 8) und erhebt somit zumindest rückwirkend einen erheblich anderen Anspruch als frühere Utopisten. So wie Morus den Humanismus seiner Zeit in die literarische Form eines Romans brachte, drückt Merciers Utopie Geschichtsphilosophie und Fortschrittsoptimismus der Aufklärung aus. Utopie als Staatsroman verwandelt sich in Utopie als Zukunftsroman.

Spätestens von diesem Zeitpunkt an sind utopietheoretisch verschiedene Linien möglich. Entweder wird der Frühsozialismus als Tendenz der Utopie zur Praxis angenommen (Bloch) oder der Fokus wird unbeirrt auf die Kontinuität der literarischen Utopien gelegt (Saage). Kapitalismus verursacht, neben vielerlei Reform- und Revolutionsplänen, auch utopische Romane. Saage nennt in diesem Sinne Étienne Cabets «Reise nach Ikarien», Edward Bellamys «Rückblick aus dem Jahr 2000 auf 1887» (1888) und William Morris' «Kunde von Nirgendwo» (1890). Aber diese Romane sind schon ernsthafter gemeint. Cabet beteiligt sich 1849 an der Gründung einer sozialistischen Siedlung in Texas/USA. Auch Bellamy und Morris, seit 1844 Organisator der Socialist League, motivieren AnhängerInnen für den Kampf um Sozialismus. Die Tradition der literarischen Utopien setzt sich davon unbeirrt auch im 20. Jahrhundert fort, wie z.B. die feministische Utopie «Herland» (1915) von Charlotte Perkins Gilman zeigt. Dystopien (negative Utopien), z.B. Jewgenij Samjatins «Wir» (1920), Aldous Huxleys «Schöne neue Welt» (1932) und George Orwells «1984» (1948), reflektieren auf totalitäre Tendenzen im Kapitalismus wie im Staatssozialismus. Sie sind eine Warnung vor geschichtlichen Entwicklungen.

Fraglich ist hingegen, inwiefern «sie auch als pointierte Selbstkritik des archistischen Musters der Utopia des Thomas Morus zu rezipieren sind» (Saage 2010: 28). Die Praxis des Staatssozialismus bis hin zum Stalinismus, die Dystopien als Vorlage dient, ist keine Utopie. Schon Lenin ging in der Revolution äußerst pragmatisch vor und stellt selbst dazu ganz klar: «Wir sind keine Utopisten [...] wir wollen die sozialistische Revolution mit den Menschen, wie sie gegenwärtig sind, den Menschen, die ohne Unterordnung, ohne Kontrolle, ohne ‹Aufseher und Buchhalter› nicht auskommen werden.» (Lenin 1917/1978: 59) Herrschaftsmittel Stalins sind in den Dystopien durchaus treffend beschrieben, aber dem Diktator eine ausgeprägte Orientierung an utopischen Fernzielen zu unterstellen, ist falsch. Stalin teilt mit der Alten Linken die Ablehnung utopischen Wollens und doch ist der «Traum von einer besseren Welt», vom gelungenen Übergang, durch die einst grausam erstarrte «Übergangsphase verstellt» (Adamczak 2011: 121). Der Rückzug in utopische Literatur ist bloß Ausweichen vor diesem Trauma. So wirken auch die neuen «postmateriellen Utopien» (Saage 2010: 28) der 1960er und 1970er als eine zu bruchlose Fortsetzung einer ehrenwerten Tradition. Aldous Huxleys «Eiland» (1962), Ursula K. Leguins «Planet der Habenichtse» (1975), Ernest Callenbachs «Ökotopia» (1975) oder Marge Piercys «Frau am Abgrund der Zeit» (1976) variieren klassisch-utopische, anarchistische, ökologische und feministische Konzeptionen. Diese Fortsetzungen der literarischen Utopien ergänzen politische Utopien, ohne dass ihnen aber noch eine besondere eigene Sprengkraft beigemessen würde. Längst sind literarische Utopien ein Bestandteil der Kulturindustrie einerseits und ein Gegenstand der Kulturwissenschaft andererseits geworden. Es ist hingegen die Ernsthaftigkeit der Gedanken von Morus, Campanella und Bacon, die ihre Vorbildfunktion für die utopische Tradition inhaltlich begründen.

Unter diesen Utopien sticht Lordkanzler Bacons posthum publiziertes «Neu-Atlantis» heraus. Ziel des regierenden Hauses Salomons ist «Erkenntnis der Ursachen und Bewegungen so wie der verborgenen Kräfte in der Natur und die Erweiterung der menschlichen Herrschaft bis an die Grenzen des überhaupt möglichen» (Bacon 1627/1998: 205). Die Ergebnisse eines fiktiven Forschungsinstituts machen den Hauptteil der Schilderungen aus: Neue Metalle, Kunstdünger und lebensverlängerndes Paradieswasser, die Simulation von Wettererscheinungen und die Manipulation von Pflanzen, erfolgreiche Tierversuche und Kreuzungen, neue Medikamente, heiße, versendbare Lichstrahlen («Laser»), Sehrohre und Schallreflektoren, Triebwerke, Flugzeuge und Unterseebote gehören hierzu (vgl. ebd.: 206 bis 212). Bacon verliert nur wenige Worte über das soziale Leben auf der Insel Bensalem. Die Beamten dieses Gemeinwesens erweisen sich als unkorrumpierbar (vgl. ebd.: 179f.), die Gesellschaft ist streng patriarchal, die Ehen arrangiert, Prostitution und Homosexualität hingegen unbekannt (vgl. ebd.: 200f.). Ausführlich schildert Bacon wie das Christentum durch die von einer Lichtsäule überbrachte Botschaft des Apostels Bartholomäus zur Insel kam (vgl. ebd.: 185). Juden werden geduldet, sofern sie sich «von den Juden in den übrigen Teilen der Welt in ihrer Lebensweise stark unterscheiden [...] während die anderen Juden den Namen Christi hassen und gegen das Volk, unter dem sie leben, eine heimliche und tief eingewurzelte Abneigung hegen» (vgl. ebd.: 199). Bacons Modernität und sein Antijudaismus gehen Hand in Hand, trotz der Hochachtung für König Salomon, nach dem der neu-atlantische Orden benannt ist (vgl. ebd.: 193). Die Konzeption von Technik als Beherrschung und Ausbeutung der Natur antizipiert ein Leitbild der Moderne und bis heute droht Utopie reduziert zu werden auf «den wissenschaftlich-technischen Fortschritt als solchen» (Saage 2010: 149).

Anders als für Bacon stehen bei Morus und Campanella Gemeineigentum, Verfassung, Recht, Disziplin, Geschlechterverhältnisse, Erziehung und Religion im Mittelpunkt. Negation des Privateigentums ist der utopischen Vernunft die Bedingung zur Vermeidung von Unglück. «Hier dagegen, wo allen alles gehört, ist jeder sicher, daß keinem etwas für seine persönlichen Bedürfnisse fehlt, sofern nur dafür gesorgt wird, daß die öffentlichen Speicher gefüllt sind.» (Morus 1516/1998: 106) War in Platons Politeia das Gemeineigentum nur für die herrschende Klasse verbindlich, um deren Tugend zu wahren, wird es bei Morus Gesellschaftsform. In Zeiten des Hungers lässt Morus seinen Erzähler, der vorgibt, auf Utopia gewesen zu sein, von Gärten berichten, von «Reben, Obst und Gemüse von solcher Pracht und Schönheit, daß ich niemals etwas Üppigeres und Geschmackvolleres gesehen habe» (Morus 1516/1998: 52).

Wohnungslosigkeit gibt es auf Utopia nicht, denn «die Häuser sind keineswegs unansehnlich» und die Utopier, als Gegner der Gentrifizierung, «wechseln sie alle zehn Jahre durch Auslosung» (ebd.). Selbst der Arbeitszwang, den Morus zu seiner Zeit für unerlässlich erachtet, ist durch Beschränkung auf sechs Stunden pro Tag (vgl. ebd.: 56) glimpflicher als die Normen seiner Zeit. Auch Campanella schildert zunächst Neapel als durch Reichtum und Armut verdorben. «In der Sonnenstadt dagegen werden die öffentlichen Dienste und Arbeiten jedem einzelnen zugeteilt; deshalb genügt es auch, wenn jeder kaum vier Stunden arbeitet.» (Campanella 1623/1998: 136) Diese öffentlichen Dienste werden als Ehre wahrgenommen, der Handel hingegen verschmäht (vgl. ebd.: 143f.). Die Quellen seiner Utopie werden vom Mönch Campanella ausdrücklich benannt: Da die Solarier Gemeinbesitz schätzen, «loben sie auch die christlichen Mönche» (ebd.: 136) und Platon. Die Rezeption der Antike und das Klosterleben des Mittelalters werden herangezogen, um Lösungen für die Entstehungskrise des Frühkapitalismus zu finden. Rationalismus prägt den Inhalt, die Entdeckung fremder Kontinente die Form dieser Staatsromane (vgl. Saage 2010: 4).

Ein sehr gewichtiger Unterschied zwischen Morus und Campanella ist die Verfassungsfrage. Bei Morus werden alle «Amtsträger in geheimer Abstimmung» gewählt, «um Beeinflussungen zu vermeiden» (Morus 1516/1998: 101). Campanellas Verfassung der Sonnenstadt ist hingegen deutlich autoritärer. Amtsträger werden nicht gewählt, sondern wie bei Platon ausgewählt (Campanella 1623/1998: 126). Den Obersten, den Ministern für Weisheit, Liebe und Macht, unterstehen die Berufsgruppen, die jeweils für Wissenschaft, Versorgungsfragen und Krieg zuständig sind (vgl. ebd.: 150). Sie sind, wie alle Beamten, Priester und werden vom Sol, dem Oberpriester auf Lebenszeit, erwählt (vgl. ebd. 153). Campanella fehlt eine Kritik der Herrschaft, wie sie Morus an den Fürsten, «die lieber durch Recht oder Unrecht neue Reiche erwerben, als das Erworbene gut zu verwalten» (Morus 1516/1998: 22), durchaus leistet. In ähnlicher Weise wiederholt sich dieser Gegensatz in Fragen der Rechtsprechung. Für Morus soll diese auf Anleitung und Reue abzielen, nicht aber auf Abschreckung und Bestrafung (vgl. ebd: 83). Campanellas Solarier hingegen verhängen für jeden Widerstand gegen die Obrigkeit und jede Gewalttat die Todesstrafe (vgl. Campanella 1623/1998: 151). Homosexualität (vgl. ebd.: 131), das Auftragen von Schminke sowie das Tragen hoher Absätze bei Frauen (vgl. ebd.: 135) werden ebenfalls registriert und mit dem Tode bestraft. «Schließlich haben sie Kundschafter, die der Staatsführung alles melden, was sie hören.» (ebd.: 137) Machtphantasien sind zeittypisch für die Gebildeten, zu deren Privilegien auch das Schreiben von Büchern, z.B. von literarischen Utopien, gehörte und die fast immer auch Herrschende sind.

Die Unterschiede zwischen Morus' Demokratie und Campanellas Hierokratie (Priesterherrschaft) dürfen nicht darüber hinwegtäuschen, dass beide Verfechter der Disziplin sind. Morus' Grundsatz der «Lust, gleichsam als Zweck aller unserer Unternehmungen» (Morus 1516/1998: 71), schlägt um in die autoritäre Setzung, «daß die Gesundheit sogar besonders lustvoll sei» (ebd.: 75) und die Individuen zu ihrer Wahrung angehalten werden müssen. Daraus folgt: Tötung der unheilbar Kranken, die dazu einwilligen sollen (vgl. ebd.: 81), Verbot vorehelichen Geschlechtsverkehrs (ebd.), Vorführung und Beschauung von Brautleuten (vgl. ebd.: 82), Gesetze gegen Ehebruch (aber für Scheidung) (vgl. ebd.: 83). Das private Leben wird einer Disziplin unterstellt, die sich als Rationalisierung legitimiert. Opposition ist ausgeschlossen. Wer z.B. reisen möchte, tue dies «mit einer Bescheinigung des Präsidenten, die die erteilte Reiseerlaubnis beglaubigt und den Tag der Rückkehr vorschreibt» (ebd.: 63). Weiterhin gibt es in der disziplinierten Utopie «keinerlei Möglichkeit zum Müßiggang und keinerlei Vorwand, sich vor der Arbeit zu drücken: keine Weinstube, keine Bierschenke, nirgendwo ein Freudenhaus, keine Gelegenheit zur Verführung, keine Schlupfwinkel, keine Lasterhöhle» (ebd.: 63). Was beim Lordkanzler Morus allerdings noch Mittel zum Zweck bleibt, gerinnt bei Campanella zum Selbstzweck. Wohnungszuweisung, Einheitskleidung und Ernährungspläne werden von ihm immer wieder als Annäherung an das mönchische Ideal gepriesen.

Am deutlichsten wird sein Leitbild der autoritären Disziplin im Bereich der Reproduktion. Nicht nur findet eine sexistische Arbeitsteilung und eine Zuweisung der EhepartnerInnen statt, selbst den Zeitpunkt des Beischlafes bestimmen im Sonnenstaat Ärzte und Astrologen (Campanella 1623/1998: 132). Unfruchtbare Frauen werden Gemeinbesitz und als unbegabt angesehene Kinder werden aus der Stadt aufs Land deportiert (vgl. ebd.: 133). Morus' patriarchalische Utopie beschränkt sich demgegenüber auf das Verbot vorehelichen Geschlechtsverkehrs und die Bestrafung des Ehebruchs.

Das hauptsächliche Mittel zur Festigung der Verfassung, zur Aufrechterhaltung des Disziplin und zur Regulierung des Geschlechterverhältnisses ist in beiden Utopien die Erziehung der Kinder und Jugendlichen und die Förderung des Wissens. Erziehung soll Wissenschaft in die Praxis umsetzen und Glück ermöglichen. Dazu dient die allgemeine Bildung (vgl. Morus: 69) und die Freistellung der Wissenschaftler von der Produktion (vgl. ebd.: 57). Bei Campanella werden Jungen und Mädchen gemeinsam erzogen und in den Naturwissenschaften, dem Handwerk, der Körperertüchtigung, Sprachen und der Kriegskunst unterwiesen (Campanella: 125f.). In ihrer Wertschätzung schulischer Bildung erweisen sich die Utopisten übereinstimmend als relativ progressiv und vorausschauend.

Auf eine Hauptfrage der Zeit, die religiösen Konflikte Europas, antwortet Morus mit der Ablehnung des Wunderglaubens, der Bejahung der Priesterwahl (Morus: 100f.) und dem Gebot, «daß keinem seine Religion zum Nachteil geraten darf» (ebd.: 97). Heliopolis hingegen kennt nur eine Hauptreligion, Campanellas astrologische Sonnenreligion. Das Christentum gilt als vorbildlich, Moses wird als Gesetzgeber geachtet, Mohammed ist verhasst (vgl. Campanella: 122). Auf Jesu Gebot wird schließlich sogar die Geltung des Gemeinbesitzes zurückgeführt, sein Friedensgebot jedoch zugunsten einer militärischen Außenpolitik vernachlässigt, die bei den Utopiern nur eine untergeordnete Rolle spielt. Auch pflegt Utopia wenig Kontakt zur Außenwelt, während die Sonnenstadt ständig Expeditionen aussendet und an der Verbreitung der richtigen Lebensweise interessiert ist.

Biographische Erfahrungen des Lordkanzlers Morus und des Verschwörers Campanella gehen gerade in diesen Fragen ersichtlich in die Schilderung ihrer jeweiligen Utopien ein. Campanella war oft genug ein Gefangener und musste Niederlagen erleiden, die ihn den Faktor der bewaffneten Macht höher schätzen lassen. Während der Stadtgründer Utopos nur als sagenhafter Gründer auftritt, ist der Oberpriester Sol ein tatkräftiger Diktator. Bloch nennt die Sonnenstadt daher das «Gegenstück zu Morus»: «Statt der Freiheit, wie bei Morus, klingt jetzt das Lied der Ordnung, mit Herr und Aufsicht.» (DPH 2: 607) Hier ortet Bloch die Scheidung der Utopien: «Der liberalföderative Sozialismus (von Robert Owen an) hat Morus zum Ahnen, der zentralistische (von Saint-Simon an) berührt sich mit Campanella.» (DPH2: 614) Passend dazu lässt nur Morus in seinem Dialog Einwände gegen Utopia zu, Campanella schließt Kritik aus. Bei Morus unterscheiden sich seine literarische Kritik und die praktische Politik erheblich. Er prangert die Einhegungen an und hat somit «Licht auf diesen Prozess geworfen, aber er selbst hatte ebenfalls Land eingehegt» (Linebaugh/Rediker 2008: 26). Auch agitiert Morus nicht. «Wie Morus in Briefen an Erasmus mehrfach äußert, geht es ihm vornehmlich um die Diskussion mit solchen Humanisten, die sowohl durch literarische als auch durch politische Arbeit ausgewiesen seien.» (Honke 1985: 168) Übersetzungen der Utopia aus der Gelehrtensprache Latein in die Landessprachen lehnt er ab (vgl. ebd. 1985: 170). Campanella erfasst die Möglichkeiten des Staates so konkret wie Bacon die der Wissenschaft, beides mutet heute dystopisch an. Morus' literarische Utopie von 1516 hingegen hat als Kunstwerk autoritären, demokratischen und sozialistischen Vor-Schein, wollte aber lediglich gelehrte Vorschläge machen und kein Manifest sein. Darin unterscheidet sie sich von den sozialistischen Utopien, die nicht ferne Inseln beschreiben, sondern Siedlungen vorschlagen.

2.2 (Früh-)Sozialistische Utopien als Siedlungspläne im 19. Jahrhundert

Es ist ihr Umsetzungsanspruch, der die sozialistischen von literarischen Utopien trennt. Ebenso wie die Staatsromane der Renaissance reagieren sie auf gesellschaftliche Umbrüche. Mit der amerikanischen Revolution von 1776 und der französischen von 1789 schlägt die Totenglocke des Absolutismus, mit letzterer beginnt die sozialistische Bewegung. Der Revolutionär François Noël Babeuf erklärt 1795: «Man erkennt leicht, daß die Natur jeden Menschen gleich an Rechten und Bedürfnissen mit all seinen Brüdern geschaffen hat» (Babeuf 1795/1972: 111). Dieses Naturrecht ist noch keine ausgefeilte Utopie. 1797 wird Babeuf hingerichtet. Seine Strategie der verschwörerisch vorbereiteten Revolte findet Nachfolger in Louis-Auguste Blanqui, der sich an den Revolutionen 1830, 1848 und 1871 beteiligt, sowie dem russischen Anarchisten Michail Bakunin. Davon zu unterscheiden sind die evolutionären Sozialisten, die Marx und Engels als utopistische Sozialisten brandmarken. Statt Geheimbünde zu gründen stellen sie ihre Gesellschaftspläne der Öffentlichkeit vor. Statt eine neue Revolution wollen sie Mustersiedlungen der Zukunftsgesellschaft organisieren.

Inwiefern der liberale Adlige Henri de Saint-Simon zu ihnen gezählt werden kann, ist fraglich. 1777, mit 17 Jahren, kämpft er in Amerika für die Revolution, 1790 verzichtet er in Frankreich auf Grundherrenrechte, schließt sich der Revolution an (vgl.: Droz 1974: 113f.). Seine Hoffnungen setzt er in die Zukunft: «Das goldene Zeitalter des Menschengeschlechts, es ist nicht hinter uns, es steht uns bevor, es liegt in der Vervollkommnung der gesellschaftlichen Ordnung.» (Saint-Simon 1814/1972: 173) Er erkennt die Ökonomie als Triebkraft der Revolution, wofür ihm Engels «eine geniale Weite des Blicks» attestiert (Engels 1880/2009: 51). Ihn fasziniert die industrielle Produktivität. Adlige und Rentiers erklärt er für überflüssig im Gegensatz zu den ‹Industriellen›, die alle produktiv tätigen Schichten umfassen, von Bauern über Handwerker bis zu Kaufleuten (vgl. Droz: 117) und denjenigen, die «ihr Kapital in industriellen Unternehmungen arbeiten lassen» (Saint-Simon 1819, zit. n. ebd.: 119). War er also Sozialist, gar ein utopischer? Politisch steht Saint-Simon zwischen einem radikalen Liberalismus und frühem Sozialismus. Sein Ziel ist «eine Regierungsform, bei der alles so geordnet ist, daß die Arbeitenden [...] die Erzeugnisse ihrer verschiedenen Tätigkeiten unmittelbar und in völliger Freiheit unter sich austauschen können» (Saint-Simon 1820/1972: 174). Seine liberale Freiheitsutopie ist freier Warentausch. Ein Utopist war Saint-Simon primär in dem technokratischen Sinne eines Francis Bacon.

Sein Verfassungsentwurf sieht eine Erfindungskammer von Ingenieuren und Schriftstellern vor, die ihre Ideen der Prüfungskammer aus Physikern und Mathematikern zur Überprüfung vorlegt, welche sie an die Durchführungskammer aus Industrieführern und Bankiers übergibt (vgl. Droz 1974: 121). Er wirbt bei den Regierenden für einen organisierten Kapitalismus (vgl. ebd.: 124) und wünscht, es «mögen die Führenden sich zu dem gleichen hohen Standpunkt erheben wie ich» (Saint-Simon 1814/1972: 171f.). Zwar traut er ProletarierInnen die Verwaltung von Eigentum zu, z.B. bei der Aufteilung von Grundbesitz, er warnt aber vor revolutionärer Gewalt und mahnt sie zur Mäßigung (vgl. Saint-Simon 1824/1972: 177ff.). Die Auswahl der von ihm kritisierten Übel ist bescheiden, seine konkreten Vorschläge sind pragmatisch, zur motivierenden Utopie wird seine Lehre erst von seinen SchülerInnen ausgebaut.

Die Erfolglosigkeit der Appelle Saint-Simons leitet die Wende zum «Siedlungssozialismus» ein. Charles Fourier, Robert Owen und Étienne Cabet sind die Urheber des Frühsozialismus. In Fouriers Konzeption geht der liberale Einfluss Saint-Simons insofern ein, als Verwirklichungen seiner Pläne «mit allen Regierungen vereinbar, aber nicht auf ihre Mitwirkung angewiesen wären» (Fourier 1846/2006: 36). Von Appellen nimmt er Abstand. Wie Babeuf als Ahnherr von Bakunins revolutionärer Aufstandstheorie gelten kann, findet sich Fouriers Evolution später bei Pierre-Joseph Proudhon und seiner Tauschbank wieder. «Mein Bankprojekt war nichts anderes als eine Erklärung, dass die Staatsgewalt das Recht zur Existenz verloren habe. Ich schlug eine Entwicklung vor, deren Gelingen zur Folge gehabt hätte, dass die ganze Regierungsmaschinerie allmählich beseitigt worden wäre.» (Proudhon, zit, n. Grosche 2003: 33) Fourier steht an der Schwelle zur Anarchie (vgl. Fourier 1851/2006: 139). Fouriers Ablehnung der Revolution, die eng mit der Ablehnung der Staatsmacht verbunden ist, führt ihn auch zu einer Kritik des bürgerlichen Rechtsfetischs. Er bleibt skeptisch gegenüber der formalen Rechtsgleichheit, denn auch «die Gleichheit der Rechte ist eine weitere Chimäre, lobenswert, wenn man sie vom Standpunkt der Begüterten aus betrachtet» (ebd.). Dem setzt er utopische Rechte entgegen, wie «das Recht auf Arbeit», «das Recht auf ein Minimum» und «das Recht auf Vergnügen» (Fourier 1848a/2006: 95). Für seine Kritik lobt ihn Engels als den «größten Satiriker aller Zeiten» (Engels 1880/2009: 52). Dies gilt auch für seine Kritik der Geschlechterrollen. Er lehnt es ab, Frauen zu beurteilen «nach ihrer heutigen Lebensart, nach der Verstellung, zu der unsere Gesellschaft sie zwingt» (Fourier 1845-1849/2006: 109) und folgert daraus: «Der soziale Fortschritt vollzieht sich entsprechend den Fortschritten in der Befreiung der Frau.» (Fourier 1846/2006: 107)

Mit seiner Kritik der Verstellung ist auch sein utopischer Fluchtpunkt bezeichnet: Die Theorie wahrer Leidenschaften. Fourier überwindet die von Morus tradierte Vorstellung, die

Menschen müssten zu ihrem Glück einer gleichmäßigen Disziplin unterworfen werden. Sein Leitbild ist dagegen eine Harmonie der Unterschiede, eine Assoziation kreativer Vielfalt. «Die Vielfalt der Geschmäcker, die in der Zivilisation äußerst ruinös wäre, wird in der Assoziation ökonomisch und produktiv sein.» (Fourier 1843/2006: 156) Mit der Assoziation gibt Fourier das Stichwort für Marx und Engels und ihre «Assoziation, worin die freie Entwicklung eines jeden die Bedingung für die freie Entwicklung aller ist» (MEW 4: 482). Verlegen Marx und Engels die Assoziation in die Zukunft, als Ergebnis einer Revolution, so verortet Fourier sie im Modell seiner ländlich-genossenschaftlichen Siedlungen: Phalanstère. In diesen soll ein harmonisches Zusammenwirken vielfältiger Fähigkeiten, Bedürfnisse und Leidenschaften möglich sein. Das Zusammenleben in Assoziationen von 1620 Personen pro Phalanstère denkt Fourier aber nicht als isolierte autarke Nebenwelt, sondern als Keimzelle einer neuen Weltordnung, der Harmonie. Sein «Heilmittel ist Auszug in kommunistische Inseln, in die Sozialinseln, die Fourier Phalanxen nennt; und alle sind zusammengestimmt untereinander wie unter der Weltleitung» (DPH 2: 552).

In peinlich genauen Hausregeln gibt Fourier vor, wie viele Menschen dort zu leben haben, wie sie geleitet werden, welche Arbeiten in welchem Wechsel zu übernehmen sind. Da sein Sozialismus mit Absonderung beginnt, denkt er sich den Aufbruch in die neue Zeit als Exodus aus den Städten. Dabei lehnt er keineswegs den Luxus der beginnenden Industrie ab, er glaubt vielmehr, dass dieser in genossenschaftlichen Siedlungen überboten werden kann, da «die ländliche Assoziation die Gewinne aus der allgemeinen Bewirtschaftung verdreifachen (und oft verzehnfachen) würde» (Fourier, zit. n. Stapelfeldt 2013: 259). Die Kraft zu ihrer Durchsetzung sei daher die Attraktivität dieser genossenschaftlichen Siedlungen. Äußerlich werde «das Phalansterium, das er ersinnt, nach dem Bilde eines Schlosses gebaut sein. Es ist das Leben als luxurierendes Kaufhaus, als Oper, als Wunschmaschine und Gesamtkunstwerk» (Burckhardt 2006: 9). Martin Buber vergleicht es mit einem Hotel mit absurd vielen Hausregeln (Buber 1945/1967: 39). Von utopischem Interesse ist aber weniger der Siedlungsplan selbst. Fourier, der erst 1829 in Paris eine AnhängerInnenschaft gewinnen konnte, lehnte deren erste Entwürfe einer Versuchsphalanx als ungenügend ab und wartete lieber bis zu seinem Tode 1837 auf einen reichen Gönner, der seinen Plan finanzieren könnte, der aber niemals kam. Interessanter als die zu seinen Lebzeiten weitgehend ausgebliebene Siedlungspraxis ist der utopische Gehalt seiner Assoziationstheorie.

Innerhalb der Phalanstère assoziieren sich zunächst nur drei Menschen gleicher Geschmäcker und Interessen (vgl. Fourier 1848b/2006: 144f.), die Teil einer Gruppe von sieben bis neun Personen und einer Nachbarschaft von 24 bis 40 Menschen sind (ebd.: 146ff.). Ohne Zwang soll sich deren Kooperation, ausgehend von individuellen Vorlieben, von selbst ergeben. Koordination und Vernetzung beruhen auf dem Prinzip der Anziehung. Das Recht auf Arbeit, das Fourier mit dem Recht auf ein Grundeinkommen verbindet, meint nicht irgendeine Beschäftigung, sondern nur attraktive Arbeit, die den Neigungen der Arbeitenden entspricht. Dazu gehört ein Wechsel der Tätigkeit nach längstens zwei Stunden (vgl. Fourier 1843/2006: 153). Selbst für unangenehme Arbeiten, wie das Reinigen der Kanalisation, würden sich Kinder finden, die gerne in Dreck und Schlamm herumwühlen, meint Fourier (vgl. Fourier 1848b/2006: 181), leidenschaftliche Mörder könnten Schlachter werden. Die Theorie der attraktiven, der anziehenden Arbeit wird später von Herbert Marcuse aufgegriffen (vgl. Kap. 4.1). Selbst wenn sich für alle geeignete Arbeiten finden, besteht natürlich die Frage der Verteilung. Zwar bleibt Fourier sehr unklar, was die Verfügungsgewalt über Produktionsmittel angeht, sein Modell trägt aber genossenschaftliche Züge. «In der Harmonie ist der Arme, auch wenn er nur einen winzigen Teil einer Aktie besitzt, als Teilhaber [...] des ganzen Kantons» zu sehen und daher «wächst, schon aus persönlichem Interesse, das allgemeine Wohlwollen unter den Mitgliedern, einzig aus dem Grunde, weil sie keine Lohnarbeiter, sondern Teilhaber sind.» (Fourier 1843/2006: 177f.)

Die Vernetzung der Individuen soll nicht auf disziplinierender Gleichschaltung beruhen, sondern individuellen Neigungen, ihrer angenommenen Natur, zum Durchbruch verhelfen. Musterbeispiel dieses Menschenbildes ist eine Erziehung, bei der Kinder in Horden umherschweifend und wetteifernd sich nach eigenem Vergnügen neue Kenntnisse erwerben. «So sind alle Antriebe der kleinen wie der großen Kinder gut, sofern sie in Leidenschaftsserien gesetzt werden.» (Fourier 1848b/2006: 183) Aber Fourier ist autoritär. Zwar seien alle Leidenschaften gut, aber erst die «Berechnung der mathematischen Eigenschaften der Leidenschaften», die sich ausgleichen und ergänzen, stiftet Harmonie (Fourier 1967/2006: 36f.). Als Wissenschaftler wäre Fourier der Sozialarchitekt. Einerseits befürwortet er lesbische (vgl. Fourier 1846/2006: 14f.) und schwule Liebe (vgl. Fourier 1843/2006: 141) und lehnt die monogame Ehe ab (vgl. Fourier 1967/2006: 99), aber wie bei Campanella die Priester Beischlaf und Menschenzucht planen, so sollen bei Fourier LiebesinspektorInnen die öffentlichen Orgien organisieren (vgl. Fourier 1967/2006: 169). Auch sexuelle Attraktion soll berechnet und organisiert werden.

Das emanzipatorische Anliegen seiner Theorie besteht darin, mit der Assoziation der Leidenschaften das Ziel der Versöhnung von Individualismus und Sozialismus aufzuzeigen, auch wenn die Anwendung seiner Mittel wohl zu neuer Herrschaft führen würde. Zudem muss konstatiert werden, dass seine Ideen durchaus zur Modernisierung des Kapitalismus taugen. Fouriers Utopie der attraktiven und abwechslungsreichen Arbeit kann umschlagen in neoliberale Ideologie, die Selbstverwirklichung in der Arbeit zur Standardanforderung macht und die Grenze zwischen Arbeit und Freizeit, auch im Sinne der Selbstausbeutung, verwischt. Als Theoretiker hat er sich selbst kaum mit der Arbeit beschäftigt, die das Kapital verwertet. Sein Fokus bleibt bei ihm, dem ehemaligen Handelsangestellten, eine antisemitisch aufgeladene Ablehnung des Handels als Betrug (vgl. Fourier 1848a/2006: 51). Eine Kritik der Warenform, vor allem der Ware Arbeit, liegt ihm fern, auch die Verwandlung von brutaler Konkurrenz in spielerischen Wettbewerb sprengt nicht die Verwertungslogik des Kapitals.

Die Mängel seiner theoretischen Kritik werden mit seiner utopischen Theorie abgeschwächt. Das Ziel wird hoch gesteckt, es ist die «einheitliche Verwaltung unserer Erde» (Fourier 1846/2006: 133). Wäre das Verhalten zwischen den Menschen harmonisch, würde sich diese Harmonie auch auf das Verhältnis zu Gott und die Verhältnisse in der Natur ausdehnen. Was Fouriers Utopie an praktischer Vernunft fehlt, gleicht er durch Glücksansprüche aus, so müsse «der religiöse Kult die Liebe zu Gott mit der Liebe zur Lust verbinden» (Fourier 1967/2006: 171). Die Utopie beerbt Religion: «Das, was die Religionen der Zivilisation für ein künftiges Leben versprechen, wird uns der Kult der Harmonie schon in diesem gewähren.» (ebd.: 142) Hat Gott den Menschen Leidenschaften gegeben, damit diese sich dank ihrer Gelüste assoziieren und attraktive Arbeit leisten können, so gelte dieses Prinzip auch für die Natur. Wäre die Kultur nicht mehr eine der Feindschaft, würde auch die Natur harmonisch werden. «Da plant Fourier, als Draufgabe zur sozialen Befreiung, eine Nordpolkrone, soll heißen, eine zweite Sonne, die dem Norden andalusische Wärme verschaffen wird. Die Krone duftet, wärmt und leuchtet, von ihr geht ein Fluidum aus, das das Meer entsalzt, ja zu Limonade verbessert. [...] Statt der Ungeheuer erscheinen ein Anti-Hai, ein Anti-Walfisch, freundlich-paradiesische Wesen.» (DPH 2: 549) Der Planet Erde wird befriedet und die Menschen können durch neue Organe «mit den Bewohnern anderer Sterne in Verbindung treten» (ebd.). Darin steckt auch technischer Machbarkeitswahn, aber nicht als Naturbeherrschung durch Selbstbeherrschung, sondern als utopischer Imperativ weltverwandelnder Harmonie: «Weist die maßvollen Gedanken und die maßvollen Wünsche zurück!» (Fourier 1846/2006: 116)

Tatsächlich waren bereits Fouriers Pläne einer Mustersiedlung zum Scheitern verurteilt, obwohl es immerhin 37 durch ihn inspirierte Siedlungen in den USA gab. Scheiterten diese vorwiegend an internen Unstimmigkeiten, wurde von den europäischen Experimenten zumindest eines in Bulgarien durch die Staatsgewalt selbst zerschlagen (vgl. Chlavda/Gwisdalla 2014: 83ff.). Der Zeitgenosse Robert Owen, den Fourier als Scharlatan bekämpfte (vgl. Burckhardt 2006: 13), fand weitaus mehr AnhängerInnen und war bei der Gründung von Siedlungen erfolgreicher. Mit Fourier hat er gemein, dass auch Owen die Veränderung der Gesellschaft beginnen will in «kleineren Gemeinschaften, die in weitgehendem Maße für den Selbstverbrauch arbeiten» (Buber: 44f.). Der 1771, ein Jahr vor Fourier, geborene Owen, ist schon 1790 ein erfolgreicher Unternehmer. Ab 1800 leitet er die Baumwollfabriken in New Lanark, Schottland. Dort beschränkt er die Arbeitszeit von 14 auf 10 Stunden, vermindert die Kinderarbeit, schafft soziale Einrichtungen für Wohnungsfragen, Krankheit und Alter, experimentiert mit neuen Produktionstechniken und bekämpft den Alkoholismus. 1813/1814 fasst er seine dortigen Erfahrungen in dem Buch «Eine neue Auffassung von der Gesellschaft» zusammen. Er schreibt Briefe an Minister und empfiehlt vergeblich den Bau von Armensiedlungen. Das Scheitern seiner Reformvorschläge bringt ihn auf den Gedanken einer anderen Gesellschaftsordnung. 1820/1821 publizierte er sein eigentliches Hauptwerk «Das soziale System». 1825 verkauft er New Lanark und geht in die USA, wo er sich am Aufbau der Siedlung New Harmony beteiligt. Hauptsächlich entsteht seine Theorie im unmittelbaren Umsetzungszusammenhang (vgl. Jauch/Römer 1988: 147ff.), solche Texte sind daher als Quellen zu bevorzugen. In einer Rede, die er in Anwesenheit des US-Präsidenten hält, betont er seine Erfahrungen. Es sei ihm in New Lanark gelungen, «die Umstände zu beherrschen» und er habe so die ArbeiterInnen «mit Mitteln, die den Individuen undurchschaubar und unbekannt waren, zu dem geformt, was ich wollte, das sie werden sollten» (Owen 1827b/1988: 85). Während Fourier die Menschen nehmen wollte wie sie sind, um deren ureigenste Antriebe in eine harmonische Vereinigung zu bringen, geht Owen von der Formbarkeit des Menschen aus. Nicht Assoziation der Individuen, sondern Arrangement der Umstände ist also sein Argument. Als Produkt seiner Lebensverhältnisse «war der Mensch niemals ein frei Handelnder oder ein verantwortliches Wesen und wird es niemals sein» (Owen 1827a/1988: 14). So autoritär dieser Ansatz ist, so sympathisch ist dennoch sein Kriterium des Besseren: Das soziale Glück. Solange Menschen unglücklich sind, sind ihre Verhältnisse offenbar falsch und verfallen der Negation. Unglück ist die Unwissenheit durch die «Täuschungen, auf die sich alle Religionen stützen», Unglück ist die «Armut der Vielen […], die ungleiches privates Eigentum nach sich zieht», Unglück ist die «Demoralisierung […], welche die Konvenienzehen geschaffen haben.» (Owen 1835a/1988: 118) Engels würdigt diese Überlegungen Owens als den entscheidenden «Fortschritt zum Kommunismus» (Engels 1880/2009: 56).

In seinen Ansichten über das Privat- und Gemeineigentum ist Owen radikaler als Fourier. Er empfiehlt keine Religion der Leidenschaften, sondern eine der Vernunft. Hinsichtlich eines neuen Geschlechterverhältnisses ist er nicht so radikal. Die Konvenienzehe aufgrund von Stand und Vermögen lehnt Owen ab, aber Frauen empfiehlt er «Beschäftigungen, die zum weiblichen Charakter passen» (Owen 1827a/1988: 53). Da er Formbarkeit als Natureigenschaft des Menschen ansieht, hat Erziehung den allerhöchsten Stellenwert bei Robert Owen. «1. Von Geburt an eine entsprechende Erziehung und Bildung der physischen und geistigen Kräfte jedes Kindes; 2. Arrangements, durch die jedes

Individuum imstande ist, jederzeit in ausreichendem Maße die der menschlichen Natur notwendigen und am meisten vorteilhaften Dinge zu erlangen, und 3. daß alle Individuen so in einem Gesellschaftssystem zusammengeführt werden, daß jeder die größte Wohltat von der Gesellschaft erfahren kann.» (Owen 1827c/1988: 105)

Die Kritik der Religion, des Eigentums und der Zweckehe begründet seine Siedlungspolitik, die auf naturwissenschaftlicher Grundlage Experimente der Umwälzung unternehmen soll. Wie Fourier nimmt auch Owen an, gemeinschaftliche Produktion und Konsumtion wäre konkurrenzfähig und es würden «die neuen Gesellschaften alle individuellen Hersteller von landwirtschaftlichen Produkten und industriellen Waren unterbieten», außerdem kann er sich nicht vorstellen, dass beim Vorliegen einer praktischen Alternative «irgendwelche Leute in dem ärmlichen, beängstigenden, individuellen System der Gegensätzlichkeit und des Widerstreits weiterleben würden» (Owen 1827c/1988: 113). Vermittelt durch Schritt zwei, den Aufbau sozialer Arrangements in Siedlungen als unmittelbare Option, fallen schließlich die Erziehung der Menschen und die Veränderung der Gesellschaft in eins. «Die Welt wird so nur von der Erziehung allein regiert werden, da dann jede andere Regierung nutzlos und unnötig wird.» (Owen 1827a/1988: 20)

Was die Planung der Gemeinschaften angeht, in denen Owen die Menschen umerziehen will, ist er ähnlich pedantisch wie Fourier bei der Konzeption von Spielwiesen der Leidenschaft. Die Größe der angestrebten Siedlungen soll bei 500 bis 2000 Personen liegen, in deren Gemeinschaften vollkommene Gleichheit besteht (vgl. ebd.: 24f.). Durch Einsatz moderner Technik werde Arbeit in eine «erfreuliche und wünschenswerte Beschäftigung verwandelt» (ebd.: 26). Dank der von Owen angenommenen Überschüsse könnten sich diese Siedlungen gegenseitig helfen und würden so zwar keine isolierte, aber eine föderierte Autarkie erreichen (vgl. ebd.: 29). Owens Beitrag zur Siedlungsbewegung ist eine Mustersatzung für den Eintritt in eine Siedlung (vgl. ebd.: 47ff.) – mit 3-monatiger Kündigungsfrist (vgl. ebd.: 62). In Cincinnati und Tenessee entstehen schon 1824 durch Owen angeregte Siedlungen, drei weitere werden 1826 in der Nähe von New York gegründet und auch nach dem Scheitern von New Harmony 1829 kommt es zu zahlreichen weiteren Anläufen (vgl. Jauch/Römer: 172f.). Begeistert von der

Resonanz auf seine Ideen, aber auch abhängig vom jeweils zu überzeugenden Publikum, changiert Owen ständig zwischen evolutionären und revolutionären Konzeptionen. Spricht er mal davon, es würde «allmählich ein neuer Zustand der Gesellschaft aus dem alten entstehen» (Owen 1827a/1988: 22), so behauptet er andererseits, «daß die Veränderung nicht eine des langsamen Fortschreitens sein kann, sondern daß sie plötzlich stattfinden» müsste (Owen 1827b/1988: 95). War die Entdeckung der «Neuen Welt» Stoff für Morus' utopisches Glücksversprechen, so dachte sich Owen, der kein Utopist sein wollte, Amerika als möglichen Ort der Einlösung. Nach seinen Misserfolgen bei europäischen Regierungen und dem britischen Parlament, spricht er 1827 in Gegenwart des Präsidenten vor dem Repräsentantenhaus der USA. Er hebt die Umsetzbarkeit seiner Pläne hervor. «Die Regierung und der Kongreß dieses neuen Empire brauchen [...] jetzt nur noch diese Veränderung zu wollen, und sie wird gleich vollzogen.» (Owen 1827b/1988: 89) Bei einer zweiten Rede legt er sogar einen entsprechenden Bauplan vor: «Ein Modell der Kombinationen, die diese vorteilhaften Resultate hervorbringen sollen, haben sie jetzt vor sich.» (Owen 1827c/1988: 107)

Ähnlich wie Saint-Simon, aber im Gegensatz zu Fourier, appelliert Owen an die Regierungen. Um diese zu überzeugen, relativiert Owen seine eigene Rolle und beteuert, er «habe nicht den Wunsch auf diesem Weg zu führen» (ebd.: 112). Weiterhin sei die Veränderung möglich, «ohne von irgendeinem Individuum irgendwelche Opfer zu fordern» (Owen 1827a/1988: 46). Anstatt wie Babeuf und Blanqui, Wilhelm Weitling und Moses Heß den Klassenkampf als Triebfeder einer neuen Ordnung anzusehen, kritisiert Owen an der alten Ordnung, «daß sie die Menschheit in feindliche Teile oder Bereiche spaltet» (Owen 1835b/1988: 130). Das neue soziale System werde die Gleichheit herstellen und «Klassen werden aufhören zu existieren» (ebd.: 131). Fernziel ist der vollendete Kommunismus, die Umgestaltung der sozialen Beziehungen, bis «jedes Individuum das erhalten wird, was es braucht – ohne Geld und ohne Preis» (Owen 1827a/1988: 30). Der Utopievorwurf von Marx und Engels trifft Owen also nicht wegen seiner kommunistischen Intention und nur zum Teil wegen seiner unzureichenden Negation des Kapitalismus, sondern wegen seiner Positionierung gegen proletarische Revolutionen.

Als englischer Demokrat lehnt er es entschieden ab, «einem Teil der Gesellschaft die Macht zu nehmen, um sie einen anderen zu geben, der sie auf die gleiche Weise wie der vorherige Besitzer benutzen wird» (Owen 1835b/1988: 125). Den herrschenden Klassen sei kein Vorwurf zu machen, weil sie den Umständen ihres Lebens entsprechend handeln (vgl. ebd.: 136). Auf die beherrschten Klassen sei keine Hoffnung zu setzen, da die bestehenden Verhältnisse sie in Unwissenheit und Unfähigkeit halten (vgl. ebd.: 141). Seine undialektische Vorstellung von der Determiniertheit der Menschen traut ihnen keine eigenständige Veränderung der Umstände zu, die sie vorgefunden haben. So bleibt ihm tatsächlich nur die Hoffnung auf Siedlungsprojekte und deren staatliche Förderung. Daher empfiehlt er den Siedelnden zwar ausdrücklich Abstimmungen, um die Leitung einer Siedlung (vgl. Owen 1827a/1988: 40) oder Richter zu wählen, um Mitglieder aufzunehmen oder auszuschließen (vgl. ebd.: 60f.), betont aber gegenüber den Regierenden, die Regeln einer Gemeinschaft, z.B. in Ehefragen, könnten «natürlich nicht die Gesetze des Landes außer Kraft setzen, in dem sich das Gemeinwesen befindet» (ebd.: 59). Mehr utopische Intentionen und Motivationen bieten seine längerfristigen Zukunftsvisionen. Gegen den Lokalpatriotismus und Nationalismus verficht er die utopische Negation aller Kriege, Verbrechen und Not und hegt die utopische Annahme, damit der Welt «alle Gründe für die Störung des Wohls untereinander und des Glücks zu entziehen und aus der ganzen menschlichen Rasse ein Volk zu machen, das nur eine Sprache spricht» (ebd.: 70). Auf dem Weg dahin überschätzte Owen die ökonomischen Möglichkeiten von New Harmony. Diese erste Gemeinschaft, die die Konkurrenzfähigkeit und Attraktivität des Vorhabens beweisen sollte, scheiterte bald. Owen hätte dies wissen können, denn «dem Gemeinwesen, das bald 800 Personen zählte, fehlte von Anfang an das, was die eigentliche Grundlage des sozialen Systems ausmacht – die industrielle Basis» (Jauch/Römer: 155). Ohne das versprochene Wohlergehen verstärkte sich die Unzufriedenheit der SiedlerInnen bis zur Spaltung. Sein Grundwiderspruch kam Owen selbst zu Bewusstsein. Wenn die Menschen Produkte ihrer Arrangements sind, konnten die von den alten Verhältnissen geprägten SiedlerInnen kein anderes Verhalten an den Tag legen, keine neuen Verhältnisse arrangieren. Selbstveränderung, als Teil der Systemveränderung, schließt Owens Milieutheorie aber aus. Er gesteht, dass «der Versuch vorzeitig war, eine Anzahl von Fremden, die nicht vorher für die Aufgabe erzogen worden sind, zu vereinigen» (Owen, zit. n. Buber 1945/1967: 129). Owens Bitten um Regierungshilfe scheiterten ebenso wie Fouriers Appelle an potentielle Förderer. Der Wohlstand, den Owens Theorie vom Gemeineigentum versprach, war in den ländlichen Siedlungen Nordamerikas nicht zu erreichen, wie Marx und Engels schließlich bemerkten.

Étienne Cabet steht historisch zwischen Frühsozialismus und Kommunismus, ohne Ausweg. 1788 geboren, also deutlich jünger als Saint-Simon, Fourier und Owen, veröffentlicht er 1840 die «Reise nach Ikarien», die zunächst wie eine Rückkehr zu den literarischen Utopien wirkt. Anders als Morus, Campanella und Bacon, die für andere Literaten schrieben, verfolgt Cabet mit seinem Roman aber entgegengesetzte Interessen. So schrieb er zur Erstauflage: «Damit alle Klassen der Gesellschaft und insbesondere die Frauen meine Darstellung lesen können, faßte ich Mut, ihr die Form eines Romans oder einer Reisebeschreibung zu geben.» (Cabet 1840/1972: 334) Seine Darstellung ist nicht so phantasievoll wie Fouriers Studien. Wie Robert Owen rief Cabet 1847 zur Gründung einer Kolonie auf. Die erste Gründung 1848 in Texas geschah auf wenig fruchtbarem Land, zudem waren nur wenige Bauern Teil der Expedition. Cabet selbst beteiligte sich 1848 an einer weiteren Siedlung in Illinois, die nach kurzer Zeit mit Zerwürfnissen endete. Es ist, als hätte Cabet die Traditionen der literarischen Utopie und der sozialistischen Siedlung nachgeholt, als die Zeit schon darüber hinweg war. Cabet, der sich als Erster einen Kommunisten nennt (vgl. Kool/Krause 1972: 308), erweist sich in seiner Praxis und Theorie als sehr später Utopist und später Frühsozialist. Wie andere Frühsozialisten bekämpft selbst er, der seinen Entwurf in Romanform vorlegt, «die Meinung, welche die Gemeinschaft als Unmöglichkeit, als ein Hirngespinst, als eine Utopie zurückweist» (Cabet 1841/1972: 347). Cabet sah sein «Ikaria» nicht als ein neues «Utopia», übertraf aber selbst dessen autoritäre Seite mit Vorschriften zur Schlafenszeit. Zum Siedler wurde er unfreiwillig, nachdem er lange erfolglos für die Einführung des allgemeinen Wahlrechts kämpfte (vgl. Kool/Krause: 306f). Wie alle frühen, utopischen Sozialisten lehnt er die Revolution ab. Er verneint, «daß sich die Gemeinschaft gewaltsam einführen läßt» und behauptet als Alternative, «daß die Gemeinschaft nur eingeführt werden kann durch die Macht der öffentlichen Meinung, durch den Willen der Nation, durch die Zustimmung aller oder doch einer großen Mehrheit, mit einem Wort, durch das Gesetz» (Cabet 1841/1972: 347). Er hält an Ehe, Regierung und Wirtschaftslenkung fest (vgl. ebd.: 343ff.) und verkündet für Ikarien: «Die Verfassung ist eine repräsentative Demokratie» (Cabet 1840/1972: 336). Für Frankreich benennt er die Demokratie als Übergangsregime. Die Einführung des Kommunismus, sein radikales «Alles für Alle» (Cabet 1841/1972: 340), verschiebt er für mindestens eine Generation, um den Frieden zu wahren und die Menschen durch Erziehung vorzubereiten (vgl. ebd.: 348). Er ist einer der ersten Sozialdemokraten und verfällt als solcher der Kritik von Marx und Engels.

2.3 Von der Utopie zur Wissenschaft – Sozialistische Utopiekritik

Bereits in ihren Frühschriften versuchen Karl Marx und Friedrich Engels ihren Sozialismus als «wissenschaftlich» von dem ihrer Vorgänger und Zeitgenossen abzugrenzen. Kommunismus sei «nicht ein Zustand, der hergestellt werden soll, ein Ideal, wonach die Wirklichkeit sich zu richten» hat, sondern «die wirkliche Bewegung, welche den jetzigen Zustand aufhebt» (MEW 3: 35). Die wirkliche Bewegung als Geschichtstendenz soll der proletarischen Bewegung den Weg weisen. «Es handelt sich nicht darum, was dieser oder jener Proletarier oder selbst das ganze Proletariat als Ziel sich einstweilen *vorstellt*. Es handelt sich darum, was es ist und was es diesem *Sein* gemäß geschichtlich zu tun gezwungen sein wird.» (MEW 2: 38) Geschichte, wissenschaftlich betrachtet, ist für Marx und Engels Sozialgeschichte, Geschichte von Klassenkämpfen, Objekt der Sozialwissenschaft. Das Mögliche ist in ihr angelegt und freizulegen.

«Es wird sich dann zeigen, daß die Welt längst den Traum von einer Sache besitzt, von der sie nur das Bewußtsein besitzen muß, um sie wirklich zu besitzen.» (MEW 1: 346)

Diese Überlegungen aus den Frühschriften von Marx und Engels haben noch den Charakter einer Selbstverständigung durch Kritik des Idealismus zugunsten des Materialismus. Erst im «Manifest der kommunistischen Partei» häufen sich die

Angriffe gegen den Frühsozialismus, hier wird er als der «kritisch-utopistische Sozialismus und Kommunismus» bezeichnet (MEW 4: 489). Folgende Vorwürfe werden erhoben: Zum Ersten: «Die Erfinder dieser Systeme [Saint-Simon, Fourier, Owen] sehen zwar den Gegensatz der Klassen wie die Wirksamkeit der auflösenden Momente in der herrschenden Gesellschaft selbst. Aber sie erblicken auf der Seite des Proletariats keine geschichtliche Selbsttätigkeit, keine ihm eigentümliche politische Bewegung.» (MEW 4: 490) Zum Zweiten: «Sie wollen die Lebenslage aller Gesellschaftsmitglieder, auch der bestgestellten, verbessern. Sie appellieren daher fortwährend an die ganze Gesellschaft ohne Unterschied, ja vorzugsweise an die herrschende Klasse.» (ebd.) Zum Dritten: «Sie verwerfen daher alle politische, namentlich alle revolutionäre Aktion, sie wollen ihr Ziel auf friedlichem Wege erreichen und versuchen, durch kleine, natürlich fehlgeschlagene Experimente, durch die Macht des Beispiels, dem neuen gesellschaftlichen Evangelium Bahn zu brechen.» (ebd.) Der Streit um Utopie ist hier kein Streit um letzte Ziele, sondern vielmehr um die richtige Strategie. Es gehört zur Ironie der Utopiegeschichte, dass die Frühsozialisten sich keineswegs als Utopisten sahen. «Robert Owen und Saint-Simon, Fourier und Proudhon lehnen den Utopismus heftig ab; und sie wiederum werden von Marx und Engels als ‹utopische Sozialisten› angeklagt.» (Habermas 1985: 143)

Marx und Engels ersetzten den Menschheitsstandpunkt der Frühsozialisten durch den Klassenstandpunkt. Der Appell an die Herrschenden, z.B. Owens Vorschläge zur Fabrikgesetzgebung, wird verworfen. Die umfassende politisch-soziale Revolution wird als Notwendigkeit gegen die kleinen Experimente des Siedlungssozialismus gestellt. Getreu ihrem historischen Materialismus verwerfen sie aber nicht nur die evolutionäre Strategie der Frühsozialisten als utopisch, sondern benennen auch deren Gründe. In einem Auszug aus seinem «Anti-Dühring», der als «Die Entwicklung des Sozialismus von der Utopie zur Wissenschaft» höchste Popularität erreicht hat, schreibt Engels: «Dem unreifen Stand der kapitalistischen Produktion, der unreifen Klassenlage, entsprachen unreife Theorien. [...] Es handelte sich darum, ein neues, vollkommeneres System der gesellschaftlichen Ordnung zu erfinden und dies der Gesellschaft von außen her, durch Propaganda, womöglich durch das Beispiel von Musterexperimenten aufzuoktroyieren.» (Engels 1880/2009: 49)

Anders als den zeitgenössischen Anarchisten billigt Engels den Frühsozialisten aber durchaus die Gnade der zu frühen Geburt zu. In einer Epoche, in der weder die Produktivkräfte noch die Klasse der ProduzentInnen zur Sprengung des Kapitalismus gereift waren, seien die Theorien von Saint-Simon, Fourier und Owen gewissermaßen folgerichtig. Umgekehrt gibt Engels auch die Gründe für das Entstehen des wissenschaftlichen Sozialismus an. Erst das Aufflammen von Aufständen und Klassenkämpfen ab 1831 (vgl. Engels: 66) schaffe die praktische Grundlage eines neuen Sozialismus. «Seine Aufgabe war nicht mehr, ein möglichst vollkommenes System der Gesellschaft zu verfertigen, sondern den geschichtlichen ökonomischen Verlauf zu untersuchen, dem diese Klassen und ihr Widerstreit mit Notwendigkeit entsprungen, und in der dadurch geschaffenen ökonomischen Lage die Mittel zur Lösung des Konflikts zu entdecken.» (ebd.: 67) Während Saint-Simon, Fourier und Owen ihre positiven Entwürfe auf die Gesetze der Industrie, die Leidenschaften der Menschen oder die Natur der Menschheit stützen, beschränkt sich Engels' Kritik der kapitalistischen Verhältnisse hier darauf, die «Notwendigkeit ihres Untergangs» (ebd.: 68) durch die «Enthüllung des Mehrwerts» (ebd.) zu beweisen. Nicht nur sei der wissenschaftliche Sozialismus eine erst später mögliche Theorie, auch seine Verbreitung im Proletariat, das als revolutionäres Subjekt die objektive Tendenz der Geschichte zu vollstrecken habe, sei «weiter nichts als der Gedankenreflex dieses tatsächlichen Konflikts, seine ideelle Rückspiegelung in den Köpfen zunächst der Klasse, die direkt unter ihm leidet, der Arbeiterklasse» (Engels: 70). Der Konflikt selbst bleibe aber «unabhängig vom Wollen oder Laufen selbst derjenigen Menschen, die ihn herbeigeführt» haben (ebd.).

Als es noch kaum eine sozialistische Bewegung gab, die hätte handeln können, verhallten die utopischen Vorschläge der Frühsozialisten, denen nur wenige SiedlerInnen folgten. Der an Stärke gewinnenden sozialistischen Bewegung, wie sie Engels erlebte, spricht dieser das Bedürfnis nach Utopien ab. Auf Engels' Kritik der sozialistischen Utopien, die das Wollen der Menschen überschätzt haben, antworten im 20. Jahrhundert die Theorien der politischen Utopien: Engels habe den subjektiven Faktor unterschätzt. Entscheidend ist seine Annahme einer Bewegungsrichtung der Gesellschaft, die die politische Bewegung des Proletariats bestimme. Bekennt utopischer Sozialismus die

Vergesellschaftung der Produktionsmittel «mehr oder weniger unklar als Zukunftsideal» (Engels: 87), so erkenne wissenschaftlicher Sozialismus die «geschichtliche Notwendigkeit» (ebd.) und wann die «Bedingungen ihrer Durchführung» (ebd.) vorliegen. Hält der frühe Sozialismus den Schritt in die Zukunft jederzeit für möglich, sei dem wissenschaftlichen Sozialismus der Zeitplan der Geschichte gegenwärtig. Zum richtigen Zeitpunkt habe dann die wirkliche revolutionäre Bewegung, so Marx, keine «fix und fertigen Utopien durch Volksbeschluß einzuführen», sondern «nur die Elemente der neuen Gesellschaft in Freiheit zu setzen, die sich bereits im Schoß der zusammenbrechenden Bourgeoisgesellschaft entwickelt haben» (MEW 17: 343).

Die gesamte Betrachtungsweise hat sich gegenüber dem Frühsozialismus umgedreht. Hatten Fourier und Owen an die Subjekte appelliert, die die neue Gesellschaft gründen sollen, konzentrierten sich Marx und Engels auf die Objektivität der Produktivkraftentwicklung. Diese Perspektive ergibt sich nicht zuletzt aus Marx' «Kritik der Politischen Ökonomie». Nimmt, unter dem Bann des Warenfetischismus, «das bestimmte gesellschaftliche Verhältnis der Menschen selbst [...] für sie die phantasmagorische Form eines Verhältnisses von Dingen» (MEW 23: 86) an, so ist die Erkenntniskraft dieser Subjekte systematisch geschwächt. «Indem sie ihre verschiedenartigen Produkte einander im Austausch als Werte gleichsetzen, setzen sie ihre verschiedenen Arbeiten einander als menschliche Arbeit gleich. Sie wissen das nicht, aber sie tun es.» (ebd.: 88) Wenn aber die menschlichen Subjekte ihre Verhältnisse selbst nicht mehr ohne weiteres verstehen, verschiebt sich der Fokus auf deren genaue wissenschaftliche Kritik. Allgemeine Konkurrenz zwingt zur permanenten Fortentwicklung der Produktivkräfte. Als Nebenprodukt kann durchaus ein gestiegener Reichtum entstehen, der seinen ProduzentInnen aber entzogen ist, so lange sie ihn in Form von Waren produzieren. Um überhaupt revolutionäres Subjekt werden zu können, müssten die Menschen die von ihnen geschaffene Objektivität als solche erst einmal erkennen, bevor «wir zu anderen Produktionsformen flüchten» können (MEW 23: 90).

Das bedeutet natürlich nicht, es gäbe kein Entkommen oder keine Chance zur Flucht, aber speziell für Engels ist es zunächst die objektive Tendenz, die dem Subjekt Chancen bietet. Spätestens wenn das Kapital vom Einzelkapital zur Aktiengesellschaft und vom Trust zum Monopol bis zum Staatseigentum fortgeschritten ist (vgl. Engels: 82f.), sei die Gelegenheit da, die in der Epoche des utopischen Sozialismus noch gar nicht bestanden hat. «Das Proletariat ergreift die Staatsgewalt und verwandelt die Produktionsmittel zunächst in Staatseigentum. Aber damit hebt es alle Klassenunterschiede und alle Klassengegensätze auf und damit den Staat als Staat.» (Engels: 85f.) Diese anarchistische Utopie, in der die «Regierung über Personen» durch die «Verwaltung von Sachen und die Leitung von Produktionsprozessen» (Engels: 86) ersetzt würde, teilt Engels mit Saint-Simon, Fourier und Owen.

Wie Ralf Hoffrogge in seinem ersten Band in der Reihe «theorie.org» schreibt, gaben «Marx und Engels [...] die utopische Stoßrichtung des Frühsozialismus nicht auf, integrierten sie jedoch in ein politisches Programm» (Hoffrogge 2011:44). Gegenüber dessen evolutionärem Siedlungssozialismus bekennen sich Marx und Engels allerdings zur Revolution und diese «ist gewiß das autoritärste Ding, das es gibt» (MEW 18: 307), da sie die Eroberung der Macht erfordert, wenngleich auch der Stimmzettel in Erwägung gezogen wird, denn es wirke, bei fortgeschrittener Militärtechnik, auch «die Barrikade mehr moralisch als materiell» (MEW 22: 521). Die Stoßrichtung auf die «politische Übergangsperiode, deren Staat nichts andres sein kann als die revolutionäre Diktatur des Proletariats» (MEW 19: 28), trennt Marx und Engels von Owens und Fouriers Weg sozialistischer Siedlungen, aber nicht vom utopisch anmutenden Ziel, schließlich werde die Revolution «an die Stelle der alten bürgerlichen Gesellschaft eine Assoziation setzen, welche die Klassen und ihren Gegensatz ausschließt, und es wird keine eigentliche politische Gewalt mehr geben» (MEW 4: 182). Utopischer Sozialismus meint für Marx und Engels nicht Antizipation des kommunistischen Ziels – «Jeder nach seinen Fähigkeiten, jedem nach seinen Bedürfnissen!» (MEW 19: 21) – sondern das Aufzeigen von siedlungssozialistischen Irrwegen, die nicht zielführend sind. Trotzdem empfiehlt Engels die sozialistischen Utopien zur Lektüre. «Wir freuen uns lieber der genialen Gedankenkeime und Gedanken [...] unter der phantastischen Hülle» (Engels: 49). Für bürgerliche Revolutionen erkennt Marx sogar an, sie hätten die ihnen «gegebene Aufgabe in der Phantasie zu übertreiben», um «nicht vor ihrer Lösung in der Wirklichkeit zurückzuflüchten» (MEW 8: 116). Bedarf aber nicht auch die wirkliche Bewegung zum Kommunismus, neben der wissenschaftlichen Kritik des Kapitals, der utopischen Phantasie, um sich die eigene Intention als Motivation vorzustellen und die Negation des Bestehenden um die Konkretion des Möglichen zu ergänzen? Das (verlorene) Interesse der früheren marxistischen Sozialdemokratie am Zukunftsstaat spricht dafür. Zumindest hat die Geschichte gezeigt, dass sie das Proletariat keineswegs zum Sozialismus zwingen kann.

2.4 Der Zukunftsstaat und das Abwarten der Sozialdemokratie

Von dem ausgehend, was Marx und Engels seit 1848 als utopistisch bezeichnen, treffen ihre Vorwürfe auch Ferdinand Lassalle, den Vater der Sozialdemokratie, und sein Programm von 1862. Die von ihm anvisierte Einrichtung von « ‹Produktivassoziationen› [...] sei allerdings an die Voraussetzung staatlichen Kredits (‹Staatshilfe›) gebunden, da die Arbeiter aus ihren Löhnen nicht die nötigen Mittel für den Anfang aufbringen können» (Fülberth 1977: 19). Die Linie Lassalles – Appell, Wahlrecht und Staatshilfe für Genossenschaften – war im Allgemeinen Deutschen Arbeiterverein (ADAV) von 1863 populär, auch noch nach Lassalles frühem Tod in einem Duell 1864. Als sich der ADAV und die von August Bebel 1869 gegründete Sozialdemokratische Arbeiterpartei 1875 zur Sozialistischen Arbeiterpartei vereinigen, ist sein Einfluss noch spürbar (vgl. ebd.: 28). Unter dem Sozialistengesetz (1878–1890) hingegen radikalisierte sich die Sozialdemokratie. Hierbei spielt auch August Bebels Buch «Die Frau und der Sozialismus» eine gewichtige Rolle. «Unter dem Zwangsregime des Sozialistengesetzes spendete Bebels eschatologische Befreiungsprosa der wachsenden Gemeinde sozial-demokratischer Anhänger Trost und Hoffnung.» (Ruck/ Dauderstädt 2011: 12)

Freilich hätte Bebel seine Schilderung des Zukunftsstaates selbst nicht als Utopie bezeichnet. Auch Karl Kautsky beharrt darauf, Bebels Arbeit wäre mit «entschieden zu bekämpfenden Träumereien nicht zu verwechseln», sondern sei der Versuch, «zu erforschen, welche Richtung die Tendenzen der ökonomischen Entwicklung annehmen dürften, sobald diese von der kapitalistischen auf die sozialistische Grundlage gestellt worden sein wird» (Kautsky 1892). Sollte je ein berechtigter Utopieverdacht gegen die Sozialdemokratie bestanden haben, so wäre der Zukunftsstaat der Hauptanklagepunkt, Karl Kautsky Kronzeuge der Verteidigung. Vermittelte Kautsky zunächst zwischen dem revolutionären und dem reformistischen Flügel, so führte er «im Zuge der Pragmatisierung sozialdemokratischer Politik einen regelrechten Feldzug gegen alle utopistischen Abweichler» (Graf 2003: 155). Er versucht dabei eine seltsame Balance zu halten. Bebels detailverliebtes Buch wirke nur scheinbar wie eine Utopie, sei einerseits wissenschaftlich fundiert, fordere aber andererseits den Sozialismus als «Verwirklichung dieses herrlichen Ideals» (Kautsky 1892). Keine Utopie also, lediglich ein Ideal? Anscheinend ist es auch Kautsky nicht möglich, das Begehren nach Sozialismus gänzlich auszuklammern, das utopische Bedürfnis bleibt ein Problem der sozialdemokratischen Weltanschauung. So waren ausgerechnet Engels Utopiekritik von 1880 und Bebels Zukunftsbuch von 1879 die meist gelesenen Schriften der deutschen Sozialdemokratie. Utopieverzicht und Zukunftsstaat liegen dicht beieinander.

Aus Sicht von Andreas Heyer brach Bebel «mit den Ausführungen von Marx und Engels»: «Gegen das von diesen verhängte ‹Bilderverbot› setzte er seinen Versuch einer Imaginierung der zukünftigen kommunistischen Gesellschaft» (Heyer 2006: 31). Aber sein Entwurf bleibt der kritischen Negation verpflichtet, er enthält die Abschaffung des Geldes und der Religion, weiterhin zielt er auf die Konkretion des Möglichen, z.B. Arbeitserleichterung durch Elektrizität und maschinelle Produktion, und die Motivation der Arbeiterbewegung durch Fernziele, allen voran die freie Berufswahl und die Gleichberechtigung der Frauen (vgl. ebd.: 31f.). Bebel betont ausdrücklich, die Triebfeder zum Sozialismus sei nicht die Anziehungskraft seines Zukunftsentwurfes, sondern die abstoßende Wirkung des Kapitalismus, wenn einmal dessen «Übel so auf die Spitze getrieben sind, dass sie der großen Mehrheit der Bevölkerung so sichtbar und fühlbar werden, dass sie ihr unerträglich erscheinen» (Bebel 1879/1973: 409). War Bebels Buch, einer der «meistverkauftesten Klassiker des Marxismus» (Heyer 2006: 31), eine Utopie, so war es keine literarische Utopie, sondern ganz offensichtlich ein Aufruf zur Tat. Bebel schrieb auch keine frühsozialistische Utopie, er wollte ausdrücklich Revolution (vgl.

ebd.: 32). Er spielt Möglichkeiten durch, entwirft motivierende Ziele, drückt Bestrebungen aus, kurz gesagt: Bebel schrieb eine durchaus politische Utopie.

Wie sehr das Utopieproblem Bebel selbst beschäftigte, beweist auch sein Buch über Charles Fourier von 1888, zwei Jahre vor dem Ende des Sozialistengesetzes. Trotz Verfolgung hatte die Partei zwischen dem Erlass des Sozialistengesetzes 1878 und dessen Aufhebung 1890 ihren Stimmenanteil von 6,1 auf 19,7 % erhöht (vgl. Fülberth: 32). Sogar Engels hält die Idee des Zukunftsstaates, trotz ihrer «endgültigen wissenschaftlichen Unzulänglichkeit», aufgrund der «zeitweiligen agitatorischen Berechtigung» für durchaus akzeptabel (Engels: 86). Bebel weiß, dass es für den Zukunftsstaat auch bei Fourier brauchbare Gedankenkeime gibt. Kautsky geht sogar so weit, ein Buch über Thomas Morus und seine Utopie zu schreiben. Mit Morus und Fourier werden die literarischen und sozialistischen Utopien als Vorläufer des wissenschaftlichen Sozialismus in Anspruch genommen. «Kautskys Auseinandersetzung mit Morus bildet fast schon idealtypisch rein die Auffassungen des Marxismus mit Blick auf den utopischen Diskurs ab», denn einerseits wird Morus als Kind seiner Zeit relativiert, andererseits zeigt sich, «dass trotz aller Utopie-Kritik der Marxismus in starkem Maße daran interessiert war, die utopische Tradition als Ideen- und Autoritätsressource in das eigene Denken einzubinden» (Heyer: 28). Grundlegend ist Kautskys Abgrenzung der «Utopia» von Platon und dem Christentum: «Der Moresche Kommunismus ist nicht platonisch und nicht christlich, sondern modern, dem Kapitalismus entsprossen.» (Kautsky 1888)

Für Kautsky ist diese literarische Utopie mehr als nur ein Roman, nämlich der Versuch zu zeigen, «wie England aussehen würde [...] wenn es kommunistisch eingerichtet wäre» (Kautsky 1888). Thomas Morus «war der Vater des utopistischen Sozialismus, der mit Recht nach der Utopia seinen Namen erhalten hat. Dieser ist utopistisch weniger wegen der Unerreichbarkeit der Ziele, als wegen der Unzulänglichkeit der Mittel, die ihm zu deren Erreichung zu Gebote stehen» (Kautsky 1888). Könnten die alten Ziele mit neuen Mitteln doch erreicht werden? Zumindest verteidigt Kautsky auch Morus' Utopie, wie es Engels und Bebel mit Fourier tun. «More mußte Utopist sein, wir wissen das. Noch trat keine Partei, keine Klasse für den Sozialismus ein» (Kautsky 1888). Kautsky beansprucht Morus und Fourier als Vorläufer, zieht aber eine klare Trennlinie gerade durch den Punkt, an dem Marx und Engels zustimmen würden, nämlich hinsichtlich des Überflüssigwerdens des Staates. Kautsky hat Recht, wenn er betont, im Kapitalismus könne keine kommunale Genossenschaft bestehen und Sozialismus müsse einen «anderen Umfang haben als die Phalanstères und sozialistischen Kolonien aus dem Anfang unseres Jahrhunderts.» (Kautsky 1892) Er selbst befürwortet den Nationalstaat.

Allerdings ist es für Kautsky ohnehin irrelevant, ob SozialistInnen kommunale Genossenschaften, nationale Staatlichkeit oder eine föderale Weltrepublik anstreben. Das Ziel der Sozialdemokratie sei schließlich keine bewusste Absicht, sondern «Notwendigkeit der ökonomischen Entwicklung» (Kautsky 1892). Laut Kautsky haben «Marx und Engels uns gezeigt», dass diese Entwicklung «unwiderstehlich fortschreitet, nach bestimmten Gesetzen, nicht nach den Wünschen und Launen der Menschen» (Kautsky 1892). Sicher würden noch (Wahl-) Kämpfe bevorstehen, aber auch hier bestehe kein Grund zur Sorge, da «die ökonomische Entwicklung mit Naturnotwendigkeit Zustände erzeugt, welche die Ausgebeuteten zwingen, gegen dies Privateigentum anzukämpfen» (Kautsky 1892). Im Sinne seiner «Naturwissenschaft der Gesellschaft» ist die sozialistische Gesellschaft nichts Gewolltes, sondern «naturnotwendig Gebotenes» (Kautsky 1892) und sie ist «nicht mehr bloß etwas Wünschenswertes, sie ist etwas Unvermeidliches geworden» (ebd.). Die Naturwüchsigkeit des Kapitalismus, die Marx als realen Schein kritisiert, nimmt Kautsky wörtlich, als wären das Ende des Kapitalismus und das Kommen des Sozialismus Naturgesetz. Was revolutionär klingt, führt Kautsky auf reformistische Gleise. Sozialdemokratisch sind «nicht utopistische Vorschläge, sondern wissenschaftliche Überzeugungen» (Kautsky 1892). Da die Tendenz zum Sozialismus wissenschaftlich verbürgt sei, Wissenschaft aber auf Erfahrungen beruht, gelte für die Politik der Sozialdemokratie: «Positive Vorschläge kann also die Sozialdemokratie bloß für die heutige Gesellschaft, nicht für die kommende machen» (Kautsky 1892). Damit ist jede Utopie entsorgt.

Kautskys Ambivalenz zum Zukunftsstaat ist handgreiflich. Einerseits ruft er zur «Verwirklichung dieses herrlichen Ideals» (Kautsky 1892) auf, andererseits müsse er ja ohnehin kommen. Ein solcher passiv erwarteter Sozialismus erscheint auch dem bürgerlichen Soziologen Max Weber, der 1918 vor österreichischen Offizieren referiert, nicht mehr sehr bedrohlich. Zwar sei es Marx' These vom «unvermeidlichen Untergang der gegenwärtigen Gesellschaft» gewesen, die der Sozialdemokratie «den jubelnden Glauben der Massen zuführte» (Weber 1918/1988: 504), aber dieser Glaube sei längst keine Theorie revolutionären Kampfes mehr. Wo staatliche Regulierung und Kartellierung qua Bürokratie die Krisentendenz abschwächen (vgl. ebd.: 507f.), erkennen auch Parteien und Gewerkschaften diese Entwicklungen an. An Stelle der Revolution, die nicht von selbst kam, trete in der Sozialdemokratie der Glaube, «daß der Sozialismus ganz von selbst im Wege der Evolution komme» (ebd.: 507). Eine fortschrittsgläubige Sozialdemokratie ohne Utopie, für die auch Sozialismus der bürokratischen «Spezialisierung und einer Leitung durch ein derart gebildetes Fachbeamtentum» (ebd.: 497) bedarf, sei «vom Standpunkt der Staatsinteressen aus und zur Zeit insbesondere vom Standpunkt der militärischen Interessen aus erträglich» (ebd.: 517).

So wie die Sozialdemokratie gelernt hat auf den objektiv kommenden Sozialismus zu warten, so verzichtete sie auch im Ersten Weltkrieg auf jeden allzu subjektiven Eingriff. Die bürokratische Tendenz des Staates passt zur bürokratischen Tendenz von Gewerkschaft und Partei, sie erlaubt letztlich die Integration der SPD in den Nationalstaat, den Kriegsstaat, den Sozialstaat.

Nahm Marx in der Revolutionszeit um 1848 noch an, es trete nun «die soziale Revolution aus dem Reich der Utopie in das Reich der Wirklichkeit» (MEW 6: 150), so wird sie nun wieder Utopie. Als solche hat sie ihre TrägerInnen kaum noch in der verbürgerlichten ArbeiterInnenklasse, sondern nur noch bei kritischen Intellektuellen. Der Intellektuelle fällt für Weber in den Aufgabenbereich der Religionssoziologie. «Er ist es, der die Konzeption der ‹Welt› als eines ‹Sinn›-Problems vollzieht.» (Weber 1922: 341) Einen solchen Sinn biete revolutionäre Utopie. «Die Romantik des Generalstreiks und die Romantik der revolutionären Hoffnung als solche ist es, die diese Intellektuellen bezaubert» (Weber 1918/1988: 513). In der objektiv entzauberten Welt des Weltkriegs wäre Begeisterung für den Generalstreik freilich ein Faktor gewesen, der zum Entstehen eines revolutionären Subjekts hätte hinzukommen müssen. «Es gibt nichts, was die deutsche Arbeiterschaft in dem Maße korrumpiert hat wie die Meinung, sie schwimme mit dem Strom» (Benjamin 1940/1965: 87ff.), schreibt 1940 Walter Benjamin. Passives Fortschrittsbewusstsein ist der Tod aktiven Utopiebewusstseins und so unternehmen linke Intellektuelle die Rehabilitation der politischen Utopie nach dem Versagen der SPD 1914 und 1918.

3. Die Rehabilitation utopischer Funktionen in der ersten Hälfte des 20. Jahrhunderts

Sozialismus ist keine Utopie (Luxemburg 1898/1970: 12) ist sich Rosa Luxemburg kurz vor 1900 sicher. Wenn überhaupt, sei der Anarchismus, nicht die Sozialdemokratie, ein utopischer Rückfall. Darin sind sich sogar Luxemburg und Lenin, bei allen sonstigen Differenzen, einig. Aber auch im Anarchismus ist die Utopie nicht wohl gelitten. Pierre-Joseph Proudhon, dessen evolutionäre Tauschbankprojekte dem Frühsozialismus nahestehen, wollte kein Utopist sein. Michail Bakunins revolutionäre Aufstandspläne erinnern mehr an Babeuf und Blanqui, während er sich trotz Übereinstimmungen in der Theorie mit Marx in Praxisfragen überwirft. Was der Anarchismus mit Fourier und Owen teilt, ist deren Lehre von der Natürlichkeit. Diese Linie wird im späteren Anarchismus verlängert und von Pjotr Kropotkin zugespitzt: «Die politische Ökonomie muß als Naturwissenschaft behandelt werden» (Kropotkin, zit. n. Rocker 1999: VIII), denn «da der Mensch ein Teil der Natur ist und sein persönliches und gesellschaftliches Leben ebenso eine Naturerscheinung ist, als das Wachstum einer Blume oder die Entwicklung des Gesellschaftslebens unter den Ameisen und Bienen, so ist kein Grund vorhanden, warum wir unsere Untersuchungsmethode ändern sollten, wenn wir von der Blume zum Menschen, vom Dorf der Biber zur Stadt der Menschen übergehen» (ebd.: VII). Ausgehend von seiner Evolutionstheorie, die der Geograph Kropotkin 1902 in seinem Werk «Gegenseitige Hilfe in der Tier- und Menschenwelt» vorlegt, nimmt Kropotkin eine gute menschliche Natur als Vorbild des Gesellschaftslebens an. In «Die Eroberung des Brotes» von 1892 gibt er den detaillierten Entwurf eines anarchistischen Kommunismus, dessen Grundstruktur der wirtschaftlichen und politischen Vernetzung kleiner Einheiten, der ländlichen naturalwirtschaftlichen Industriedörfer, er für vollkommen natürlich ansieht.

Die großen linken Strömungen des 19. Jahrhunderts, Sozialdemokratie und Anarchismus, beanspruchen gleichermaßen wissenschaftlicher Sozialismus zu sein. Beruft sich erstere auf Marx' «objektive Sozialwissenschaft», so letztere auf Kropotkins «objektive Naturwissenschaft» – beide Theorien bieten kaum Platz für subjektive Wünsche, Hoffnungen, Haltungen, Utopie. «Gegen diese Ausblendung des utopischen Elements aus der sozialistischen Politik wandten sich zu Beginn des 20. Jahrhunderts junge, linke und vornehmlich jüdische Intellektuelle.» (Graf 2003: 155) Der soziale Anarchist und libertäre Sozialist Gustav Landauer beginnt als Erster die Ehrenrettung der Utopie. Mit ihm beginnt die Debatte um Denkweisen, die im Folgenden Politische Utopien heißen. Entscheidend sind die Funktionen, die Autoren wie Landauer, Bloch, Mannheim und Adorno dem utopischen Denken zuweisen.

3.1 Utopie als Intention und Siedlungsoption bei Gustav Landauer

> **«Utopie ist also die zu ihrer Reinheit destillierte Gesamtheit von Bestrebungen.»**
> **Gustav Landauer**

Gustav Landauer verwirft den Marxismus der deutschen Sozialdemokratie als utopielos. Spätestens seit dem Ausschluss der AnarchistInnen aus der II. Internationale 1893 war Landauer ein entschiedener Gegner der marxistischen Sozialdemokratie und kannte «in der ganzen Naturgeschichte [...] kein ekelhafteres Wesen als die sozialdemokratische Partei» (Landauer, zit. n. Haffner 1979/1991: 210). Von der SPD zur Niederschlagung der Münchener Räterepublik geschickte Freikorpssoldaten ermordeten Gustav Landauer 1919. Hinsichtlich der Utopietheorie ist es Landauers Verdienst, «den Willen und die Möglichkeit zur Utopie in die Intention des Menschen zu verlegen – und so als erster einen intentionalen Utopiebegriff zu propagieren, der sich über ihn hinaus auch bei Karl Mannheim, Ernst Bloch und Martin Buber nachweisen lässt» (Heyer 2006: 78).

Mit seinem Utopiebegriff unternimmt Landauer nicht nur eine Mentalisierung der Utopie, wie Rüdiger Graf sagt, sondern auch eine Historisierung und Relativierung utopischen Denkens. «Die Utopie ist also die zu ihrer Reinheit destillierte Gesamtheit von Bestrebungen, die in keinem Fall zu ihrem Ziel führen, sondern immer zu einer neuen Topie.» (Landauer 1907/2003: 33) Bezeichnet Utopie bei Landauer die Intention auf eine neue Gesellschaftsform, so nennt er jede bestehende Gesellschaft eine Topie. Utopie sei nicht die vorgreifende Imagination eines geschichtlichen Endziels, sondern nur die Intention, die von einer Topie zur nächsten treibt. Utopische Bestrebungen verortet Landauer nicht bei Klassen, sondern bei Einzelnen. Erst in einer Krise könnten sich individuelle Wünsche zur utopischen Tendenz verdichten (vgl. ebd.: 32). Als Zusammenführung von Geschichtsphilosophie und Sozialpsychologie entwirft Gustav Landauer das «erste Gesetz: Auf jede Topie folgt eine Utopie, auf diese wieder eine Topie» (ebd.). Kern seiner Utopietheorie ist die «Offenheit der Geschichte» (Heyer 2006: 80), das endlose Wechselspiel von Topie – Utopie – Topie – Utopie – Topie. Weder gebe es einen anarchistischen Naturzustand noch ein kommunistisches Endziel. Krisen einer Topie entstünden durch das utopische Wollen der Menschen. Landauer nennt zwei Quellen, aus denen sich utopisches Bewusstsein speist. Zum einen «aus der Reaktion gegen die Topie aus der sie erwächst», also aus der Negation des Bestehenden, zum anderen «aus der Erinnerung an sämtliche bekannte frühere Utopien» (Landauer 1907/2003: 34), also aus der utopischen Tradition. Er entwirft seine Geschichtsphilosophie als Kritik an marxistischer Fortschrittsgläubigkeit und lehnt seine Utopie an den Frühsozialismus an.

Revolution bedeutet ihm die Wiederherstellung menschlicher Bindungen. Er versteht sie nicht als Ereignis, sondern als Epoche, als Übergang zwischen Topien. Ein solcher erstrecke sich von der Reformation 1517 über die französische Revolution 1789 bis in seine Zeit. Ihr Ausgangspunkt wäre die Krise des Mittelalters, das Landauer das «christliche Zeitalter» nennt (ebd.: 56). In striktem Gegensatz zur bürgerlichen wie marxistischen Geschichtsphilosophie pflegt er ein romantisches Bild vom Mittelalter als «Blütezeit» und «Gipfel der Kultur» (ebd.: 50–51). Den Abstieg begleiten Individualismus, Zerfall und Gewalt (vgl. ebd.: 53). Im Gegensatz zum modernen «Zentralismus und der Staatsgewalt» gab es «mannigfaltige Gesellschaftsgebilde» (ebd.: 56), «Selbstständigkeiten, die sich gegenseitig durchdringen, die sich durcheinander schichteten, ohne dass daraus eine Pyramide oder irgendwelche Gesamtgewalt geworden wäre. Die Form des Mittelalters war nicht der Staat, sondern die Gesellschaft, die Gesellschaft von Gesellschaften» (ebd. 57).

Die Vielfalt der Rechte und Gewalten, zwischen Ständen, Kirche und Adel, Stadt und Land, Zünften und Gilden, unterscheidet sich zweifellos von späterem Staatsrecht und Staatsgewalt. Landauer fragt aber kaum nach dem Inhalt dieser alten Formen. Er empfiehlt sogar ein Absehen von Feudalismus, Kirchenmacht und Inquisition (vgl. ebd.: 63). Angesichts der sich durchsetzenden Fürstenmacht als staatsbildende Topie deutet er die Kritik des Thomas Morus als Utopie gesetzlich verfasster Staatsordnung (vgl. ebd.: 77). Der «Geist der Republik» (ebd.: 83), ausgehend von italienischen Stadtstaaten, führe zum Kampf der Fürsten gegen «revolutionäre Nationen» (ebd.: 81). Deren Ziel, der Nationalstaat, scheine auf in Campanellas Utopie vom zentralisierten Sonnenstaat, den Landauer mit dem Zukunftsstaat der Sozialdemokratie identifiziert (vgl. ebd.: 99). Die Topie, in der diese Utopie aufgeht, entsteht durch die «Staatsrevolution» (ebd.: 103) des 18. und 19. Jahrhunderts. Der Bruch mit dem Mittelalter ist vollzogen: «War der Staat für die ersten Republikaner noch identisch mit den états, d.h. den Ständen, so war er jetzt der Etat, d.h. eine geordnete Verwaltung eines unpersönlichen Wesens mit Einnahmen und Ausgaben.» (ebd.: 105)

Mit dem Steuerstaat entstehen Statistik als Herrschaftswissen und die Nationalökonomie. Gegen die «Form des Staates an sich», verstanden als «Form der Herrschaft, des Außen, des Toten an die Stelle des Geistes» gesetzt, die durch politische Revolution entstehen konnte, setzt Landauer seine Utopie der sozialen Revolution als «friedlicher Aufbau» (ebd.: 113). «Die Utopie bäumt sich auf gegen eine besondere Übergangsform», gegen staatliche Zentralisierung und kapitalistische Individualisierung, bis «wieder ein verbindender Geist herausbricht, der neue Formen des Mitlebens schafft und durcheinander schichtet» (ebd.: 64f.).

Die zentrale Stellung von Utopie, Ideal und Geist, der sich in der Geschichte verlieren, verändern und wiederfinden kann, begründen seine Kritik an Marx' historischem Materialismus. An Marx ergeht der Vorwurf, er habe den «Wissenschaftsaberglauben an Stelle geisthaften Wissens, Politik und Partei an Stelle des Kulturwillens» gesetzt (Landauer 1911/1978: 23). Im Unterschied zu der ‹Geistesschärfe», die er Marx zugesteht, ist ihm das ‹Nachschwatzen› der MarxistInnen ärger (ebd.: 26). Gegen die «Entwicklungsgläubigen», wie er sie nennt, setzt Landauer historische Möglichkeiten, die aber, wie im Fall des Frühsozialismus, keineswegs eintreten müssen (vgl. ebd.: 43).

Die Entwicklungstendenz des Kapitalismus deutet Landauer hellsichtig als eine zum «Staatskapitalismus» (ebd.: 56), den MarxistInnen mit Sozialismus verwechseln würden. Die Tendenz des Kapitals selbst sei, «um für Marxisten einmal marxistisch zu sprechen die tatsächliche, materiale Grundlage für den ideologischen Überbau, nämlich für die Utopie des Entwicklungssozialismus der Marxisten», die Kapitalismus als Fortschritt wertet (vgl. ebd.: 57). Nicht nur, dass Landauer hier seinerseits die Utopie als Kampfbegriff gegen den Marxismus gebraucht, er wendet sogar quasi Marxsche Ideologiekritik gegen die marxistische Ideologie. Während Marx allerdings ideologiekritisch einen Zusammenhang von Sein und Bewusstsein aufzeigt, sprengt Landauer diese Dialektik auseinander. Regeneration des Gesellschaftsgeistes sei eine reine Willensfrage. Für ihn hängt Sozialismus «seiner Möglichkeit nach gar nicht von irgend einer Form der Technik und der Bedürfnisbefriedigung ab. Sozialismus ist zu allen Zeiten möglich, wenn eine genügende Anzahl von Menschen ihn will. Nur wird er je nach dem Stand der Technik und je nach der verfügbaren Technik, das heißt nach der Zahl der Menschen, die ihn beginnen […] anders aussehen.» (ebd.: 61)

Die Qualitäten des Kommunismus, den Marx in die Phasen der äquivalenten Leistungsentlohnung und der späteren freien Bedürfnisbefriedigung teilt, je nach dem quantitativen Stand der Produktivkräfte, negiert Landauer zugunsten besonderer Qualitäten im Wollen und Handeln. Marx' Verelendung des Proletariats und die Konzentration der Monopole versteht er als Prognosen, die Kartelle und Sozialgesetzgebung von oben, Genossenschaften von unten, verhindert hätten (vgl. ebd.: 68f.). «Sozialpolitik» und das «Kassenwesen der Gewerkschaften» seien nur «im Kapitalismus notwendig, solange es die Arbeiter nicht verstehen aus dem Kapitalismus auszutreten» (ebd: 77). Diese «Kleinarbeit der Sozialdemokratie – die ja überdies nicht Marxismus ist» (ebd.: 109f.) lehnt Landauer entschieden ab. Ihm ist die sozialistische Utopie nicht nur eine zu verfolgende Intention, sondern auch eine unmittelbare Ausstiegsoption.

Landauers eigene Utopie ist eine Utopie der Praxis, die er aus seiner Geschichtsphilosophie und der Kritik des Marxismus heraus entwickelt. Dabei knüpft er an den Frühsozialismus an. Seine zentrale Denkfigur ist das Beginnen, das er gegen sozialdemokratisches Abwarten setzt. Auch sein Sozialismus sei, wie jener der Sozialdemokratie, eine Kleinarbeit, aber nicht im ausbessernden, sondern im überschreitenden Sinne: Aneignung des Bodens als Wirtschaftsgrundlage (ebd.: 120), Wiederherstellung des Geldes als verbrauchbares Tauschmittel (ebd.: 121) und Gegenseitigkeit des Kredits, um aus dem Kapitalismus auszutreten, der nicht als Waren- sondern Profitwirtschaft verstanden wird. Die als Ziel aufgestellte Föderation, «ein Gemeinwesen von Gemeinschaften und Gemeinden» (ebd.: 131), soll zum Beginnen begeistern. Das Ergebnis der Veränderung werde zwar hinter dem Ideal zurückbleiben, aber nur das Ideal könne überhaupt zum Ergreifen dieser Option anregen. Landauer empfiehlt, dass SozialistInnen sich «in Bünden zusammenschließen und ihre Arbeit in den Dienst ihres Verbrauchs stellen. In Siedlungen, in Genossenschaften, unter Entbehrungen.» (Landauer 1907/2003: 115)

Anders als Fourier und Owen ist sich Landauer sicher, dass der Austritt aus dem Kapitalismus zwar möglich, aber keineswegs ohne Anstrengung sein wird. In seinem Hauptwerk «Aufruf zum Sozialismus» von 1911, definiert er Sozialismus als ein «Bestreben, mit Hilfe eines Ideals eine neue Wirklichkeit zu schaffen» (Landauer 1911/1978: 1). Obwohl er den Begriff der Utopie aufgibt, ihn sogar als Kampfbegriff gegen seine Gegner richtet und hier ganz explizit «keine Beschreibung einer Utopie» (ebd.: 21) geben will, entspricht doch auch das Ideal dem Inhalt nach seiner Hervorhebung des subjektiven Willens als historischen Faktor. Nicht die Umwälzung des Ganzen sei vorzubereiten, sondern SozialistInnen sollen «wieder in Gemeinden zusammentreten und in den Gemeinden soll hergestellt werden, was die Gemeindemitglieder brauchen. Wir können nicht auf die Menschheit warten.» Vielmehr sei bei «Resten alten Gemeindebesitzes» (ebd.: 145) Anschluss zu suchen, um in ländlicher Idylle «sozialistische Gehöfte, sozialistische Dörfer, sozialistische Gemeinden zu gründen» (ebd.: 147). Tatsächlich erreichte der von Landauer geprägte Sozialistische Bund nie mehr als etwa 1000 Beteiligte, vorwiegend Intellektuelle aus der Mittelschicht (vgl. Wolf 1988: 68), und schlief um die Jahreswende 1913/1914 ein (vgl. ebd.: 73). Zu Landauers Lebzeiten gab es nur vereinzelte Versuche, seine Siedlungspläne in die Tat umzusetzen, wie Gisela Notz in ihrem Beitrag zu dieser Reihe betont (Notz 2012: 42)

Selbst innerhalb des Anarchismus wurde Landauer seine «Antipolitik», sein geplanter «Austritt aus dem Staat» (Landauer 1911, zit. n. Wolf 1988: 17), von der Anarchistischen Förderation Deutschlands als Utopismus vorgeworfen, der der Revolution gegen den Staat widerspräche (ebd.: 24). Mit Bakunin wollen sie den Aufstand gegen den Staat, der nicht durch Aufbau ersetzt werden könnte, also nicht den Austritt aus sondern die Aufhebung der Staatlichkeit. Landauer antwortet: «Einen Tisch kann man umwerfen und eine Fensterscheibe zertrümmern, aber die sind eitle Wortemacher und gläubige Wortanbeter, die den Staat für so ein Ding oder einen Fetisch halten, den man zertrümmern kann, um ihn zu zerstören. Staat ist ein Verhältnis, ist eine Beziehung zwischen den Menschen, ist eine Art, wie die Menschen sich zueinander verhalten; und man zerstört ihn, indem man andere Beziehungen eingeht, indem man sich anders zueinander verhält […] Wir müssen die Wahrheit erkennen: Wir sind der Staat – und sind es so lange, als wir nichts anderes sind» (Landauer zit. n. Wolf 1988: 60). Das Eingehen kooperativer Verhältnisse ist Landauers Ziel, die Gründung sozialistischer Siedlungen sein Weg.

Die Rezeption Landauers wird von hier aus verständlich. Martin Buber verbindet Landauers intentionalen Utopiebegriff aus «Die Revolution» und den «Aufruf zum Sozialismus» 1945 in seinem Buch «Der utopische Sozialismus». Buber übernimmt den Marxschen Begriff unter umgekehrten Vorzeichen, für ihn ist er der «voluntaristische Sozialismus» (Buber: 23). Gewollt werden muss er von atomisierten Individuen des Kapitalismus (vgl. ebd.: 30). Merkmale sind die Intention zum Beginnen und die Option zur Gründung von Siedlungsgenossenschaften. Diese müssten allerdings ihre Konkurrenz untereinander durch Kooperation überwinden (vgl. ebd.: 118). Buber ist dabei durchaus realistisch. «Ihr Schicksal ist ihrem Willen entgegen: sie wollten sich zunächst nicht isolieren, aber sie haben sich isoliert, sie wollten wirkende Vorbilder werden, aber sie wurden nur interessante Experimente.» (ebd.: 123) Gegen die Isolation setzt Buber auf Föderation, gegen das Scheitern an eigenen Ansprüchen auf

Erziehung und Gemeinschaftsgeist (ebd.: 126f.). Dann kann der utopische Sozialismus in Praxis «als der topische bezeichnet werden: er ist nicht ortlos» (ebd.: 139), sondern beginnt vor Ort, im Kleinen, das durch Verbindung wachsen soll. Sein Beispiel und seine Hoffnung ist die Kibbuzbewegung in Palästina bzw. Israel (vgl. ebd.: 220). In deren Siedlungszionismus wirkt Landauers Utopie, vermittelt durch Buber, am stärksten nach (vgl. Wolf 1988: 8). Zugespitzt sieht Buber den Sozialismus am Scheideweg: Staat oder Gesellschaft, zentralistisch oder föderalistisch, Moskau oder Jerusalem (vgl. Buber 1945/1967: 233).

Der Staatssozialismus verändere kaum das Verhalten der Menschen selbst, ein Verhältnis werde «nur dadurch in Wahrheit zerstört, daß man ein anderes eingeht» (ebd.: 83). Vor allem sei der utopische Sozialismus ein ethischer Sozialismus, denn es «will der ‹utopische› nicht-marxistische Sozialismus den mit seinem Ziel artgleichen Weg» (ebd.: 29). Dabei ist Martin Buber nicht so anarchistisch wie sein ermordeter Freund Gustav Landauer. Er kalkuliert mit der Staatshilfe für Genossenschaften und unterscheidet durchaus zwischen «übermäßigem und rechtmäßigem, jeweils überflüssigem und notwendigem Staat» (ebd.). Martin Buber, der seine Überlegungen stets im Hinblick auf Israel entwickelt, will die utopische Intention mit ihrer Konkretion in den Kibuzzim, den Siedlungen, verbinden.

War die Einheit von Sozialismus und Zionismus schon bei Moses Heß angelegt, so verknüpft Martin Buber Landauers soziale Utopie erneut mit der zionistischen Utopie Theodor Herzls. Als Herzl 1896 als Reaktion auf den grassierenden Antisemitismus sein Buch «Der Judenstaat» publizierte, kannte er Moses Heß und sein Werk «Rom und Jerusalem» (1862) noch gar nicht. Heß entwarf seine Utopie der Gerechtigkeit 1842 in «Sozialismus und Kommunismus», zwischen 1844 und 1848 vertrat er seine Ansichten u.a. in der Trier'schen Zeitung, die vor Marx' Neuer Rheinischer Zeitung als erste deutsche Zeitung sozialistisch war (vgl. Dowe 1972). 1862 verbindet er seinen Sozialismus mit Zionismus avant la lettre als Aufgabe des Volkes, «das nicht umsonst zwei Jahrtausende hindurch dem Sturm der Weltgeschichte getrotzt und […] von allen Enden der Welt aus den Blick stets nach Jerusalem gerichtet hat» (Heß zit. n. Bein 1980: 276). «Bei den Juden weit mehr noch als bei den Nationen, die auf ihrem eigenen Boden unterdrückt sind, muss die nationale Selbständigkeit jedem politisch-sozialen Fortschritt vorausgehen.» (ebd.) Im Sozialismus blieb Heß isoliert, erst durch die von Herzl initiierte zionistische Bewegung wurde er als deren Vorläufer anerkannt. Mit dieser Bewegung wird die Utopie vom Judenstaat praktisch, die ersten Siedlungen um 1910 erinnern an Pläne von Owen und Cabet, Landauer und Buber. Die Siedlungen beginnen nach Herzls Tod 1904, sein Bild und Buch sind heute noch in der Independence Hall in Tel Aviv ausgestellt, als die Utopie, die Israel vorausging. Herzl selbst empfiehlt 1903 seinen Roman «Altneuland» (1902) zur weiteren Lektüre.

Durch seine religiöse Philosophie und sein Wirken in Israel ist Martin Buber heute wesentlich präsenter als Gustav Landauer, der als Revolutionär und Philosoph dem Vergessen anheimfiel. Dennoch gilt Landauers Utopietheorie im Rückblick als einflussreich. «Dass dieser Schrift Landauers für die weitere Diskussion über den Utopiebegriff nachhaltige Bedeutung zukam, verdeutlicht ihre Rezeption durch Ernst Bloch und Karl Mannheim. Beide stützen sich in ihren Betrachtungen erheblich auf Landauers ‹Revolution› – Mannheim kritisch, während Bloch die Quelle seiner Inspiration nicht preisgab.» (Wolf 2003: 18) Auch «trotz fehlender Zitate» gilt es heute als wissenschaftlich belegt, dass Blochs «Utopiekonzeption in hohem Maße von der Lektüre von Landauers ‹Die Revolution› beeinflußt war» (Graf 2003: 154). In Fragen der Staatskritik (vgl. Christen 1979: 53ff.) wie der utopischen und religiösen Tradition finden sich Berührungspunkte von Bloch und Landauer (vgl. Münster 1982: 125). Allerdings versteht Bloch Utopie als einheitliche Tendenz, nicht wie Landauer als Wechselspiel von Topien und Utopien (vgl. ebd.: 126). Während Landauer seine Utopie als Intention und Option gegen den Marxismus stellt, will Bloch Utopie als subjektiven Faktor marxistisch ergänzen. Distanz zu Bloch wird von Landauer selbst in einem Brief an Margarete Susman ausgedrückt, die zuvor Blochs «Geist der Utopie» am 12.1.1919 in der Frankfurter Zeitung rezensiert hat. Gustav Landauer über Ernst Bloch: «Er ist ein sehr vorzüglicher Schriftsteller, ein Mann von ausgezeichneten Assoziationen [...]; aber daß es Ihnen auch nur das Geringste neu gegeben hätte, das zu glauben ist eine Selbsttäuschung, die mit dem Buch dieses Mannes nichts zu schaffen hat.» (Landauer 1919/1929: 372) Landauer kennt Utopie als Grenzideal, nicht als konkrete Möglichkeit, aber seine Vorarbeit ist utopietheoreisch wichtig. Er vermeidet eine einseitige Überschätzung der Utopie, denn es wird «nicht der Geist sein, der uns auf den Weg schickt, sondern unser Weg ist es, der ihn in uns zum Entstehen bringt» (Landauer 1907/2003: 114). Utopie sei kein freischwebendes Endziel, sondern antreibender Geist der Geschichte selbst. Dies ist das Stichwort für Ernst Blochs Geist der Utopie.

3.2 Utopie als Konkretion von Möglichkeiten und Tradition bei Ernst Bloch

> **«Sie ist nicht etwa Nonsens oder bloße Schwärmerei, sondern sie ist noch nicht im Sinne einer Möglichkeit, daß es sie geben könnte, wenn wir etwas dafür tun» (Ernst Bloch).**

Ernst Bloch gilt bis heute als der Philosoph der Utopie, während Gustav Landauer nach seiner Ermordung in München 1919 vergleichsweise wenigen im Gedächtnis geblieben ist. Zugleich ist Blochs Auffassung von Utopie keineswegs unumstritten. Richard Saage, der einen klassischen Utopiebegriff vertritt, der außer den literarischen höchstens noch die frühsozialistischen Utopien umfasst, versteht den intentionalen Utopiebegriff von Gustav Landauer, Ernst Bloch und auch Karl Mannheim als Entgrenzung und wendet dagegen ein: «Der Preis, den sie hierfür zu zahlen hatten, war hoch: die Ausuferung des Utopiebegriffs auf Kosten seiner analytischen Trennschärfe» (Saage 2010: 128). Andreas Heyer spricht diesbezüglich von einem «Flurschaden» (Heyer 2006: 106). Bloch rechnet z.B. Tagträume, Märchen, Fernweh, technische Entwürfe, künstlerische Wunschbilder, moralische Leitbilder und religiöse Hoffnungsmysterien, Frühsozialismus und Marxismus zum weiten Feld des Utopischen (TEP: 92ff.). Die literarischen «Sozialutopien, so zuverlässig sie das Stammhaus aller Utopiebücher sind und bleiben, fungieren nur inmitten anderer, eigener Utopiegebiete, die gesamte menschliche Kultur, ja auch die vom Menschen unabhängige Natur betreffend» (ebd.: 94). Die Ausdehnung des Utopiebegriffs auf die gesamte Kultur und das Werden der Natur ist gewaltig. Zwei Argumente können gegen den Vorwurf vollkommener Überdehnung genannt werden. Erstens ist es ja nicht Ernst Bloch, der aus einer Literaturgattung eine Denkfigur macht. Werfen sich z.B. Liberale und SozialistInnen ihre Menschenrechte und Menschheitsziele im 19. Jahrhundert gegenseitig als Utopien vor, so würdigt er das Utopische an diesen Zielvorstellungen. Zweitens bündeln schon Morus, Campanella und Bacon geographische, technische, künstlerische, medizinische, architektonische, religiöse, philosophische und soziale Ideen zu Utopien. Bloch nimmt wichtige Unterscheidungen im Feld des Utopischen vor, hier «muß zwischen Utopistischem und Utopischem unterschieden werden, das eine bringt sich nur unmittelbar, abstrakt an die Verhältnisse heran, um sie rein aus dem Kopf zu verbessern, das andere nahm immerhin dazu auch das Bauzeug von draußen» (TEP: 95).

Konkrete Utopie meint bei Bloch die Entdeckung einer «Funktion» im Denken (DPH 1: 178), nicht nur «Erweiterungen eines vorigen Wortsinns», sondern eben auch Abzug des abstrakt Utopistischen (ebd.: 179f.). Wie Landauer, der Utopien als Intentionen in einer Epoche begreift, historisiert Bloch das utopische Denken. Die literarischen Utopien von Morus und Campanella, aber auch die frühsozialistischen Utopien von Owen und Fourier mussten noch «abstrakt sein, weil ihr Entwerfen mit der vorhandenen gesellschaftlichen Tendenz und Möglichkeit nicht vermittelt war», weil sie «zu früh kamen» (ebd.). Ihre Utopien waren abstrakt und utopistisch, Gemeinbesitz war noch mit keiner wirklichen sozialen Bewegung verbunden. Der Sozialismus von Marx und Engels sei konkret-utopisch, Ausdruck wirklicher Bewegung, wobei Bewegung hier nicht nur subjektives Wollen, sondern auch objektive Tendenzen meint. Weder östlich-autoritären Staatssozialismus noch westlich-kapitalistische Sozialstaaten versteht Ernst Bloch als gelungenen Sozialismus, vermutet aber eine gemeinsame Tendenz: «Rein technisch sozial geht die Tendenz gemeinsam auf die Vergesellschaftung der Produktionsmittel» (PMPVe: 415). Sozialismus sei also tendenziell möglich, eine konkrete Utopie. Nicht ein sozialdemokratisches Abwarten ist nötig, sondern das Eingreifen. «Wahre Politik geschieht in Übereinstimmung mit der Tendenz, mit dem Hinhören: Wohin will denn das eigentlich laufen, wie kann ich die unheilvollen Möglichkeiten, die in der Tendenz stecken, bremsen oder verhindern? Wie kann ich die günstigen, für uns Menschen günstigen Möglichkeiten, wie kann ich die fördern? […] Die [Tendenz] bildet sich immer neu.» (ebd.: 410)

Funktion konkreter Utopie ist die subjektive Einsicht in objektive Möglichkeiten. Was aber ist möglich? «Objektiv-real möglich ist das partial Bedingte, zu ihm muß ein subjektiver Faktor hinzukommen, damit das Mögliche bereichert wird genau um die Bedingungen, die zur Realisation noch fehlen» (TLUe: 281). Subjektiver Faktor ist Utopiebewusstsein als intentionaler Wille, negierender Blick, motivierende Hoffnung und konkrete Einsicht. Seine Gegenstände sind der Mensch, was er «geworden ist und [...] werden kann» (DPH 1: 271), und die Materie als «Möglichkeit zu all den Gestalten, die in ihrem Schoß latent sind» (ebd.). Kultur und Natur sind das sich wechselseitig bestimmende Material des utopischen Denkens. Wie aber lässt sich bestimmen, was die zu ergreifenden günstigen Möglichkeiten sind?

Auch hier bezieht Bloch subjektive, intersubjektive und objektive Faktoren mit ein. Die «Sozialutopie geht überwiegend auf menschliches Glück» (DPH2: 632), lautet die Antwort. Glück ist nur subjektiv erfahrbar, hängt aber von objektiven Bedingungen ab. Was soziales Glück inhaltlich wäre, kann utopisches Denken nur umkreisen, soll und darf es nicht festlegen. Es kann nicht das Warten auf himmlisches Glück oder das Kämpfen um irdisches Glück sein, denn weder das gemeinsame Ausharren noch die kapitalistische Konkurrenz sind beglückend. Die Herstellung objektiver Bedingungen subjektiven Glücks ist nur intersubjektiv möglich. Die Einrichtung einer sinnlich-vernünftigen solidarischen Gesellschaft ist nicht nur eine Frage der Wahrheitssuche, sondern auch des Strebens nach Lust, das «den revolutionären Bewegungen, als denen zum Glück, ein ständiger Antrieb war» (NMW: 22). Als Möglichkeitssinn ist Utopie auch Ideologiekritik und entlarvt bestehendes Unglück. «Es ist der objektive Reichtum von Gesellschaft, an dem zu messen ist, was gerecht und was ungerecht, was geschichtlich wirksam und was Geschichtsverbrechen, was moralisch und was unmoralisch ist» (Negt 2012: 251). Konkrete Utopie wird somit auch zum Maßstab der Kritik.

Blochs Gesellschaftskritik ist zunächst durch die bürgerliche Jugendbewegung geprägt. 1908, mit 23, schließt er als Doktor das 1905 begonnene Studium der Philosophie und Physik mit einer Arbeit zur Erkenntnistheorie ab, in der er auch auf das Noch-Nicht-Gewordene eingeht. 1913, mit 28 Jahren, ist seine Kritik voll Überdruss. «Wir sind arm und matt und fühlen nicht einmal, wie sehr. Die meisten treiben ihr ödes, angstvolles, künstlich abgestumpftes Leben voran. Gedrückt und gleichförmig schleichen die Tage der Massen dahin, voll Sorge, kaum unterbrochen durch die spärliche, dumpfe Langeweile ihrer Freuden.» (PMPVa: 19) An Schärfe gewinnt seine Kritik angesichts des Ersten Weltkrieges. Diesen nennt er die «Wasserscheide», die dazu beitragen könne, alle bisher von den Massen erduldete und damit «jegliche Ausbeutung vollkommen unerträglich zu machen», schließlich bleibe nur der Weg zur «echten sozialistischen Gesellschaft» (PMPVc: 26). Bloch vertritt nun auch die Utopie, «daß die wirtschaftlichen Motive zum Krieg und der Krieg selbst in der sozialistischen Wirtschaftsform erst recht verschwinden müssen» (GDU 1: 396).

Sein Bekenntnis zum Sozialismus ist aber, wie bei Landauer, begleitet von Kritik an den SozialistInnen seiner Zeit. Sie zielt auf die Praxis der vorgeblich marxistischen Sozialdemokratie, die «aus Sozialisten eine Hammelherde» mache (PMPVb: 20) und nach dem Krieg, in Gestalt Gustav Noskes, die Revolution abgewürgt hat (vgl. PMPVd: 65). Echter Sozialismus werde nur «mit tausendfach korrigiertem Marx» möglich (Bloch 1918/1985: 390). Marx wird von Bloch vorgeworfen, dass er den Kommunismus «in Nationalökonomie und nichts als diese verengte» (TMTR: 94). Wie Landauer meint Bloch: Sozialismus muss gewollt und erkämpft werden. Ohne ein utopisches «Zielahnen, Zielwissen» (GDU 2: 296) bewegt weder rein wissenschaftliche Kritik noch bloße Politik nach Klasseninteresse jemals Massen zur Revolution. Sozialdemokratisches Vertrauen auf objektive Tendenzen und objektive Interessen geht fehl. Das daraus folgende Abwarten bewirke nur, «dass der Sozialist (oder sage man genauer: der Sozialdemokrat) als völlig utopieloser Typ ein Sklave der objektiven Tendenzen wird. Objektivistische Idolatrie [Götzendienst, A.N.] des objektiv Möglichen wartet dann zwinkernd ab, bis die ökonomischen Bedingungen reif geworden sind. Sie sind aber niemals völlig reif oder so perfekt, daß sie keinen Willen zum Handeln brauchten und keinen antizipierenden Traum im subjektiven Faktor.» (DPH 2: 677) Anders als Landauer will Bloch sich nicht einem anarchistischen Siedlungssozialismus anschließen, der an den Frühsozialismus anschließt, sondern die Utopie, als subjektiven Faktor, im Marxismus reaktivieren, indem sie als dessen heimlicher Antrieb kenntlich gemacht wird. Dabei gilt das Primat der marxschen Kritik der politischen Ökonomie. Dessen Werk heiße aus guten Gründen, im Gegensatz zum ansonsten nirgends erwähnten Landauer, «‹das Kapital› und nicht etwa ‹Aufruf zum Sozialismus›» (DPH 2: 724). Siedlungssozialismus ist unmöglich. «Der tätig kluge Blick hat alles zerstört, gewiß vieles auch mit Recht zerstört, all die privaten Idyllen und nichts durchbohrenden Träumereien der Siedler und Sezessionisten.» (GDU 2: 305) Aber Utopie wirkt in der Kritik des Kapitals fort. «Bedingungsanalye» und «Entlarvung der Ideologien» sei der «Kältestrom des Marxismus» (DPH 1: 240), aber dieser will nicht nur ernüchtern, sondern auch begeistern. «Zum Wärmestrom des Marxismus gehören aber die befreiende Intention und materialistisch-humane, human-materialistische Realtendenz, zu deren Ziel all diese Entzauberungen unternommen wurden.» (ebd.: 241)

Der Wärmestrom des Marxismus speist sich aus dem breiten Strom utopischen Denkens. Mögen dessen Inhalte zu ihrer Zeit noch abstrakt gewesen sein, werden sie später verwirklichbar. Indem Bloch das utopische Denken als Quelle des Wärmestroms im Marxismus ausweist, entfaltet er seine historische und politische Theorie. Seine Rückgriffe in die utopische Ideengeschichte erinnern an die geschichtsphilosophische These seines Freundes Walter Benjamin. «Vergangenes historisch artikulieren heißt nicht, es erkennen ‹wie es denn eigentlich gewesen ist›. Es heißt sich einer Erinnerung bemächtigen, wie sie im Augenblick der Gefahr aufblitzt.» (Benjamin 1940/1965: 81) Der «Geist der Utopie» entsteht 1917 angesichts der Gefährlichkeit des Weltkrieges der Nationalstaaten. Bloch erinnert, neben dem utopischem Gehalt von Musik, an die Utopie der sozialistischen Weltrepublik. «Staat als Zwangsgebilde kulminiert seinem feudal-alogischen Wesen nach im Kriegsstaat» (GDU 2: 298). Weder sozialdemokratisches Warten auf den Zukunftsstaat, noch anarchistisches Austreten aus dem Gegenwartsstaat erlösen von diesem Staatsfetisch. «Herrschen und die Macht an sich sind böse, aber es ist nötig ihr ebenfalls machtgemäß entgegenzutreten, als kategorischer Imperativ mit dem Revolver in der Hand.» (GDU 1: 406) Ist das «Endziel», wie Lenin 1917 sagt, die «Abschaffung des Staates» (Lenin 1978/1917: 95), so müsse der Sowjet-Staat « als überleitend notwendiges Übel funktionieren» (GDU 2: 299). Der Utopie fehlt ihre Ermöglichungsbedingung, solange «der Westen mit Millionen Proletariern noch nicht sein Wort gesprochen hat» (GDU 2: 12). Utopie ist immer das, was noch fehlt. In «Geist der Utopie» von 1917 ist es der revolutionäre Internationalismus gegen den Krieg. In «Thomas Münzer als Theologe der Revolution» von 1921 die Begeisterung für Revolution. In «Erbschaft dieser Zeit» von 1935 die sozialistische Utopie gegen die faschistische Ideologie. In «Naturrecht und menschliche Würde» von 1961 die Utopie der Menschenrechte, die dem Staatssozialismus fehlt. In Momenten der Gefahr erinnert Bloch an Utopien als Rettung.

Nachdem die deutsche Novemberrevolution und alle Aufstandsversuche gescheitert sind, veröffentlicht Ernst Bloch seine Biographie über den Bauernführer Thomas Münzer. In der Zeit der Niederlage ist die Erinnerung an das Scheitern der Bauernkriege von 1525 primär ein Leitbild des Trotzes. «So blicken wir auch hier keineswegs zurück. Sondern uns selber mischen wir lebendig ein. Und auch die anderen kehren darin verwandelt wieder, ihr Tun will mit uns nochmals werden», um «uns zu verpflichten, zu begeistern» (TMTR: 10). Schon die Spartakus-Gruppe um Rosa Luxemburg und Karl Liebknecht wählte einen Namen, der nicht nur für einen antiken Sklavenaufstand steht, sondern für den Aufstand überhaupt – und diejenigen, die mit ihnen gegen Krieg, Kaiser und Kapital kämpften, verstanden ihn. Ebenso zitiert Bloch Münzer als einen chiliastischen Kommunisten herbei (ebd.: 25) und macht ihn zum Vorbild. Dessen Motivation ist christlich, aber seine Predigten rufen zur irdischen Tat auf. Den Regenbogen am Morgen der verlorenen Schlacht zu Frankenhausen (1525) wertet er als Kampfsignal (vgl. ebd.: 76). Unter Folter nach der Intention seiner Bewegung befragt, soll er dazu gesagt haben: «Ist ihr Artikel gewesen und haben's auf die Wege richten wollen, omnia sunt communia, und sollte einem jeden nach seiner Notdurft ausgeteilt werden.» (Münzer, zit. n. TMTR: 35)

Münzers Utopie war Negation der bestehenden Herrschaft. «Gott hat die Herrn und Fürsten in seinem Grimm der Welt gegeben, und er will sie in der Erbitterung wieder wegtun.» (Münzer, zit. n. TMTR: 41) Um die Beherrschten zu einen, dient Religion als utopische Motivation, denn die «fleischlichen irdischen Menschen sollen Götter werden» (Münzer, zit. n. ebd.: 60). Die Schilderung von Münzers Entschlossenheit, der 1521 wegen Aufruhr vertrieben wird, soll die Revolutionäre von

1921 begeistern. In seiner Begeisterung überschlägt Bloch sich so sehr, dass er sein Kriterium konkreter Utopie unterschlägt. «Ganz gewiß wäre deutliches Nichtwollen des Eigentums imstande gewesen, der ökonomischen Zwangsläufigkeit zu entgehen» und die Bewegung hätte davon profitiert, «daß Münzer Wirtschaft, Geschichte, problematische Zwischenstufe zum Kommunismus durchaus übersprang» (ebd.: 99). Zwar war Gemeineigentum Ziel der Bewegung, aber die Wiederherstellung bäuerlicher Allmende mit herzustellender kommunistischer Assoziation gleichzusetzen ist abstrakte Utopie. Der subjektive Faktor, den Bloch stärken will, erschlägt hier ganz und gar die objektive Möglichkeit. Bloch schreibt an dieser Stelle nicht eine Geschichte der Utopie, sondern vielmehr eine Utopie der Geschichte. Das Himmelreich auf Erden, das Münzer vorschwebte, begreift Bloch nicht als Überschwang christlich-bäuerlicher Weltanschauung, sondern als Vor-Schein auf das utopische Endziel, «auf das sich die dunkle, suchende, schwierige Erde seit Anbeginn der Zeiten zubewegt» (TMTR: 229). Nicht nur wird gezeigt, wie religiöse Hoffnung den Stoff sozialer Utopien hergibt, die Prophezeiungen der Vergangenheit werden selbst Vorgriff auf die konkrete Utopie. Wie im «Geist der Utopie» sieht Bloch «Marxismus und Religion, geeint» (GDU 2: 346). Er weist damit darauf hin «wie sehr auch marxistischer Wille zur sozialen Veränderung sich christlich-abendländischer Tradition verdankt» (Fetscher: 107).

Diese Tradition des Utopischen ist aber keineswegs offenbar, sie muss erst freigelegt werden. Subversiv gegen den Schöpfer-Gott, der die Welt als Paradies schafft und die Menschen daraus vertreibt, ist die messianische Idee, die das Paradies von der mythischen Vor-Geschichte in die Zukunft verlegt (vgl. AIC.: 290). Utopien artikulieren auch Propheten wie Jesaja, wenn Gott sagt: «Ich will einen neuen Himmel und eine neue Erde schaffen» (ebd.: 134), soziale Utopie will Jesus einleiten, der sagt: «Verkauft, was ihr habt und gebt Almosen» (ebd.: 187). Bloch macht dabei die Gläubigen verantwortlich für ihren Gott, nicht Gott für die Gläubigen. So wie die Nicht-Existenz des Kommunismus nicht gegen diese Utopie spricht, höchstens gegen die Parteien, die seine Verwirklichung verraten haben, so würde die Nicht-Existenz Gottes nicht gegen ihn sprechen, sondern seine Utopie gegen die Kirchen, die ihn verraten haben. «Der unter Gott gedachte und ersehnte Inhalt ist der vorhandenen

Wirklichkeit so überlegen, daß er [...] wachsend ein utopisches Ideal darstellt, das von seinem Nicht-Sein nicht widerlegt wird.» (DPH 3: 1415) Wie Marx Glücksversprechen der Religion einfordert (vgl: MEW 1: 379), so nimmt auch Bloch Religiöses als Utopisches ernst. Religion taugt als Motivation, wie Bloch an wirklichen Bewegungen, am Auszug der Juden aus Ägypten, an den Frühchristen, an Bauernkrieg und katholischem Widerstand gegen den Nationalsozialismus zeigt (vgl. AIC: 51). Dabei sind für Bloch nicht Religionen an sich, sondern bestimmte Inhalte utopisch geladen. Anders als antike Götter, «die dem Tod, aber auch der Belebung fremd sind» (DPH 3: 1328), hebt die Auferstehung nach dem jüdischen Glauben auf einer zukünftigen Erde den Wert des Menschen und der Zukunft hervor, selbst wenn der Grieche Paulus sie in den Ideenhimmel verschiebt (AIC: 220ff.). Wie Thomas Münzer beweist, bewahrt Religion unter Umständen die Intention und den «revolutionären Wunschsinn für die Mühseligen und Beladenen, die sich realiter nicht zu helfen wußten oder im Kampf unterlagen.» (DPH 3: 1331)

Der Wert von Utopischem erweist sich im Kampf, nicht zuletzt im Kampf gegen Ideologie. Nachdem Bloch in der Weimarer Republik vor allem in Zeitungen und Zeitschriften schrieb, entsteht bis 1935 mit «Erbschaft dieser Zeit» ein weiteres Buch zur bitteren Notwendigkeit des Utopischen für revolutionäre Bewegungen. Der Nationalsozialismus hat bereits gesiegt. Unterschätzung des utopischen Bewusstseins auf der Linken ist für Bloch einer der Gründe. «Der Erfolg der nationalsozialistischen Ideologie quittiert, seines Teils, den allzu großen Fortschritt von der Utopie zur Wissenschaft» (EDZ: 66). Bloch ahnt, was spätere Forschung bestätigen wird: Nationalsozialismus ist nicht nur unverhüllte Herrschaft des Kapitals, sondern «die kapitalistische Gestalt des Antikapitalismus» (Rotermundt 1980: 16). Volksgemeinschaft ist Ideologie und Mythos, aber dieser Mythos wird zur mörderischen Wirklichkeit. «Von diesem leben die Nazis, doch sie konnten eben nur deshalb so ungestört mit ihm betrügen, weil eine allzu abstrakte (nämlich zurückgebliebene) Linke die Massenphantasie unterernährt hat.» (ebd.: 149) Fokussierte die Linke auf Kritik der Gegenwart, besetzte die Rechte die Zukunft. Im Interview 1974 erzählt Bloch eine Anekdote, die seine These erläutert. Im Sportpalast, vor 1933, diskutieren ein Kommunist und ein Nationalsozialist miteinander. Bloch erinnert zunächst die Rede des Kommunisten: «Da kam Alles vor: Der Grundwiderspruch und die Durchschnittsprofitrate, die schwierigsten Partien aus dem Kapital und immer neue Zahlen. Die Versammelten aber verstanden kein Wort und hörten ihm sehr gelangweilt zu» (TLUf: 210). Dann sagte der Nazi: «Was haben Sie heute gehört von dem Herrn Vorredner? Zahlen, Zahlen und nichts als Zahlen. So daß der Satz unseres Führers wieder eine neue Bestätigung gefunden hat, von einer unerwarteten Seite: Kommunismus und Kapitalismus sind die Kehrseiten der gleichen Medaille. [...] Ich aber spreche zu Euch in höherem Auftrag.» (ebd.: 212) Bloch sieht es als ein Versäumnis an, sich auf die Kritik des Kapitals zu beschränken, aber Marx' Utopie des Vereins freier Menschen zu verschweigen. Sicherlich sind Menschen, die sich wünschen einer nationalen Volksgemeinschaft anzugehören, nicht durch den Gegenvorschlag einer internationalen Assoziation zu gewinnen. Dennoch hält Bloch es für fatal, dem nazistischen Mythos keine sozialistisch-kommunistische Utopie entgegenzusetzen.

Anders als andere MarxistInnen nimmt er die antisemitische Ideologie der Nazis sehr ernst. «Millionen Deutsche glauben an einen jüdischen «Fürsten der Verbannung» und seinen ‹Auftrag an alle Juden, die Herrschaft Israels mit allen Mitteln zu errichten›» (EDZ: 180). Antisemitismus ist falsches Bewusstsein, aber zur echten Mordtat bereit (vgl. ebd.: 34). Antisemitismus stiftet erst die Volksgemeinschaft als verkehrte Utopie. Nicht das Glück der Individuen in einer vernünftigen Ordnung wird gegen den Kapitalismus gestellt, sondern das Aufgeben der Vernunft und das Aufgehen des Individuum im völkischen Kollektiv. «Will der Hakenkreuzler auserwähltes Volk sein, muß er heute das Original verleumden, unter den Stiefel treten, zur ‹Weltpest› machen und ausrotten, um selber ‹auserwählt› zu sein.» (ebd.: 51)

Als eine reale Bedingung für den Erfolg der nazistischen Ideologie und den Misserfolg kommunistischer Kritik nennt Bloch das Phänomen der historischen Ungleichzeitigkeit. Gleichzeitig, auf Höhe der Zeit, sei der Klassenkampf zwischen Proletariat und Bourgeoisie (vgl. ebd.: 119). Deutschland aber, «das klassische Land der Ungleichzeitigkeit» (ebd.: 113), ist noch nicht vollständig im Kapitalismus angekommen. Nicht nur das Bewusstsein vieler Deutscher hinkt der Geschichte hinterher, sie leben in «realer Ungleichzeitigkeit» (ebd.). Bauern nehmen am Markt teil, sind aber ProduzentInnen und Produktionsmittelbesitzerlnnen in einem, ihnen leuchtet der Sozialismus nicht ein, aber ihnen schmeichelt der Bauernkult der Nazis, der ihrer Wut in Agrarkrisen eine Richtung gibt (vgl. ebd.: 107). Auch KleinbürgerInnen und Angestellte, deren Lebensbedingungen elender werden, zeigen hier ungleichzeitige Lebensweisen. Sie wollen ihre Verluste in der Volksgemeinschaft, im Kampf der Rassen, ausgleichen, statt sich der Utopie des Glücks durch Vernunft anzuschließen (vgl. ebd.: 33, 108, 158). Diese Gruppen leben in der Gleichzeitigkeit des Kapitals, aber ihre Lebenslage ist objektiv ungleichzeitig, ihr Bewusstsein subjektiv der Vergangenheit verhaftet. Dies begünstigt die ungleichzeitige Nazi-Ideologie, die mythische Vergangenheit und rassische Ursprünge vertritt. Linke Kritik hätte dagegen an ungleichzeitige Utopien der Vergangenheit anzuknüpfen. Bäuerliche Utopien vom Gemeineigentum und bürgerliche Utopien von der Weltrepublik sind utopistisch, sprechen aber eine utopische Sprache und kommen daher als Erbschaft in Frage. Die gleichzeitige Gegenwart bleibt das «Kriterium brauchbarer Erbstücke» (ebd.: 226), aber Utopien der Vergangenheit sollen ungleichzeitigen Schichten die Anknüpfung an die gleichzeitige Utopie der sozialistischen Zukunft ermöglichen, anstatt den Nazis das Feld zu überlassen, denn auch der «Sozialismus hat eine phantastisch-großartige Tradition» (ebd.: 135).

Es ist bemerkenswert, wie viel Bloch, als Philosoph möglicher Zukunft, über Vergangenheit redet. Kritisch ist seine Theorie, weil sie kaum neue utopische Ziele aufstellt. «Das Prinzip Hoffnung», im Exil in den USA entstanden, ist eine «geschichtsphilosophische Enzyklopädie der unabgegoltenen Hoffnungen» (Stapelfeldt: 13). Ernst Bloch erinnert an diese, eine Einlösung der vergangenen utopischen Versprechen sei nicht garantiert, aber doch möglich. Alle Utopien haben eine historische «Blickschranke» (DPH 1: 147), verweisen aber für ihn auf das Geschichtsziel als vollkommene Vereitelung oder vollendete Erfüllung (vgl. DPH 1: 222). Utopien lösen sich für Bloch nicht ab, sondern sind bloß Vorgriffe auf ein einziges noch unklares Menschheitsziel. «Der echte utopische Wille ist durchaus kein unendliches Streben» (DPH 1: 15), sondern endet, «wenn keine Utopie mehr nötig ist» (ebd.: 366). Lösen andere Utopietheorien das Utopische in eine Vielzahl historisch-spezifischer

Utopien auf, womit utopisches Denken prinzipiell nie ans Ziel kommt und immer wieder erneuert wird, konstruiert Bloch genau umgekehrt eine Tradition des Utopischen – von Moses über Morus und Münzer bis Marx – die auf ein ausstehendes Ziel der Geschichte zuläuft (vgl.: PMPVe 413). Da aber keine Utopie das Ziel selbst bezeichnet, will Bloch die utopische Tradition ordnen. Anthropologische, psychologische, religiöse, ästhetische, soziologische und kosmologische Faktoren der Menschheitsgeschichte werden linear und dualistisch eingeordnet. Erfüllung steht gegen Hunger, Hoffnung gegen Angst, Auferstehung gegen Tod, Nächstenliebe gegen Krieg, Schönheit gegen Nüchternheit, Vernunft gegen Unvernunft, schließlich Solidarität gegen Konkurrenz. Veränderung stecke in dieser linearen Entwicklung. Hunger als Grundtrieb treibe Menschen zur Befriedigung durch Arbeit (vgl. DPH 1: 71ff.). Kindheit, Jugend und Alter seien das Keimen, Reifen und Ernten individueller Möglichkeiten. Utopischen Vor-Schein gesellschaftlicher Möglichkeiten entdeckt Ernst Bloch in der Kunst. «Kunst ist ein Laboratorium und ebenso ein Fest ausgeführter Möglichkeiten, mitsamt den durcherfahrenen Alternativen darin, wobei die Ausführung wie das Resultat in der Weise des fundierten Scheins geschehen, nämlich des welthaft vollendeten Vor-Scheins.» (DPH 1: 249) In das bestehende schlechte Leben fällt durch Architektur und bildende Kunst, durch Literatur und Theater, durch Tanz und vor allem Musik zumindest schon Vor-Schein des Möglichen. Auch in Märchen und Mode, Jahrmarkt und Film sieht Bloch utopisches Wunschmaterial, das in Vergangenheit und Gegenwart immer wieder auf Zukünftiges abgeklopft werden muss.

Die Linearität seiner Geschichtsphilosophie lässt diese zuweilen sehr eindimensional werden. Als Exilant in den USA während des Zweiten Weltkrieges ist er sich zeitweilig sicher, das Gottesreich des Sozialismus auf Erden habe in der Sowjetunion begonnen (vgl. DPH 2: 596). Der Zweck des Sozialismus, durch die Erfahrung der nationalsozialistischen Barbarei noch verstärkt, heilige die Mittel, nämlich «Disziplin, Autorität, zentrale Planung, Generallinie, Orthodoxie» (DPH 2: 618), Stalin habe lediglich den Objektivismus zu stark akzentuiert (vgl. ebd.: DPH 2: 781). Aus ideengeschichtlichem Dualismus sieht Bloch nur Kapitalismus hie und Sozialismus da. Amerikanische Atombomben seien imperialistisch, sowjetische Atomkraftwerke utopisch (vgl. ebd.: 770), keine bürgerliche Naturbeherrschung, sondern eine sozialistische «Allianztechnik» (DPH 2: 807). Der linearen Entwicklung werden zeitweilig alle sogenannten Partial-Utopien untergeordnet. Jugendbewegung und Feminismus seien in der Sowjetunion, die den Generationen- und Geschlechterkonflikt löse (vgl. ebd.: 694), ebenso überflüssig wie Pazifismus (vgl. ebd.: 1052). Der Internationalismus wird im Mutterland der Revolution sesshaft, also verortet. Blauäugig hält Bloch die «Judenfrage» im Staatssozialismus für gelöst (vgl. ebd.: 711), sieht Israel als imperialistischen Staat und den Zionismus als faschistisch entlarvt an (vgl. ebd.: 708). Weil Bloch, anders als Landauer, Utopie nicht als nie ganz realisierte Intention ansieht, sondern als zu verwirklichende Möglichkeit, will er Verwirklichung sehen und täuscht sich.

Aber die Möglichkeit der Enttäuschung ist in seiner Theorie der Utopie durchaus angelegt. «In sich selbst als hoffende Hoffnung durchaus entschieden, muß doch der Ausgang selber erst noch entschieden werden» (DPH 3: 1624). So war er, wenn auch nur langsam, in der Lage, Einschätzungen aus seinem Hauptwerk zu korrigieren. «Erst die schmerzlichen eigenen Erfahrungen, vor allem nach 1956 in Leipzig, machten es ihm möglich den Sozialismus von den Mächten auch getrennt zu denken, die ihn realisieren wollten.» (Frommann 1989: 155) Sein Festhalten an der Utopie des Sozialismus brachte ihm 1957 in der DDR, wo er 1949 eine Professur für Philosophie in Leipzig angetreten hatte, Lehrverbot und Emeritierung ein. 1961 kehrt er von einer Reise in die BRD nicht zurück und wird Professor in Tübingen. Vehemente ideologische Positionen, wie etwa sein Antizionismus, werden in der Folgezeit berichtigt. So heißt es 1967 in einer Rede: «Schon seit 1948 ergehen tödliche Drohungen von den Arabern. Endziel klar und deutlich: Israel soll vernichtet werden. Endlösung diesmal nicht durch Gas, sondern wörtlich: ersaufen wie Ratten. [...] Die Mächte, die einschließlich der Sowjetunion die Existenz des Staats Israels anerkannt haben, schweigen» (PMPVf: 419f.). Kontinuität seines Denkens ist, antisemitische Morddrohungen, gleich welcher Couleur, ernst zu nehmen. Aus Enttäuschung wird der fehlende Beistand der Sowjetunion für Israel betont. Hoffnung kann, auch als Prinzip, enttäuscht werden. Enttäuschung muss ihrerseits erklärt werden.

Misslingt die Verwirklichung einer Utopie, wie die des Sozialismus in der Sowjetunion, sind ihre Bedingungen erneut zu überprüfen. So hat Ernst Bloch 1961, im Jahr seines Weggangs in die BRD, in «Naturrecht und menschliche Würde» ein Buch vorgelegt, um die autoritären und undemokratischen Erscheinungsformen im Staatssozialismus ideengeschichtlich zu erklären. Erbte der Sozialismus zwar die Utopie des Glücks, so blieb dem Liberalismus das Naturrecht. Dieses beinhaltet, wie schon die Religionen, sowohl ideologische als auch utopische Anteile. In den bürgerlichen Revolutionen von 1776 (USA) und 1789 (Frankreich) wirkte es als liberale Utopie der rechtlichen Freiheit, Gleichheit und Brüderlichkeit gegen den Absolutismus. «Es war die hohe Zeit des Naturrechts», das in Antike, Renaissance, Reformation und Aufklärung antizipiert worden war, «als dergleichen blühte, sie war illusionär, denn aus dem Citoyen kam der Bourgeois, sie war antizipierend, denn der Bourgeois wird durch den Citoyen gerichtet» (NMW: 81). Die Utopie richtet die Ideologie, die aus ihr wurde. Angesichts von Gewerbefreiheit und Rechtsgleichheit bleiben Freiheit und Gleichheit Utopie, es entsteht «die Aufgabe eines sozialistischen Erbes an diesen ehemals liberalen, nicht nur liberalen Menschenrechten» (ebd.: 12). Die Sowjetunion hat dieses Erbe nicht angetreten, hier entsteht neue Ungleichzeitigkeit. Die Verstaatlichung der Produktionsmittel ist noch nicht deren demokratische Vergesellschaftung. Das Problem ist nicht nur, dass «in einem unterentwickelten Land 1917 die sozialistische Revolution ausgebrochen ist, sondern in einem Land, das keinerlei bürgerliche Revolution je hatte [...]. Ein Land, in dem ungebrochen Monarchie, Zarismus den Ton angegeben haben.» (TLUb: 197) Es fehlten hier die Rechte der Individuen, Würde, Freiheit und Mitbestimmung. Marxistische Rechtskritik, wie sie Eugen Paschukanis leistete, war voreilig. «Die sozialistische Entwicklung erschien noch als rasche, schien keine juristische Regelung nötig zu haben» (NMW: 253). Im Kapitalismus verhüllt der Rechtsfetisch die reale Ungleichheit. Paschukanis folgert: «Der Sowjetstaat läßt keine absoluten und unantastbaren Privatrechte gelten.» (Paschukanis 2003: 33) Rechtskritik schlägt um in staatliche Maßnahmenlogik und ist «mindestens übertrieben, wo nicht gefährlich und freibriefhaft apologetisch» (NMW: 272). Der Staat, der absterben sollte, erhielt sich als bürokratischer Verwalter des Staatseigentums. Sogar dem Anarchismus macht Bloch aufgrund dieser Erfahrung nun einige Zugeständnisse. «Aus solcher Erfahrung folgt, daß die Abschaffung des Privateigentums von der Abschaffung der staatlichen Allmacht begleitet sein muß, und dies ist ein ganz kleiner Tribut, den der Marxismus Bakunin zu zollen hat. Denn der Anarchismus hat zwar durch seinen Fahrplan – erst Abschaffung des Staates, dann Abschaffung des Privateigentums – das sicherste Mittel angegeben, seine Ziele zu verfehlen, aber immerhin hat er die Gefährlichkeit des Staatsapparates schärfer gesehen» (TLUd: 229f.). Bleibt anarchistische Staatsüberwindung abstrakt und führt sozialistische Staatsübernahme nicht zum Staatssterben, ist Staatsabbau konkrete Aufgabe: «Staat als Mittel zu seinem Überflüssigwerden; objektive Ordnung ist Schutz der menschlichen Würde, damit sie den Schutz nicht mehr nötig hat» (NMW: 258).

An dieser zentralen Stelle entwirft Bloch tatsächlich selbst so etwas wie eine konkrete Utopie: Einen sozialistischen Übergangsstaat, der die bürgerliche Tradition individueller Rechte achtet. «Mit dem bürgerlichen Rechtsstaat über arm und reich als einem ideologischen, zuletzt betrügerischen Formalinstrument kommt man in den Sozialismus nicht hinein. Aber ist man darin, so ist eines der Zeichen, daß die gereinigte Fahne der Menschenrechte aufgehoben worden ist, die im bürgerlichen Rechtsstaat mißbraucht, im faschistischen Unrechtsstaat jedoch gänzlich, qua Despotie, vernichtet wurde.» (NMW: 164) Den Widerspruch seiner Zeit – kapitalistische Demokratie im Westen und sozialistische Despotie im Osten – hebt Bloch in der Utopie sozialistischer Demokratie auf. Ein Überschreiten der formalen Rechtsgleichheit, die den Rechts- und Staatsfetischismus bürgerlicher Gesellschaften konstituiert (vgl. Neupert 2013b), in Richtung realer Gleichheit soll einhergehen mit der Achtung individueller Menschenrechte.

«War es doch nicht zuletzt ein Vermächtnis von Freiheit, Gleichheit, Brüderlichkeit, das Rosa Luxemburg ganz actualiter sagen ließ: ‹Keine Demokratie ohne Sozialismus, kein Sozialismus ohne Demokratie›.» (NMW: 227)

Die Utopietheorie von Ernst Bloch ist wie die von Gustav Landauer eine Theorie der Praxis. Sind es für Landauer utopische Intentionen, die Optionen neuer Topien eröffnen, entwirft Bloch eine Tradition des Utopischen, die zur Konkretion von möglichen Zielen drängt. Der ideengeschichtliche Rückgriff erfolgt zweckdienlich, er soll den subjektiven Faktor, die Motivation zur Bekämpfung des Unglücks und zur sozialen Einlösung des Glücks, noch stärken. Der gemeinsame Gegner von Landauer und Bloch ist Passivität, «der sozialdemokratische Automatismus an sich, als Aberglaube an eine Welt, die von selber gut wird» (DPH 1: 168). Beschränkt sich die radikale Restlinke heute primär auf Kritik, verfällt sie ins andere Extrem. Für Ernst Bloch lag es hingegen auf der Hand, dass bereits auf der Ebene von Tageskämpfen erst das utopische Fernziel Solidarität zu stiften vermag. «Sobald ein Mensch, wenn er um höheren Lohn kämpft, nicht auch im Willen hat, daß die Gesellschaft verschwindet, die ihn dazu zwingt, überhaupt nur um Lohn kämpfen zu müssen, wird er auch im Lohnkampf nichts gründliches erreichen.» (DPH 3: 1510) Utopie ist Kampf. Scharf wendet er sich daher gegen die Utopietheorie des erfolgreichen Wissenssoziologen Karl Mannheim. Dieser übernehme, so Bloch, «den Utopiebegriff aus dem Geist der Utopie und setze ihn neben die Ideologien», die er Gruppen zuordnet. Mannheims Utopietheorie selbst sei neutral, «selber unvollständig und entbehrt vor allem – in ihrem Formalismus – jeder klassenmäßigen Unterscheidung echter und toter Utopie.» (EDZ: 288)

An der Suche nach echter Utopie hält Bloch sein Leben lang fest. Als diese um 1968 eine Renaissance erlebt, macht er ihren neuen Antrieb aus: Langeweile. «Im Westen eine pluralistische Langeweile, im Osten eine monolithische» (TLUc: 295), hier wie dort auch Unbehagen, «Unbehagen an Demokratie ohne Sozialismus, jedoch auch in Sozialismus ohne Demokratie» (PMPVg: 466). Aber die utopische Chance zu sozialistischer Demokratie bleibt Utopie. Noch in Blochs Todesjahr muss Arno Münster konstatieren, dass dessen Beitrag zur «schöpferischen Evolution des Sozialismus» (Maihofer 1968: 123) nur unzureichend rezipiert wurde (vgl. Münster 1977: 13). Nichtsdestotrotz: «Bloch ließ eine Dimension theoriefähig werden, die Engels verworfen hatte. Friedrich Engels' ‹Entwicklung des Sozialismus von der Utopie zur Wissenschaft› ist die Verabschiedung der Theoriefähigkeit der subjektiven Handlungsdimension ‹Utopie›. Das war ein großer und fataler Irrtum.» (Negt 1989: 129) Jürgen Habermas erkennt an: «Ernst Bloch und Karl Mannheim haben in unserem Jahrhundert den Ausdruck ‹Utopie› vom Beigeschmack des Utopismus gereinigt und als unverdächtiges Medium für den Entwurf alternativer Lebensmöglichkeiten rehabilitiert»

(Habermas 1985: 143). Bloch korrigiert Fehler des 19. Jahrhunderts im 20. Jahrhundert. Und heute? «Bloch ist veraltet. Aber der Befund spricht nicht gegen ihn, er spricht gegen uns.» (Kermani 2011: 221) Blochs Theorie wird zu dem, was ihn interessiert hat: «Mögliche Zukunft in der Vergangenheit» (TLUc: 294).

3.3 Utopie als Motivation und Orientierung bei Karl Mannheim

> **«Geistige Konstruktionen sind utopisch, wenn sie kollektive Aktivität hervorrufen.»**
> **Karl Mannheim**

Anders als Landauer und Bloch war Karl Mannheim in erster Linie akademisch erfolgreich. Nach seinem Studium in Budapest und Berlin wird er, nicht zuletzt aufgrund des Erfolges mit «Ideologie und Utopie» von 1929, 1930 Professor für Soziologie in Frankfurt. Er entwirft eine neutrale und wissenschaftliche Unterscheidung von Ideologien und Utopien. «Vom soziologischen Gesichtspunkt aus gesehen, können solche geistigen Konstruktionen im wesentlichen zwei Formen annehmen: sie sind ‹ideologisch›, wenn sie der Absicht dienen, die bestehende soziale Wirklichkeit zu verklären oder zu stabilisieren; ‹utopisch›, wenn sie kollektive Aktivität hervorrufen, die die Wirklichkeit so zu ändern sucht, daß sie mit ihren die Realität übersteigenden Zielen übereinstimmt.» (Mannheim 1935/1986: 115f.)

Wie rufen Utopien Aktivitäten hervor? Indem sie eine Motivation für die Praxis darstellen. In dieser Hinsicht ist Mannheims Utopiebegriff ebenso intentional wie Landauers und Blochs. Anders als Bloch verschweigt Mannheim nicht die Leistungen Landauers. Er parallelisiert, «für einen Augenblick mit Landauer» (Mannheim 1929/1995: 170), dessen Topie mit seinem Seinsbegriff als «eine jede geltende, sich auswirkende Ordnung» (ebd.). Landauers Wechsel von Utopie – Topie – Utopie wäre aber zu vereinfachend und zu wertend (vgl. ebd.: 173). Als Wissenschaftler bemüht sich Mannheim um genaue Begriffsbildung. Sein Vorgehen ist definitorisch: «Utopie soll heißen [...]» (ebd. 176). Aber auch er kommt nicht darum herum, seinem Utopiebegriff ein Adjektiv hinzuzugesellen: Relative Utopie. Ihn interessiert «die bloß relative, d.h. nur von einer bestimmten bereits da seienden Stufe her als unverwirklichbar erscheinende Utopie» (ebd.: 173). Utopie steht in historischen und soziologischen Relationen. Sie ist stets Utopie einer Epoche und einer TrägerInnenschicht. Es kommt vor, «daß die leitende Utopie zunächst nur als Wunschtraum, Phantasie eines vereinzelten Individuums auftritt und erst später in das politische Wollen breiterer und soziologisch stets genau bestimmbarer Schichten aufgenommen wird», wirksame Utopie sei aber «an bestimmte historische Stufen und dort auch an bestimmte soziale Schichten gebunden» (ebd.: 180). Für Landauer, Bloch und Mannheim führt Utopie zum Handeln. Konkurrierenden Gruppen entsprechen konkurrierende Ideologien (vgl. ebd.: 181), aber «nur jene ‹wirklichkeitstranszendente› Orientierung soll von uns als eine utopische angesprochen werden, die, in das Handeln übergehend, die jeweils bestehende Seinsordnung zugleich teilweise oder ganz sprengt» (ebd.: 169).

Dabei bleibt, wie der Soziologe Arnhelm Neusüss zeigt, sehr unklar, was genau unter einer teilweisen oder ganzen Sprengung zu verstehen ist (vgl. Neusüss 1968: 119). Meint Sprengung eine erfolgreich verwirklichte Utopie, so kann nur im Nachhinein entschieden werden, was Ideologie und was Utopie gewesen ist (vgl. ebd.: 120 und 123). In der Tat gibt Mannheim offen zu: «Bei mitgegenwärtigen, sich bekämpfenden Vorstellungen ist es äußerst schwierig festzustellen, was als wahre (d.h. in Zukunft auch verwirklichbare) Utopie aufstrebender Klassen und was als bloße Ideologie herrschender (aber auch aufstrebender) Klassen anzusprechen ist.» (Mannheim 1929/1995: 178) Auch die Formen von Utopiebewusstsein, die er als Beispiele der Vergangenheit nennt, chiliastische, liberale, konservative und sozialistische Utopien, fügen sich schwer in sein Schema ein. Einerseits wirken sie ihm zufolge allesamt bis in Mannheims Zeit fort, andererseits greift sein Erfolgskriterium bei seinen Beispielen nicht. «Ideen, von denen es sich nachträglich herausstellte, daß sie über einer gewesenen oder aufstrebenden Lebensordnung nur als verdeckende Vorstellungen schwebten, waren Ideologien; was von ihnen in der nächsten gewordenen Lebensordnung adäquat verwirklichbar wurde, war relative Utopie.» (ebd.: 178) Demnach wäre die chiliastische Utopie Thomas Münzers, die Bauernaufstände inspirierte, und die er «die erste Gestalt des utopischen Bewusstseins» (ebd.: 184) nennt, gar keine Utopie gewesen, da die Errichtung des Gottesreiches nicht verwirklicht werden konnte. Die Zuordnung zu Schichten löst dieses Problem nicht, auch unterdrückte Klassen haben Anteil an herrschender Ideologie. Sein Definitionsversuch wird zum Dilemma (vgl. Neusüss 1968: 123), denn schon die unverwirklichte Utopie von Morus wäre dann keine Utopie (vgl. ebd.: 124). Mannheim kann aber zugute gehalten werden, dass er Verwirklichbarkeit und Verwirklichung unterscheidet. Mischungen von Utopie und Ideologie wären also durchaus möglich. «Die Utopie des aufstrebenden Bürgertums war etwa die Idee der Freiheit. [...] Und dennoch wissen wir heute, wo diese Utopien zur Wirklichkeit wurden, genau, inwiefern bereits die damalige Freiheitsidee nicht nur utopische, sondern auch ideologische Momente enthielt.» (Mannheim 1929/1995: 178) Mannheim übersieht freilich, dass die Utopie nicht nur Ideologie enthält, sondern die Utopie in Ideologie umschlägt, deren utopischer Kern gleichwohl durch immanente Kritik freigelegt werden kann.

Grundsätzlich können TrägerInnen einer Utopie zwar wissen, was sie wollen, vielleicht auch was möglich wäre, aber nicht, was in folgenden Epochen verwirklichbar werden wird. Erst als verwirklichte Gewerbefreiheit und Rechtsgleichheit erweist sich die liberale Utopie der Freiheit und Gleichheit als Ideologie, die neue Kritik und sozialistische Utopie erzeugt. Mannheim gesteht auch methodisch ein, seine Ideengeschichte sei ein Blick auf Geschichte, der «Vergangenheit in der eigenen Richtung unwillkürlich uminterpretiert» (ebd.: 186). Dies ist durchaus zulässig, da auch das Handeln, das er im Blick hat, Wissen interpretieren muss. Wird das Christentum aufständischen Bauern zur Motivation, also aus Ideologie eine Utopie, oder wird die Freiheit saturierten Bürgern zum Verfassungsgut, aus Utopie eine Ideologie, zeigt sich die Dynamik dieser Kategorien, die Mannheim nur unzureichend mitdenkt. Er benennt aber Qualitäten des Utopiebewusstseins, die dessen Vorliegen erweisen sollen. Sein Kriterium lautet: «Nur wenn das utopische Element in diesem Sinne das von ihm jeweils beherrschte Bewußtsein der Tendenz nach völlig erfüllt, wenn Erlebnisform, Aktionsform, Betrachtungsweise (Sicht) sich von hier aus organisieren, kann man cum fundamento in re [in der Sache, A.N.] nicht nur von verschiedenen Formen von Utopie, sondern zugleich auch von verschiedenen Gestalten und Stufen des utopischen Bewußtseins reden» (ebd.: 182).

Ausdruck findet Utopiebewusstsein auch in Kunst, Kultur und Philosophie, die aber als sekundär erscheinen. Mythen und Märchen, Religionen und Reiseromane, denen Bloch Utopisches zurechnet, schlägt er mit Alfred Doren den Ideologien zu, «sie waren eher komplementäre Farben im Bilde des jeweils Seienden als gegenwirkende, das verwirklichte Sein zersetzende Utopien» (ebd.: 179). Was Mannheim erfasst, ist der Selbstanspruch des utopischen Denkens, nicht wie Ideologien Verdrängung und Verteidigung, sondern Ablehnung und Aktivität auszulösen. Genauer als Gustav Landauer, der von einer historischen Reihenfolge von Utopien ausgeht, und Ernst Bloch, der Utopie als qualitative Entwicklung zum Marxismus hin unterstellt, unterscheidet Karl Mannheim unterschiedliche Varianten von Utopiebewusstsein, die er anhand der Relation zu ihren Trägerschichten ordnet. Chiliasmus, Liberalismus, Konservatismus und Sozialismus folgen historisch aufeinander wie die Kämpfe ihrer TrägerInnen: Bauernstand, Bürgertum, Adel/Bourgeoisie und ArbeiterInnenklasse. Zur Unterscheidung dient Mannheim das unterschiedliche Zeitempfinden dieser Strömungen. Der Chiliasmus, Münzers Lehre, dessen Untersuchung durch Bloch Mannheim lobt (vgl. ebd.: 185), zeichne sich durch die Idee des historischen Durchbruchs aus (vgl. ebd.: 196). Nicht auf eine bessere Zukunft wird gewartet oder hingearbeitet, hier und jetzt werde mit dem Reich Gottes gerechnet (vgl. ebd.: 189). Liberalismus unterscheidet sich vom Chiliasmus durch einen langsamen Fortschritt (vgl. ebd.: 196). Er steht damit gegen revolutionäre Ungeduld und gegen konservative Starrheit (vgl. ebd.: 192). Konservatismus habe Anteil am Utopischen, sofern als «Gegen-Utopie» (ebd.: 199) zum Liberalismus die Gegenwart idealisiert wird. Dieses Ideal sei aber nicht Ideologie, sondern die Utopie einer aktiv (wieder-)herzustellenden Einheit zwischen Vergangenheit und Gegenwart (vgl. ebd.: 201).

Interessant ist Mannheims Kopplung von Utopie an Aktivität qua Motivationswirkung. Hat nach seinen eigenen Kriterien aber «Utopie gerade mit wirklichkeitsverändernder Praxis zu tun, die bewußt das Bestehende überwinden will, so kann die

Spannung zwischen Sein und Sollen, die Mannheim für den Konservatismus anführt, nicht dazu beitragen, diesen als utopisch zu bezeichnen» (Neusüss 1968: 165). Sozialismus wird bei Mannheim, entgegen dessen Selbstverständis, zur utopischen Synthese. Er bewahrt Erlösungshoffnungen des Chiliasmus, dessen Tatendrang im Anarchismus fortlebt, und radikalisiert das Fortschrittsdenken des Liberalismus (Mannheim 1929/1995: 207). Bedingtheit des Seins durch Vergangenes stamme vom Konservatismus (vgl. ebd.: 209f.). Dadurch kommt der Sozialismus zu einem mehrdimensionalen Zeiterleben von Bedingtheitsbewusstsein, Gegenwartstendenz und Zukunftsvison (vgl. ebd.: 212). Zugleich arbeite die jüngste politische Utopie «in der Ideologieforschung eine konsequente Methode der Kritik aus, eine seinsbezogene Destruktion der gegnerischen Utopie» (ebd.: 208). Indem Marx z.B. den Liberalismus als Ideologie des Bürgertums denunziert, wird dessen Menschenrechtsutopie gleich mitverworfen.

Aber auch der Marxismus sei Teil eines zeitgleich konkurrierenden Pluralismus von Utopien, denn es «stirbt keine der Formen dieser im historischen Nacheinander auftretenden, uns bewegenden Mächte ab, kein Zeitpunkt ist durch eine einzige Dominante charakterisiert. Die Koexistenz dieser Kräfte, ihre gegenseitige Spannung, aber auch die stets vorhandene Durchdringung zeitigen Formen, deren Gesamtheit erst die historische Fülle ergibt» (Mannheim 1929/1995: 213).

Zugleich sieht Mannheim eine Tendenz zur «Senkung der utopischen Intensität» (ebd.: 214). Die Unbedingtheit der Chiliasten weiche dem Fortschritt der Liberalen und der Sozialdemokratie, die Freiheitsideale treten gegenüber realistischem Pragmatismus zurück. Was im Bauernkrieg nicht gelang, wird zum Kennzeichen von Liberalismus und Sozialismus: «Je mehr eine aufstrebende Partei in das parlamentarische Mitregieren hineinwächst, desto mehr gibt sie ihre aus der ursprünglich treibenden Utopie strahlende Totalsicht auf, desto mehr läßt sie die transformierende Kraft sich am konkreten Einzelfall bewähren.» (ebd.: 216) Das zur Revolution treibende Utopiebewusstsein endet in sachlichen Reformen. Mannheim bedauert diesen Utopieverlust. «Das Verschwinden der Utopie bringt eine statische Sachlichkeit zustande, in der der Mensch selbst zur Sache wird» und «den Willen zur Geschichte [...] verliert» (ebd.: 225). Dagegen entwirft Mannheim seine eigene Utopie. Münzer, Hegel und Marx werden als chiliastischer, bzw. konservativer, bzw. sozialistischer Intellektueller vorgestellt (vgl. ebd.: 222). Als «relativ klassenlose Schicht» und «sozial freischwebende Intelligenz» (ebd.: 135) sei es ihre Ungebundenheit, «Bildung» (ebd.: 136) und «soziale Sensibilität» (ebd. 137), die sie zur Einfühlung in andere Schichten befähigt. Durch Bindung an eine Klasse würden Intellektuelle aber ihre Ungebundenheit verlieren, sie würden dadurch «Theoretiker» einer Schicht (ebd.: 138). Angesichts des Utopieverlustes aller Schichten sollen sie aber mit Hilfe der Wissenssoziologie eine vermittelnde Rolle einnehmen. Losgelöst von Seinsgebundenheit könnten Intellektuelle eine Zusammenschau partikularer Utopien leisten und «Gesamtorientierung im Geschehen» (ebd.: 140) bieten. Die «partielle Lockerung dieser Seinsgebundenheit, eine auf Lebenszeit angelegte Distanzierungsmöglichkeit» (Jung 2009: 58) prädestiniere Intellektuelle zur Konzeption einer Gesamtutopie.

Karl Mannheim nahm in Frankfurt an Gesprächskreisen mit Paul Tillich, aber auch den akademischen Konkurrenten Leo Löwenthal, Max Horkheimer und Theodor W. Adorno teil, wo über die Aufgaben der Intellektuellen diskutiert wurde (Hofmann 1996: 31). Er sieht sich dabei dem Vorwurf ausgesetzt, den Marxismus wissenschaftlich neutral umzuschreiben. Während die Ideologien als Ausdruck von Partikularinteressen entlarvt werden sollen, will Wissenssoziologie partikulare Utopien zu einer umfassenden Gesamtorientierung bündeln. Sie schwankt zwischen ihrer Rolle als Korrektiv konkurrierender Ideologien (vgl. ebd.: 108) und der Versuchung «selbst Utopie zu werden» (ebd.: 114). «Wissenssoziologie als ‹Überideologie›, die das Verhältnis der Denkstile zueinander regulieren soll, ohne das Utopische zu vernichten, benötigt auch eine außerordentliche Trägerschicht.» (ebd.) Die Gesamtutopie müsse durch die Ungebundenheit der Intellektuellen gewährleistet werden. Hierin liegt ein gewisser Autoritarismus. Wenn der Parlamentarismus, wie Mannheim in Anschluss an den Vordenker des Nationalsozialismuses Carl Schmitt feststellt (vgl. ebd.: 117), die Bühne der Ideologien ist, könne nur die Wissenschaft eine utopische Gesamtorientierung bieten und planende Politik anleiten. «Planung bedeutet ein bewußtes Eingreifen an den Fehlerquellen des Gesellschaftsapparates auf Grund der Kenntnis des gesamten Sozialmechanismus und des lebendigen Gefüges, keine Kur an Symptomen, sondern einen Zugriff an den richtigen Umschaltstellen mit dem klaren Wissen um die Fernwirkungen.» (Mannheim 1935: 91)

Ungebundendes Überblickswissen soll Utopien in Planungsmodelle verwandeln. Seinsgebundenheit als Mangel zu begreifen wirft Max Horkheimer Mannheim ebenso vor, wie Desinteresse am Klassenkampf, Relativierung des Marxismus und unkritischen Positivismus (vgl. Jung: 2007: 284). Mannheim will, wie er selbst sagt, einen Ideologiebegriff, der «jede enthüllende Absicht aufgibt [...] und sich darauf beschränkt, überall den Zusammenhang zwischen sozialer Schicht und Sicht herauszuarbeiten» (Mannheim 1929/1995: 71). Dabei erfüllen für Mannheim Ideologien und Utopien unterschiedliche Funktionen: Ideologie ist unwahre Legitimation des Bestehenden, Utopie ist wahre Motivation zu dessen Veränderung. Für Adorno hingegen ist gerade ihr utopischer Anteil die Wahrheit der unwahren Ideologien. «Unwahr werden eigentliche Ideologien erst durch das Verhältnis zu der bestehenden Wirklichkeit. Sie können an sich wahr sein, so wie die Ideen Freiheit, Menschlichkeit, Gerechtigkeit es sind, aber sie gebärden sich, als wären sie bereits realisiert.» (GS 8: 473) Stellt sich für Mannheim eine Ideologie erst dann als Utopie heraus, wenn sie verwirklicht worden ist, sucht Adorno Utopie in den Bestandteilen von Ideologie, die unverwirklicht sind. Ideologiekritik, die Mannheim durch die Zuordnung von Sicht und Schicht ersetzt, ist für Adorno die «Konfrontation der Ideologie mit ihrer eigenen Wahrheit» und daher «nur soweit möglich, wie jene ein rationales Element enthält, an dem die Kritik sich abarbeiten kann» (ebd.: 465), wie z.B. die Frage an den Liberalismus, «ob mit der Herstellung formaler staatsbürgerlicher Gleichheit in der Tat auch die Freiheit erreicht sei» (ebd.: 464). Am Faschismus, den Mannheim ausspart, ist solche Ideologiekritik kaum mehr möglich.

Mannheim eröffnet, mehr als Landauer und Bloch, den Blick auf eine Pluralität von Utopien, die sich weder ablösen noch zerstören müssen, sondern durch intellektuellen Überblick in Relation gebracht werden sollen. Die Soziologin Irma Beccera folgert daher zu Mannheims Utopie als Motivation: «Hier liegt die neue Bedeutung der Utopie als gesellschaftliches Phänomen: sie bewahrt uns vor dem Aufgeben und vor jedem lähmenden Pessimismus», sie leistet «Reflexion über die moralischen und politischen Momente einer Gemeinschaft. Und zwar Ziele und Bewertungen, die gerechtfertigt werden, solange das

Recht anderer anerkannt wird, entgegengesetzte Meinungen zu vertreten» (Beccera 1995: 127). Karl Mannheims Intellektuelle sind nachtragend, sie tragen der Geschichte ihre utopischen Motivationen hinterher.

3.4 Utopie als Negation und Versöhnung bei Max Horkheimer und Theodor W. Adorno

> «Utopie steckt jedenfalls wesentlich in der bestimmten Negation dessen, was bloß ist.»
> T. W. Adorno

Die Kritische Theorie, wie sie im Institut für Sozialforschung unter Max Horkheimer entsteht, lehnt zwar die Neutralität der Wissenssoziologie von Karl Mannheim ab, sie versteht aber ebenso den Hang der Intellektuellen zur Utopie als utopische Aufgabe der Intellektuellen. Außerhalb der «Bürokratien von Partei und Gewerkschaft» (Horkheimer 1940/1968: 44) überwintert das kritisch-utopische Denken. «Die Aktivität politischer Gruppen und Vereinzelter mag zur Vorbereitung der Freiheit entscheidend beitragen» (ebd.: 54), hofft Horkheimer 1940. Dabei ist es aber nicht die Neutralität gegenüber politischen Lagern, sondern die Solidarität mit den Unterdrückten, die den Wahrheitsgehalt der Kritischen Theorie begründen soll. Schon 1930, ein Jahr nach dem Erscheinen von Mannheims «Ideologie und Utopie», wird dessen Utopiebegriff von Horkheimer scharf kritisiert. Mannheims bloße «Entsprechung» (Horkheimer 1930/1987: 286) zwischen der Lage sozialer Schichten und bestimmter Ideologien oder Utopien erkläre nicht die wirklichen Zusammenhänge und «der Glaube, man könne ohne Heranziehung der materiellen Entstehungs- und Daseinsbedingungen, also durch lediglich innergeistige Untersuchungen geistiger Gebilde eine Weltanschauung verstehen, ist idealistischer Wahn» (ebd.: 288).

Als wahnhaftes Ideal versteht Horkheimer Mannheims Idee einer allgemeinen Wahrheit, von denen die Ideologien und Utopien der Schichten nur spezifische Ausschnitte erfassen würden. Ohne eine Theorie gesellschaftlicher Widersprüche, Klassen und Tendenzen bleibe das Sein in Mannheims Seinsgebundenheit ein leeres X. Mannheim untersuche eben nicht, wie die konkrete Gestalt der gesellschaftlichen «Verhältnisse auf das Festhalten an der alten Denkweise einwirkt und umgekehrt, welche Leistung diese dabei ausübt» (ebd.: 293). So sehr diese Auffassung von Ideologien und Utopien von der Mannheims abweicht, so teilt Horkheimer durchaus dessen Unterscheidung. «Bewirkt die Ideologie den Schein, so ist dagegen die Utopie der Traum von der ‹wahren› und gerechten Lebensordnung. Sie spielt dem Sinne nach in jede philosophische Beurteilung der menschlichen Gesellschaft mit hinein. Ideologie und Utopie wollen als Haltungen gesellschaftlicher Gruppen aus der gesamtgesellschaftlichen Wirklichkeit begriffen sein.» (Horkheimer 1930/1971: 9)

Horkheimers Einwand gegen Mannheim zielt darauf ab, Ideologien als Schein zu entlarven, statt Ideologien wie Utopien als beschränkte Sichten verschiedener Funktion zu deuten. Interessant ist in diesem Zusammenhang Horkheimers eigene Auffassung von Utopien. Ausgangspunkt seiner Position sind die literarischen Utopien der Renaissance. Sie sind «Kritik dessen, was ist, und die Darstellung dessen, was sein soll», aber ihre «Bedeutung liegt wesentlich im ersten Moment beschlossen. Aus den Wünschen eines Menschen kann man auf seine wirkliche Lage schließen; durch das glückliche Utopien des Morus scheint der Zustand der Massen in England, deren Sehnsucht der humane Kanzler gestaltet hat» (ebd.: 64). Relevant ist für Horkheimer die literarische Utopie vor allem als eine frühe Form von Kritik. Morus kritisiert die Aufhebung der mittelalterlichen Allmende und die Vertreibung vom Land, wo die Bevölkerung der Aufzucht von Schafen für die Wollproduktion weichen muss, die nun «so gefräßig und böse werden, daß sie sogar Menschen fressen» (Morus 1998/1916: 26).

Zugleich stellt der frühe Horkheimer das Fortschrittsdenken von Marx gegen die Utopisten. «Die Verwirklichung ihrer Phantasiegebilde hätte eine künstliche Unterbindung der Entwicklung bedeutet, die von der Entfaltung der schöpferischen Initiative der einzelnen in der freien Konkurrenz abhing» (ebd.: 63). So verständlich der literarische Protest gegen die Zerstörung der Allmende gewesen sei, so hätte doch eine tatsächliche Rettung des Gemeineigentums den Fortschritt zum Kapitalismus, als

Durchgangsstufe, verhindert. Münzers Unterbrechung des Fortschritts vom Feudalismus zum Kapitalismus sei unmöglich.«Zur Zeit des Thomas Morus hat in Deutschland ein vom englischen Kanzler selbst verabscheuter Mann mit gänzlich ungeeigneten Mitteln ein solches von vorneherein aussichtsloses Unternehmen begonnen und ist mit ihm gescheitert» (ebd.: 68). Die Wahrheit des Bauernkrieges klingt im Lied der geschlagenen Bauern an: «Die Enkel fechten es besser aus.» Münzers Vision vom Himmelreich auf Erden könne aber nichts anderes gewesen sein als ein «Ausdruck ohnmächtiger Sehnsucht» nach dem «Endziel», während die Individuen wirklich «leiden an einer für den Fortschritt notwendigen Periode der geschichtlichen Entwicklung» (ebd.: 67). Horkheimer ist aber nicht gewillt, dem Leid einen höheren Sinn zu geben. «Daß die Geschichte eine bessere Gesellschaft aus einer weniger guten verwirklicht hat, daß sie eine noch bessere in ihrem Verlaufe verwirklichen kann, ist eine Tatsache; aber eine andere Tatsache ist es, daß der Weg der Geschichte über das Leiden und Elend der Individuen führt. Zwischen diesen beiden Tatsachen gibt es eine Reihe von erklärenden Zusammenhängen, aber keinen rechtfertigenden Sinn.» (ebd.: 68) Morus Antizipationen von Wohlstand und Demokratie haben utopischen Sinn als Kritik, wohingegen Münzers versuchte praktische Verwirklichung, wie Horkheimer geschichtsteleologisch annimmt, noch unmöglich war.

Für den Marxismus stellt Horkheimer zehn Jahre später, 1940 im Exil, eine umgekehrte Verschiebung fest. Marx hatte die Utopisten zugunsten der revolutionären Praxis kritisiert. «Einmal half die Kritik an Utopie dazu, daß der Gedanke der Freiheit der ihrer Verwirklichung blieb. Heute wird die Utopie diffamiert, weil keiner mehr so recht die Verwirklichung will.» (Horkheimer 1940/1968: 75) Die Sozialdemokratie hat ihren internationalistischen Anspruch schon 1914 aufgegeben und der Bolschewismus endet mit der nationalen Perspektive des «Sozialismus in einem Land». Die großen Parteiapparate integrieren sich in den Staat oder bauen neue Staatsapparate auf. «Anstatt am Ende in der Demokratie der Räte aufzugehen, kann die Gruppe sich als Obrigkeit festsetzen», obwohl «die Abschaffung der Staaten auf ihrem Banner stand» (Horkheimer 1940/1968.: 47). War Utopie zuvor Ausdruck eines ohnmächtigen Wollens, ob literarisch bei Morus, aufständisch bei Münzer oder sozialistisch bei Fourier, so ist es nun das subjektive Wollen, das fehlt.

«Die materiellen Bedingungen sind erfüllt. Bei aller Notwendigkeit von Übergang, Diktatur, Terrorismus, Arbeit, Opfer hängt das Andere einzig noch vom Willen der Menschen ab.» (Horkheimer 1940/1968: 76) Hauptfrage ist nun die nach dem Ausbleiben der Revolution. Sozialpsychologische Prägungen des autoritären Charakters, kulturindustrielle Affirmation des Bestehenden und der kaum durchschaubare fetischistische Verblendungszusammenhang werden Gegenstände der Kritik. Die Wende hin zum Subjekt verarbeitet Ent-täuschungen. «Auch die Situation des Proletariats bildet in dieser Gesellschaft keine Garantie der richtigen Erkenntnis.» (Horkheimer 1937/2005: 230f.) Ist der Wille zum Sozialismus nicht objektiv garantiert, kommt dem Wollen der Subjekte und der Utopie eine höhere Bedeutung zu. Positiv sei dieses Wollen nicht zu beschreiben, denn «man kann nicht bestimmen, was eine freie Gesellschaft tun oder lassen wird» (Horkheimer 1940/1968: 62). Bestimmbar seien die Negation des Kapitalismus und die Bedingungen zum Anderen. «Die kritische Theorie erklärt: es muß nicht so sein, die Menschen können das Sein ändern, die Umstände dafür sind jetzt vorhanden.» (Horkheimer 1937/2005: 244) Bleibt die Frage, wofür sie sie ändern wollen sollen.

Für Bloch ergibt sich die inhaltliche Bestimmung der Utopie aus vorliegenden Möglichkeiten. Horkheimer und Adorno bestimmen Utopie hingegen nur anhand der Kritik des Bestehenden. In der Dialektik der Aufklärung, geschrieben zwischen 1939 und 1944, wird dieser Gedanke als kritische Methode vorgeführt. «Die dabei an Aufklärung geübte Kritik soll einen positiven Begriff von ihr vorbereiten, der sie aus ihrer Verstrickung in blinder Herrschaft löst.» (GS 3: 16) Zwar können Horkheimer und Adorno nicht sagen, was Vernunft schlechthin sei, aber sie können die Widersprüche aufzeigen, in die Vernunft sich geschichtlich verstrickt hat. Gemessen wird sie dabei an ihrem eigenen Anspruch, der durchaus auch utopisch verstanden wird. «Vernunft als das transzendentale überindividuelle Ich enthält die Idee eines freien Zusammenlebens der Menschen, in dem sie zum allgemeinen Subjekt sich organisieren und den Widerstreit zwischen der reinen und empirischen Vernunft in der bewußten Solidarität des Ganzen aufheben. Es stellt die Idee der wahren Allgemeinheit dar, die Utopie.» (ebd.: 102) Wie an den literarischen Utopien gezeigt, wurde Vernunft in diesen als Mittel zum Glück gedacht. Als Mittel angewendet verkommt sie aber zum einsetzbaren Instrument. «Zugleich jedoch bildet Vernunft die Instanz des kalkulierenden Denkens, das die Welt für die Zwecke der Selbsterhaltung zurichtet und keine anderen Funktionen kennt als die der Präparierung des Gegenstandes aus bloßem Sinnenmaterial zum Material der Unterjochung.» (ebd.) Beherrschung der Welt durch Vernunft schlägt um in eine neue Welt der Herrschaft. Dieser Umschlag ist nur möglich, weil Vernunft selbst schon Merkmale von Herrschaft und Selbstbeherrschung trägt. Herrschaft über Natur beginnt mit der Beherrschung der inneren, menschlichen Natur, mit Disziplin und Arbeit, die schon bei Morus hoch im Kurs standen. Ist Vernunft von jeher mit Selbsterhaltung in Auseinandersetzung mit Natur verbunden, so wird sie in der kapitalistischen Kultur allgemeiner Konkurrenz zum rationalen Mittel des Bestehens. «Schlaue Selbsterhaltung bei den Oberen ist der Kampf um die faschistische Macht, und bei den Individuen die Anpassung ans Unrecht um jeden Preis.» (ebd.: 110) Diese Dialektik ist zutiefst historisch. «Nachdem die Utopie, die der französischen Revolution die Hoffnung verlieh, mächtig zugleich und ohnmächtig in die deutsche Musik und Philosophie eingegangen war, hat die etablierte bürgerliche Ordnung Vernunft vollends funktionalisiert.» (ebd.: 108) Bestimmte Negation der herrschaftlich instrumentalisierten Vernunft soll die Utopie retten, die in der sinnlich-vernünftigen Einrichtung einer solidarischen Gesellschaft besteht.

Für Adorno, der Blochs «Geist der Utopie»»mit 18 Jahren las, war dieser Einfluss prägend. «Das Buch, Blochs erstes und alles Spätere tragendes, dünkte mir eine einzige Revolte gegen die Versagung, die im Denken, bis in seinen pur formalen Charakter hinein, sich verlängert. Dies Motiv, allem theoretischen Inhalt vorausgehend, habe ich mir so sehr zugeeignet, daß ich meine, nie etwas geschrieben zu haben, was seiner nicht, latent oder offen, gedächte.» (GS 11: 557) Im Gedenken eines Denkens, das in erster Linie überschreitend sein will, wird Utopie von Adorno als Denkhaltung akzeptiert. Streitpunkt bleibt die Frage, wie utopischer Inhalt zu erkennen und zu bestimmen ist. In einem späten Gespräch zwischen Bloch und Adorno aus dem Jahre 1964 werden sowohl die Übereinstimmungen als auch die Gegensätze deutlich. Ernst Bloch versteht Utopie als eine Theorie der Praxis, als anleitenden Gedanken. In diesem Sinne ist Utopie «noch nicht im Sinne einer Möglichkeit, daß es sie geben könnte, wenn wir etwas dafür tun.» (TLUa: 352)

Für Adorno, für den Praxis im Sinne von Revolution vertagt ist, ist das Utopische eine Praxis der Theorie, des kritischen Denkens. «Die Utopie steckt jedenfalls wesentlich in der bestimmten Negation dessen, was bloß ist, und das dadurch, daß es sich als ein Falsches konkretisiert, immer zugleich hinweist auf das, was sein soll.» (TLUa 362) Zugleich erkennt er eine andere Gestalt von Utopie an, für die er sich selbst aber als nicht zuständig erklärt, nämlich «daß man konkret sagen würde, was bei dem gegenwärtigen Stand der Produktivkräfte der Menschheit möglich wäre» (TLUa: 363). Das ist Blochs Konkretion. Diese Zustimmung ist aber nur möglich, weil Adorno sich im Gespräch kurzfristig auf die Idee von Utopien im Plural einlässt. Für Bloch sind Utopien stets Umkreisungen der Utopie, auch für ihn kann es nur eine geben, aber Anhaltspunkte zeigen sich in allen Utopien zuvor. Er geht davon aus, die konkrete Utopie schäle sich historisch aus Utopischem heraus. Adorno hingegen definiert Utopie von vorneherein als fernen Fluchtpunkt. «Was Utopie ist, als was Utopie vorgestellt werden kann, das ist die Veränderung des Ganzen.» (TLUa: 353) Nun ist das ganz Andere als anderes Ganzes nicht vorstellbar, auch Morus und Fourier konnten nur Alternativen denken, die Adornos hohen Anspruch verfehlen. Insofern kann über die Utopie zwar gesagt werden, das Alles, was als falsch kritisiert werden muss, in ihr nicht vorkommen darf, aber diese Negation ist nicht zu einer Konkretion des Möglichen addierbar. Adornos Utopie ist also eine des Glücks, das sich aus der Kritik des Unglücks ergibt. «Glück aber enthält Wahrheit in sich. Es ist wesentlich ein Resultat. Es entfaltet sich am aufgehobenen Leid.» (Adorno GS 3: 81f.) Utopie wäre demnach ein anzustrebender Zustand, in dem Leid und Unglück beseitigt sind, der aber nur durch Negation denkbar wird.

Christian Kreis resümiert: «Horkheimers/Adornos Denken ist somit negative Utopie.» (Kreis 2006: 42) Der Zustand, den Adorno gern Versöhnung nennt, ist tatsächlich nicht auszumalen. Utopisches Bewusstsein wäre die Fähigkeit, sich dieses Ende des Leidens zu wünschen. «Utopisches Bewußtsein meint ein Bewußtsein, für das also die Möglichkeit, daß die Menschen nicht mehr sterben müssen, nicht etwas Schreckliches hat, sondern im Gegenteil das ist, was man eigentlich will.» (TLUa: 358) Wahres Glück wäre ewig, ohne Todesangst. Dabei geht es Adorno nicht um die Frage, wie die Abschaffung des Todes machbar wäre, sondern dass sie dem utopiefähigen Bewusstsein wünschbar wäre. Utopiefähigkeit ist auch die Fähigkeit, sich zu seinen Wünschen zu bekennen, sie nicht in vorauseilendem Gehorsam gegenüber der Realität aufzugeben. Grundrisse des Besseren, was technisch und sozial möglich ist, erkennt Adorno an, aber das Gesamtbild des Guten kann nicht gegeben werden, deshalb sei es «um der Utopie willen zu verbieten, von der Utopie ein Bild zu machen» (TLUa: 361). Vom Schlechten wiederum braucht es kein Bild, Unglück und Leid sind, bei Erfahrungsfähigkeit, erfahrbar. «So wenig wir die Utopie ‹auspinseln› dürfen, so wenig wir wissen, was das Richtige wäre, so genau wissen wir allerdings, was das Falsche ist.» (TLUa: 362f.)

Adorno behandelt nicht Utopien, sondern die Utopie als theoretisches Erkenntnisproblem. Zugleich bemerkt er durchaus die damit verbundene praktische Problemstellung, denn es «tendiert dieses Verbot einer konkreten Aussage über die Utopie dazu, das utopische Bewußtsein selber zu diffamieren und das zu verschlucken, worauf es eigentlich ankäme, nämlich diesen Willen, daß es anders ist» (ebd.: 363). Dies entspricht ganz der Intention Landauers. Hinweise auf das ganz Andere, die Utopie des Glücks, von dem wir im Ganzen nur wissen könnten, dass es anders wäre, finden sich für Adorno nur in der Kritik an Leid und Unglück. «Zart wäre einzig das Gröbste: daß keiner mehr hungern soll.» (Adorno GS 4: 178) Andererseits muss dieses Andere doch gewollt werden, ohne es sich konkret vorstellen zu können. Die «seltsame Schrumpfung des utopischen Bewußtseins» (ebd.: 352) erklärt sich Adorno aus der paradoxen Situation, dass die Menschen zwar die objektive Möglichkeit des Besseren ahnen, sie aber aufgrund der gleichzeitigen subjektiven Unerreichbarkeit verdrängen würden. Dem wäre ein kritisches Bewusstsein, das selbstkritisch seine Ohnmacht einsieht, mächtig. «Deshalb kann sich die utopische Intention auch da ausdrücken, wo auf Zukunftsbilder verzichtet wird.» (Neusüss 1968/1986: 32) In der kapitalistischen Gesellschaft werden Menschen zu Objekten der Ökonomie, die gezwungen sind sich zusammenzureißen, um durch Opferung ihrer Wünsche und Zweifel eine Rolle zu spielen und ihre Identität zwangsweise zu erhalten. «Utopie wäre die opferlose Nichtidentität des Subjekts.» (GS 6: 277) Versöhnung mit sich, ohne Zwangsjacke der Identität, mit Anderen und der Natur ist die Utopie, die als Nicht-Seiende festzuhalten wäre und selbst nicht identifiziert, nicht fixiert werden darf. Die Relativierungen von Landauer, Bloch und Mannheim, Utopie sei eben nur Intention einer Epoche, tastender Vorgriff auf Mögliches oder Motivation einer Gruppe, lässt Adorno nicht gelten.

Ihr Residuum findet Utopie für ihn einerseits in der Philosophie, andererseits in der Kunst. «Kunst ist nicht nur der Statthalter einer besseren Praxis, als der bis heute herrschenden, sondern ebenso Kritik von Praxis als der Herrschaft brutaler Selbsterhaltung inmitten des Bestehenden und um seinetwillen.» (GS 7: 26) Kunst ist dabei für Adorno nicht nur wie für Bloch ein Vor-Schein auf verwirklichte Utopie, sondern indem radikale Kunst die Wurzeln des Übels offenlegt, verweist sie auf Utopie. «Die Konstellation von Seiendem und Nichtseiendem ist die utopische Figur von Kunst.» (ebd.: 347) Der Inhalt von Kunst ist nicht jenseits des Sozialen, im Selbstzweck ihrer Formen stellt sie einen Einspruch gegen Verwertungszwecke dar. Sie sei nicht Vorbild einer geheilten Welt, sie verweist auf ihr Fehlen, wie z.B. die seinerzeit verstörende Dichtung Heinrich Heines. «Die Wunde Heine wird sich schließen erst in einer Gesellschaft, welche die Versöhnung vollbrachte.» (GS 11: 100) Philosophie und Kunst teilen die Eigenschaft, ihren Gehalt nicht auf handhabbare Formen zu bringen, sondern Anstrengung abzufordern. «Erkenntnis, die den Inhalt will, will die Utopie» (GS 6: 66) und «Utopie der Erkenntnis wäre, das Begriffslose mit Begriffen aufzutun, ohne es ihnen gleichzumachen» (ebd.: 21). Es sollen nicht Inhalte unter einen Begriff gebracht, sondern Begriffe an einen Gegenstand herangebracht werden. Die Frage ist nicht, was als Utopie zu erfassen ist, sondern mit welchen Begriffen Utopisches umschrieben werden kann. So vorsichtig Denken mit seinen Inhalten umgeht, so direkt gehen die Inhalte das Denken an. «Das leibhafte Moment meldet der Erkenntnis an, daß Leiden nicht sein, daß es anders werden solle.» (GS 6: 203) Die Utopie sinnvoller Tätigkeit entspringt der Kritik der entfremdeten Arbeit, ohne dass im Einzelnen festzulegen wäre, was sinnvolle Tätigkeit ist. Die Utopie des Friedens entspringt der Erfahrung des Krieges, Solidarität der Konkurrenz. Christian Kreis nennt die Bindung der Utopie an die Kritik «utopische Selbstbeschränkung»: «Durch Negation kann der positive Raum umgrenzt werden. Dieser Möglichkeitsraum wird, so lautet die These, gerade indem man ihn nicht beschreibt, bewahrt.» (Kreis: 11)

Wie die eine Utopie der Versöhnung weder begreifbar noch darstellbar ist, so ist auch die zur Tat gewordene Dystopie von Auschwitz weder darstellbar noch erklärbar. Selbst die utopische Abschaffung des Todes käme für die Ermordeten zu spät. Eine Vernunft der Geschichte, wie in Landauers Abfolge von Topien und Utopien oder in Blochs Zielprozess, ist nicht rational erkennbar. Geschichte ist Walter Benjamins permanente Katastrophe ohne Sinn. Schon Marx' Kritik kam dagegen nicht ohne irrationale Hoffnungen an. «Jene Utopie aber, die zwischen Natur und Selbst die Versöhnung ankündigte, trat mit der revolutionären Avantgarde aus ihrem Versteck in der deutschen Philosophie, irrational und vernünftig zugleich, als Idee des Vereins freier Menschen hervor und zog alle Wut der Ratio auf sich.» (GS 3: 110) Die instrumentelle Vernunft, die den Selbstzweck des Menschen nicht einsehen lässt, stellte die Mittel, um die selbstzweckhafte Ermordung von Jüdinnen und Juden zu vollbringen. Die messianische Kraft, die Benjamin aus dem Jüdischen ins Revolutionäre übersetzte, war zu schwach. Nicht der Verein freier Menschen, sondern die Volksgemeinschaft wurde angestrebt.

Der faschistische und nationalsozialistische «Triumph des Willens» bleibt dabei mit dem Unwillen der antifaschistischen, internationalistischen und sozialistischen Kräfte verbunden. Diejenigen, die zum Sozialismus marschierten, verloren ihr Ziel. Im Gespräch erinnert Adorno an einen Ausspruch des SED-Vorsitzenden Walter Ulbricht, der gegen sozialistische Utopien sagte: «Wir wollen sie auch gar nicht verwirklichen.» (Ulbricht, zit. n. Adorno TLUa: 363) Adorno erkennt an, dass Utopieverzicht zur Stagnation beiträgt. «Angesichts der Dogmatisierung sozialistischer Theoreme, die im östlichen Machtbereich aus politischen Motiven erfolgte, gewinnen Gedanken erneute Aktualität, die schon früh und nicht erst in jenem Bereich als utopisch verfemt worden sind. [...] Das Verbot auszudenken, wie es sein solle, die Verwissenschaftlichung des Sozialismus, ist diesem nicht nur zum Guten angeschlagen. Das Verdikt über Phantasie als Phantasterei fügte sich einer Praxis ein, die sich Selbstzweck war und mehr stets im Bestehenden verstrickte, über das sie einmal hinauswollte.» (Adorno 1966: 6) Adorno weiß, dass ohne utopische Intention eine Motivation zur Veränderung nicht besteht, er lässt die Konkretion des Möglichen gelten und umkreist das ganz Andere durch kritische Negation. Genügt es als Anstoß für

Praxis, Neues als Überwindung des Alten zu denken? Aufgabe kritischer Negation bleibt Orientierung durch Kritik, darin wirkt sie, ihrer stillen Utopie treu, fort.

4. Die Renaissance der Utopie als Übergang von der Alten zur Neuen Linken

> **«Wir müssen auch die Möglichkeit eines Weges des Sozialismus von der Wissenschaft zur Utopie und nicht nur von der Utopie zur Wissenschaft ins Auge fassen.»**
> **Herbert Marcuse 1967/1980: 10**

Landauer, Bloch, Mannheim, Horkheimer und Adorno, als wichtige deutschsprachige Theoretiker der Utopie im 20. Jahrhundert, traten selbst kaum in Debatten untereinander ein. Landauer lehnte Blochs «Geist der Utopie» ab. Bloch verschwieg Gustav Landauers Einfluss. Bloch kritisierte Mannheim und sein Verhältnis zur Kritischen Theorie blieb stets gespannt. Mannheim wiederum sah Landauer und Bloch eher als unwissenschaftliche Vorläufer an und stand innerhalb der Frankfurter Universität im akademischen Widerstreit mit Horkheimer. Dass sie alle zur Theorie der Utopie beitrugen, indem sie eine Bestimmung des Utopischen versuchten, wird erst im Rückblick klar, der ihre Überlegungen in eine Konstellation bringt. Wie die Einteilung der Evolution des Utopiebegriffs in literarische, (früh-) sozialistische und politische Utopien, also Buchutopien, Siedlungsutopien und Befreiungsutopien, so ist auch die Benennung von Funktionen utopischen Denkens, nämlich Ausdruck von Intention, Erinnerung an Tradition, Konkretion von Möglichkeiten, Aufrechterhaltung von Motivation und Negation von Bestehendem zu sein, das Ergebnis eines gezielten Rückgriffs in die utopische und utopietheoretische Ideengeschichte. Orientierung bietet die Frage nach der Wirksamkeit von emanzipatorischen Utopien.

Abgesehen von Landauer und Buber, die in anarchistischen bzw. zionistischen Kreisen wirkten, blieben die oben genannten primär Kritiker der Alten Linken, der Arbeiterbewegung. Jemand der selbst aus dieser Alten Linken kommt, ist Otto Rühle, der zuerst Sozialdemokrat, dann Kommunist und schließlich Rätekommunist war. Er forschte über Pädagogik und war seit

1935 im Exil Berater des Erziehungsministeriums in Mexiko. In diesem Jahr beendete er sein Buch «Mut zur Utopie». Im Vorwort schreibt er über das Scheitern der Alten Linken: «Als die Revolution 1918 die Sozialdemokratische Partei Deutschlands plötzlich vor die Aufgabe stellte, die Sozialisierung praktisch durchzuführen, versagte sie unter Kleinmut, Ausflüchten und Mißgriffen in beschämender Hilflosigkeit. Ihr fehlte der Mut zum Neuen – zur Utopie.» (Rühle 1935/1971: 13)

Modelle zur Sozialisierung der Produktionsmittel stehen im Zentrum seines Utopiebegriffs, unter diesem Gesichtspunkt behandelt er Frühsozialismus, Sozialismus, Sozialdemokratie, die November- sowie Oktoberrevolution und den sowjetischen Staatssozialismus. Bedeutsam ist für ihn Wilhelm Weitling, der als Vorläufer von Marx die Vereinigung der Menschheit propagierte, ohne Nation und Patriarchat, in Sozialismus und radikaler Demokratie (ebd.: 30). Von Marx' und Engels' Untersuchungen zu Produktivkraft und Klassenkampf übernehme das Proletariat hingegen nur die Versicherung, dass der Sozialismus kommen werde (vgl. ebd.: 38ff.). Dagegen konzipiert Rühle einen «Marxismus, der die Utopie als Flucht nach wie vor ablehnt, die Aktivität des Utopismus jedoch als Willen zur Leistung begreift und als Bereitschaft zur Tat bejaht» (Rühle: 42).

Rühle schreibt diese Rehabilitation der Utopie als subjektiven Faktor im selben Jahr, in dem Ernst Bloch die «Erbschaft dieser Zeit» verfasst. Beide kommen zu spät. Das Zeitfenster, das sich 1917/1918 geöffnet hat, hat sich 1933 geschlossen. Als Praxis sieht auch Rühle Möglichkeiten der Utopie nur noch in der Vergangenheit. So hält er zu Bebels Zukunftsstaat fest: «Die Utopie wirkt als Zaubertrank der Ermutigung. [...] Ihr Wert liegt nicht in ihrer Richtigkeit. Er liegt in ihrer psychologischen Wirkung auf die Genossen seiner Zeit.» (ebd.: 71) Von seiner Frau, der Psychologin Alice Rühle-Gerstel, übernimmt er die Wichtigkeit des Mutes nicht nur als persönliche, sondern als soziale Eigenschaft. «Im individual-psychologischen Sprachgebrauch bedeutet Mut aber mehr. [...] Dieser Mut wird auf künftige Gemeinschaft ausgerichtet» (Rühle-Gerstel, zit. n. ebd.: 10), er meint Bereitschaft zum persönlichen und assoziierten Einsatz für den Sozialismus. Sozialismus in diesem Sinne ist für Rühle keine Parteisache, sondern gelebte Aktivität der Bewegung. Sie organisiert Betriebsräte, Räte für ein Stadtgebiet, für ein Land und darüber hinaus (vgl. Rühle: 211). Rühles Rätemodell wird zum Plan. «Die Verwirklichung der Utopie ist ein geordneter, in sich geschlossener Prozeß.» (ebd.: 217) Erst dann werde «sozialistische Utopie zum vollen Erlebnis» (ebd.: 221). In der Sowjetunion, ohne Union und Sowjets, verdrängte hingegen der Staatsapparat die Räterepublik (vgl. ebd.: 155). Im autoritären Staat, ob Nationalsozialismus oder Staatssozialismus, sieht Rühle 1935 eine Tendenz (vgl. ebd.: 199), die erst nach einem großen Krieg durch eine neue Räterevolution gebrochen werden könne, sofern sich die ArbeiterInnenbewegung auf ihre Utopien besinnt. Die Enttäuschung dieser Hoffnung erlebt Otto Rühle nicht mehr mit, er stirbt 1943 im Exil in Mexiko. Sein Beitrag zur Rehabilitation der Utopie erscheint erst 1971 unter dem Titel «Baupläne für eine neue Gesellschaft».

Es ist nicht die Alte Linke, die seine Räte-Utopie aufgreift, sondern die sich in den 1960er Jahren herausbildende Neue Linke. Die Bücher von Gustav Landauer, der im Verlauf der Münchener Räterepublik ermordet wurde, Otto Rühle und Karl Mannheim, gestorben 1947 im Londoner Exil, werden neu aufgelegt. Bloch, Adorno und Marcuse werden zu den geistigen Vätern der Neuen Linken. Rudi Dutschke erfasst 1968 die Quintessenz der lange schwelenden Rehabilitation des Utopischen: «Es hängt heute mehr denn je von der subjektiven Tätigkeit der Menschen, vom revolutionären Willen der Menschen ab» (Dutschke, zit. n. Schröter 1989: 65).

4.1 Utopie als Artikulation von Bedürfnissen bei Herbert Marcuse

Die Verwendung des Wortes Utopie gibt noch keinen Aufschluss über das Utopiebewusstsein. Wenn die These der Soziologen Weber und Mannheim stimmt, dass vor allem Intellektuelle zur Utopie neigen, so ist aus deren Denkweise nicht auf gesamte Gesellschaften zu schließen. Andererseits räumt Weber ein, es sei eben «jene Intellektuellenschicht, die nun einmal überall die Parolen, die Schlagworte und – sagen Sie getrost: die Phrasen prägt, mit denen in allen Parteien ohne Ausnahme gearbeitet wird» (Weber 1918/1988: 493). Was die «Partei der Kritik» anbelangt, so ist Herbert Marcuse in den 1960ern einer ihrer Wortführer. Wenn mit Mannheim davon auszugehen ist, dass Intellektuelle die Sensibilität haben, soziale Tendenzen in ihrem Denken auszudrücken, so ist es der Beachtung wert. Es sind die Katastrophen des 20. Jahrhunderts, vom Ausbleiben der Weltrevolution bis zum unübertreffbaren Grauen des Nationalsozialismus, die Zuflucht bei der Utopie suchen lassen. Die Aufklärung war angetreten, «um von den Menschen die Furcht zu nehmen und sie als Herren einzusetzen», aber aufgetreten ist die Herrenrasse ohne Menschlichkeit. «Die vollends aufgeklärte Erde strahlt im Zeichen des triumphalen Unheils.» (GS 3: 19) Der Kapitalismus hat die Produktivkräfte entwickelt, aber die Menschen zu Objekten ihrer Technologie gemacht. «Anstatt Flüsse zu kanalisieren, lenkt sie den Menschenstrom in das Bett ihrer Schützengräben, anstatt Saaten aus ihren Aeroplanen zu streuen, streut sie Brandbomben über die Städte hin.» (Benjamin 1936/1963: 44)

Utopie ist das Gegenteil des Fortschritts, der ziellos geworden ist. Auch Marcuse kommt durch Enttäuschungen zur Utopie. 1918 verlässt er den Soldatenrat in Berlin, als die Kameraden alte Offiziere in den Rat wählen, 1919 die SPD, die die Morde an Rosa Luxemburg und Karl Liebknecht zu verantworten hat. Als Offizier des Office of Strategic Services (USA) bekämpft er Deutschland im II. Weltkrieg (vgl. Stark: 4ff.). Utopie wird Imperativ. «Ich glaube, daß das Utopische heute nicht nur ein historischer Begriff, sondern auch ein historischer Imperativ ist – ein kategorischer Imperativ, der dazu dienen muß, die Versteinerung des Sozialismus unter neuen Herrschaftsformen zu verhindern. Denn nur wenn die enormen Fähigkeiten von Wissenschaft und Technologie, der wissenschaftlichen und künstlerischen Einbildungskraft den Aufbau einer sinnlichen Umwelt leiten, nur wenn die Arbeitswelt ihre entfremdenden Charakterzüge verliert, nur wenn Produktivität in Kreativität übergeht, können die Wurzeln der Herrschaft in den Menschen ausgetrocknet werden [...] Die Transformation der Basis kann nicht ohne den subjektiven Faktor – die menschliche Sensibilität als Produktivkraft – vonstatten gehen.» (Marcuse 1999: 102f.)

Die Fortschrittsgläubigkeit des Sozialdemokratismus ist allzu schmählich gescheitert, der Pragmatismus des Bolschewismus ist siegreich gescheitert, unbesiegt ist allein die Utopie. Das Festhalten am Fernziel ist für Marcuse die Negation der allseits anerkannten Versagung. Die Intention auf eine andere Lebensqualität muss die Konkretion der Möglichkeiten anleiten. Worauf es ankommt ist der subjektive Faktor, das kritisch-utopisch-praktische Bewusstsein. Nach den Maßstäben von Marx und Engels kann Marcuse nur ein utopischer Sozialist sein. Eine revolutionäre Bewegung des Proletariats kann er nicht erkennen, weil die ehemals revolutionäre ArbeiterInnenbewegung integriert ist. Tatsächlich möchte er die Lebenslage aller Gesellschaftsmitglieder verbessern. Entspringt das revolutionäre Subjekt nicht dem Sein, muss sich revolutionäre Subjektivität selbst durch utopisches Bewusstsein bestimmen.

Marcuse spricht 1967, bei einem Vortrag in Berlin, ambivalent vom «Ende der Utopie». Da «die technischen und intellektuellen Kräfte für die Umwälzung technisch vorhanden sind [...] können wir heute in der Tat von einem Ende der Utopie reden» (Marcuse 1967/1980: 12). Marcuse denkt dabei u.a. an Fouriers Ziel der attraktiven Arbeit, die für Marx noch Utopie war (vgl. ebd.: 17). Was Marx als Utopie ansah, ist für Marcuse zur Möglichkeit geworden. Einerseits nennt er Utopie die Unmöglichkeit in einer gegebenen Situation (vgl. ebd.: 10f.), andererseits die Perspektive auf das Entstehen von «utopischen Möglichkeiten» (ebd.: 14). Wie Peter-Erwin Jansen bemerkt, stiftet Marcuse «Verwirrung» (Jansen 2006: 38). Deren Auflösung liegt in der Einsicht, dass Marcuse «sich ab Mitte der 1960er Jahre stark an Blochs Gedanken einer konkreten Utopie anlehnt» (ebd.: 37). Marcuse selbst bemerkt 1968 über Bloch, «dessen Werk ‹Geist der Utopie›» habe «vor mehr als vierzig Jahren [...] meine Generation beinflusst» (Marcuse 1970: 12). Diesen Einfluss gibt Marcuse in seinen Theorien weiter. Ende der Utopie ist dann z.B. das Ende des Fourierismus als abstrakte Utopie, der nun zu einer konkreten Möglichkeit wird. Zwei Jahre später, im «Versuch über die Befreiung», fallen Utopie und Möglichkeit zusammen. «Die Dynamik der Produktivität beraubt die ‹Utopie› ihres traditionellen unwirklichen Gehalts; was als ‹utopisch› gebrandmarkt wird, ist nicht mehr das, was ‹keinen Ort› hat und im historischen Universum auch keinen haben kann, sondern vielmehr das, was durch die Macht der etablierten Gesellschaften daran gehindert wird, zustande zu kommen. Den technischen und technologischen Kräften des fortgeschrittenen Kapitalismus [...] wohnen utopische Möglichkeiten inne, und die rationale Nutzbarmachung dieser Kräfte in weltweitem Ausmaß würde in durchaus absehbarer Zukunft Armut und Knappheit beenden.» (Schriften 8: 244) Marcuse sucht eine Grundlage für die Einlösung der Utopie.

Das Ergreifen utopischer Möglichkeiten hängt bei ihm von Bedürfnissen der Menschen ab. «Wenn das Bedürfnis nach Abschaffung der (entfremdeten) Arbeit nicht besteht [...], was dann zu erwarten ist, ist nur, daß die neuen technischen Möglichkeiten in der Tat zu neuen Möglichkeiten der Repression der Herrschaft werden.» (Marcuse 1967/1980: 15) Die stärker als bei Bloch technisch verstandene Möglichkeit beinhaltet Befreiung wie Unterdrückung. Die Wahl zwischen beiden wird bestimmt durch die Bedürfnisstruktur der Menschen. Diese ist durch die Gesellschaft geprägt, in die wir hineingeboren werden. Mit veränderten Möglichkeiten der Erfüllung können sich aber auch die Bedürfnisse verändern, wie oben an der unterschiedlichen Haltung von Morus und Fourier zum Luxus gezeigt wurde. Für Marcuse setzt die Artikulation neuer utopischer Bedürfnisse nicht nur die Konkretion neuer Möglichkeiten voraus, sondern zunächst die bestimmte Negation der alten Bedürfnisse. «Negation des Bedürfnisses, das Leben zu verdienen, Negation des Bedürfnisses nach einer verschwendenden, zerstörenden Produktivität [...], Negation des Bedürfnisses nach verlogener Triebunterdrückung.» (ebd.: 15) Es kann bezweifelt werden, ob Marcuse hier tatsächlich Bedürfnisse meint und nicht eher die gültigen Erfordernisse zu ihrer Befriedigung. Lohnarbeit und Fortschritt sind schließlich Mittel zur Erlangung von Waren und noch mehr Waren, Triebunterdrückung ist Bedingung von Kultur. Allerdings redet Marcuse von verlogener Triebunterdrückung, d.h. einem Ausmaß der Selbstdisziplin, das bereits unnötig geworden ist. Produktion und Konsum sind längst Selbstzwecke geworden, die aber nicht nur in den Verwertungsimperativen des Kapitals, sondern in den Bedürfnissen der Menschen wurzeln. Marcuse unterscheidet nicht zwischen realen und irrealen Bedürfnissen, auch Bedürfnisse im Kapitalismus, z.B. nach einem Auto, mögen sie noch so destruktiv sein, sind sehr real. Marcuse unterscheidet zwischen wahren und falschen Bedürfnissen in einem historischen Sinn. Zunächst «sind menschliche Bedürfnisse historische Bedürfnisse» (Schriften 7: 24). Grundbedürfnisse, wie sie der Psychologe Abraham Maslow in seiner Bedürfnispyramide nennt, also Bedürfnisse nach Essen, Trinken, Schlafen, Sexualität, Sicherheit und Bindung (Maslow, zit. n. Goble: 77), gehören zur Menschennatur, aber die Befriedigungen, die Auswahl an Nahrungsmitteln, Getränken, Sexualpraktiken und Institutionen, verändern sich.

Das gilt um so mehr für die Bedürfnisse nach Anerkennung und Selbstverwirklichung. Dennoch sagt Marcuse: «Wir können wahre und falsche Bedürfnisse unterscheiden.» (Schriften 7: 25) Falsche Bedürfnisse sind die, deren Befriedigung auf Kosten von uns selbst, unserer Umwelt und anderen geht, weil sie «es nötig machen, die Hetzjagd fortzusetzen, um mit seinesgleichen und dem eingeplanten vorzeitigen Verschleiß Schritt zu halten» (ebd.: 252).

Zwar bringt auch der Sieg in der permanenten Konkurrenz Wohlstand und Anerkennung, aber der Preis, der bis zum Burnout zu zahlen ist, geht auf Kosten unterdrückter Bedürfnisse, mit deren Artikulation das utopische Denken beschäftigt ist. Marcuse nennt hierzu z.B. Bedürfnisse nach «Ruhe», nach «Alleinsein, mit sich selbst oder dem selbstgewählten anderen», nach «dem Schönen», nach «unverdientem Glück» und das Bedürfnis nach «Frieden, das heute [...] kein vitales Bedürfnis der Majorität ist» (Marcuse 1967/1980: 15). Die Erfüllung dieser Bedürfnisse ist die Perspektive der sozialen Utopie, in der die Grundbedürfnisse Aller und die Erweiterungsbedürfnisse befriedigt sind. Nicht nur Hunger, Durst und Kälte, auch Angst, Stress und Langeweile sind körperlich erfahrbar, ebenso wie Frieden, Ruhe, Schönheit und Glück (vgl. Neupert 2013a). Letztere sind in kapitalistischer Konkurrenz nicht zu gewinnen. Sie sind auch in den Industrieländern kein gesellschaftlicher Maßstab für Produktion und Verteilung. Die Artikulation dieser Bedürfnisse ist daher für Marcuse eine Funktion utopischen Denkens, wobei gilt: «Was wahre und was falsche Bedürfnisse sind, [muß] von den Individuen selbst beantwortet werden» (Schriften 7: 26). Kritische Negation herrschender Bedürfnisse, Konkretion alternativer Befriedigungen und Artikulation neuer Bedürfnisse ist Sache utopischer Überlegung, deren Einlösung bleibt die Aufgabe politischer Diskussion.

Marcuses Verbindung von Bedürfnis, Möglichkeit und Utopie ist typisch für die Neue Linke. Diese definiert er zunächst in Abgrenzung zur Alten Linken, der ArbeiterInnenbewegung. Deren Ausfall als revolutionäre Kraft sei nicht nur aus Niederlagen im Kampf um den Sozialismus zu erklären, sondern auch aus Erfolgen im Kapitalismus. «Die Integration des größten Teils der Arbeiterklasse in die kapitalistische Gesellschaft ist kein Oberflächenphänomen.» Sie «profitiert von den Überprofiten, von neokolonialer Ausbeutung, der Rüstung und den ungeheuren Subventionen der Regierung» (Schriften 9a: 15). Integration umfasst objektive Befriedigung und subjektiv dazu passende Bedürfnisse. «Die gesteuerte Produktivität der Arbeit und die gesteuerte Bedürfnisbefriedigung mobilisieren nicht nur das Bewusstsein, sondern auch die Triebstruktur für die Reproduktion des Bestehenden.» (Schriften 9b: 157) Die Neue Linke hat andere Trägergruppen. Es sind die nicht-integrierten «Unterprivilegierten» im globalen Süden und die rassistisch Unterdrückten, die «keine entscheidende Stelle im Produktionsprozeß einnehmen», in diesem Sinne Randgruppe sind (Marcuse 1967/1980: 46). Es sind zudem die «Privilegierten», die «Studentenopposition» (ebd.: 47), junge Menschen mit unerfüllten Bedürfnissen, die Zeit für Utopien haben. Melden die Unterprivilegierten im Kampf ihre Grundbedürfnisse an, so die Privilegierten ihre Bedürfnisse nach alternativen Lebensweisen. Weiterhin bezieht Marcuse später auch die Frauen- und die Umweltbewegung in seine Überlegungen mit ein. Anders als es der weiß, männlich und westlich geprägten Alten Linken möglich war, ist die globale und lokale Abschaffung des Elends nicht mehr durch Integration, sondern nur in utopischer Perspektive denkbar, wofür aber die Majorität der ArbeiterInnenklasse gewonnen werden müsste.

Es ist Ausdruck des Scheiterns der Neuen Linken, dass ihre utopischen Bedürfnisse, nach einer anderen gesellschaftlichen Moral, einem anderen Geschlechter- und Naturverhältnis, durchaus wieder integriert werden konnten – aber unter Verzicht auf ihre utopische Spitze. Neue Liberalität der Lebensentwürfe, Gleichberechtigung und Umweltschutz verfehlen die genannten utopischen Ziele, aber die Re-Integration geschieht als erfolgreiches Scheitern, auch schlagen Utopien kreativer Betätigung in den Zwang zu selbstbestimmter Arbeit um. Insofern ist Marcuses Theorie selbst schon wieder zur unabgegoltenen Utopie geworden. «Der Zweck ist klar: Der Übergang zum Sozialismus» (Marcuse 1981: 145) – aber welcher? «Ziel wäre die Entwicklung des Sozialismus als Fortschritt von der entfremdeten zur schöpferischen Arbeit, von der Naturbeherrschung zur Kooperation, von der Repression zur Emanzipation der Sinne, von der ausbeutenden zur solidarischen Vernunft.» (Schriften 9b: 153). Wie die vorangehenden Ansätze zur Rehabilitation der Utopie stärkt auch Marcuses Theorie, im Kontext der Renaissance der Utopie, besonders den subjektiven Faktor. «Im Rahmen der objektiven Bedingungen hängen die Alternativen [...] von der Intelligenz und dem Willen, dem Bewußtsein und der Sensibilität der Menschen ab.» (Schriften 9a: 35)

Die von Marcuse beobachtete «Kulturrevolution» (Marcuse 1999: 105) ist sehr ambivalent. Sie setzt die Befriedigung von Grundbedürfnissen voraus, «sie ist also nur dort möglich, wo diese Bedürfnisse befriedigt sind, damit Zeit, Raum und Energie für eine Dimension jenseits der Notwendigkeit freigesetzt werden» (ebd.: 104). Sie ist eine Rebellion, die Utopie nicht mehr nur als fernen Fixstern einer Bewegung kennt, aber sie ist auch «eine Revolution ohne Massenbasis; eine Revolution, die nicht der Verarmung oder materiellen Nöten entspringt, sondern einer menschlichen Freiheit, die in Sichtweite gerückt ist und von den etablierten Gesellschaften verhindert wird.» (ebd. 105) War Bebels Zukunftsstaat noch Bedürfnis und Sehnsucht proletarischer Massen zugleich, so schwindet die Utopie im Moment ihrer Erfüllbarkeit und es gibt sich die ArbeiterInnenbewegung mit Abschlagszahlungen dessen zufrieden, was möglich wäre. Integration könnte «nur durch eine politische Praxis gebrochen werden, welche die Wurzeln der Eindämmung und Zufriedenheit im Unterbau erreicht, durch eine methodische Loslösung vom Establishment und eine methodische Weigerung, die auf eine radikale Umwertung der Werte abzielt» (ebd.: 246).

Gelingt dies nicht, endet die Kulturrevolution, wie gesehen und geschehen, in Popkultur. Durchaus wurden neue Bedürfnisse im Rahmen des Bestehenden nach 1968 zugelassen. Es zeigt sich hier das Dilemma einer jeden revolutionären Bedürfnistheorie, nämlich «daß, um die neuen revolutionären Bedürfnisse zu entwickeln, erst einmal die Mechanismen abgeschafft werden müssten, die die alten Bedürfnisse reproduzieren. Um die Mechanismen abzuschaffen, die die alten Bedürfnisse reproduzieren, muß erst einmal das Bedürfnis da sein, die alten Mechanismen abzuschaffen.» (Marcuse 1967/1980: 38) Nicht nur um Möglichkeiten zu sehen, sondern auch um ein Bedürfnis danach zu haben, ist Utopiebewusstsein notwendig. Dies erfordert «Arbeit an der Entwicklung des Bewußtseins» (ebd: 27). Es komme alles darauf an, «den Menschen freizulegen und zu befreien, der die Revolution will» (ebd.), es geht um die «Neubestimmung der Bedürfnisse» (Schriften, 7: 256). Klassischer Marxismus dachte den neuen Menschen als Resultat einer neuen Gesellschaft. Nun bedarf es zuvor der Selbst-Veränderung der Menschen, der Hervorbringung kritik- und utopiefähiger Subjekte. Wenn Marcuse davon spricht, diese seien «freizulegen», muss eine Anlage bestehen.

Mit der Frage nach einer solchen Anlage hat Marcuse sich schon 1955 in seiner Auseinandersetzung mit Sigmund Freud beschäftigt. Er knüpft an dessen späte Trieblehre an, die Lebenstrieb und Todestrieb, Eros und Thanatos unterscheidet (Schriften 5: 30). Beide Triebe, sowohl der zu Lustgewinn, Sexualität und Verbindung als auch der zum Nichts, zu Tod und Aggression, werden kulturell sublimiert und kanalisiert. So wird Eros «bei den meisten Kulturen in die Kanäle monogamer Institutionen geleitet» (ebd.: 42), um das Lustprinzip für Fortpflanzung und Familie einzuspannen. Ebenso erfolgt die «Umformung des Todestriebes in gesellschaftlich nützliche Aggression und Moral» (ebd.: 122). Diese Kulturleistung begründet für Freud den permanenten Konflikt, in dem wir Menschen stehen. Unser Ich muss vermitteln zwischen Lust- und Realitätsprinzip, zwischen angeborenem Trieb und erworbener Moral. Es hat daher für Freud eine besondere Stellung innerhalb der Psyche. «Man sieht, daß Es und Über-Ich bei all ihrer fundamentalen Verschiedenheit die eine Übereinstimmung zeigen, daß sie die Einflüsse der Vergangenheit repräsentieren, das Es den der ererbten, das Über-Ich im wesentlichen den der von anderen übernommenen.» (Freud 1938/1970: 11) Repräsentiert Es Trieb und Natur, so Über-Ich Triebverzicht in der Kultur. Mit dem Über-Ich, das zu Freuds Zeiten überwiegend in Auseinandersetzung mit den Eltern erworben wurde, gelangen auch deren «Neigungen und Anforderungen des sozialen Zustands, in dem sie leben, die Anlagen und Traditionen» in die junge Psyche (Freud 1938/1970: 60). Sinn von Kultur ist es, das Überleben in einer feindlichen Umwelt zu ermöglichen, wofür beide Grundtriebe, der Verbindungs- wie der Aggressionstrieb, kulturell mobilisiert werden. Vorausgesetzt ist, wie Marcuse zeigt, die «Ananke», der «Kampf ums Dasein» (Schriften 5: 122), der von Natur kommend in Gesellschaft fortwirkt. Dieser Kampf mit der Realität ist für Freud unvermeidliches Unglück. «Was man im strengen Sinne Glück heißt, entspringt der eher plötzlichen Befriedigung hoch aufgestauter Bedürfnisse und ist seiner Natur nach nur als episodisches Phänomen möglich.» (Freud 1930/1970: 75)

Eros und Thanatos haben bei Freud Nahziele. Eros richtet sich auf ein Lustobjekt oder wird auf zu schaffende Werke umgelenkt. Thanatos richtet sich autoaggressiv gegen das Subjekt, aggressiv gegen Objekte und Subjekte, mit Erlaubnis der normierenden Kultur gegen Feinde (vgl. Freud 1938/1970: 13). Marcuse will nun die Energie des Eros nicht nur auf gesamtgesellschaftliche Beziehungen ausdehnen, sondern sogar auf das fernste utopische Ziel, auf die «Idee einer Kultur, die aus freien libidinösen Bindungen erwächst und von ihnen getragen wird» (Schriften 5: 178). Diese Eros-Utopie setzt ein Ende der Konkurrenz und die Schwächung des Thanatos voraus. Todestrieb und Aggression deutet Marcuse als «unbewußte Flucht vor Schmerz und Mangel» (ebd.: 33), die die Anstrengungen des Lebens mit sich bringen, zugleich aber auch als eine «Energie für die beständige Veränderung, Beherrschung und Ausnützung der Natur zugunsten der Menschheit. Der Mensch, indem er Dinge, Tiere (und zeitweise auch Menschen) angreift, zerlegt, verändert, pulverisiert, dehnt seine Herrschaft über die Welt aus.» (ebd.: 51) Selbst Revolutionen müssen diese Energien entfesseln.

Freud lässt den Todestrieb im Biologischen beginnen (vgl. ebd. 119). Lebensnot mache nicht nur lebensmüde, sondern auch aggressiv. Kultur beruht daher auf der bindenden Kraft des Eros, der Thanatos in seinen Dienst nimmt. Bisherige Kultur erhöht die Spannungen des Lebens zusätzlich. Gegen die darin beschlossene Aggression steht die Utopie einer befriedeten Kultur. Bisherige Kultur erbrachte Bedürfnisbefriedung als Nebenprodukt der Herrschaft, mit den befreienden Optionen haben auch ihre zerstörenden Potentiale zugenommen. Um dem zu begegnen, unterscheidet Marcuse zwischen «Unterdrückung und zusätzlicher Unterdrückung» (ebd.: 192). Selbstbeherrschung, die in Jahrtausenden notwendig war, um qua Kultur das Überleben in der Natur zu sichern, werde heute zur zusätzlichen Unterdrückung, die abgebaut werden könnte. «Quantitative Abnahme der Arbeitszeit», wie sie auf dieser Kulturstufe technisch möglich ist, führe schließlich zur «qualitativen Wandlung im menschlichen Dasein […] – des freien Spiels der individuellen Fähigkeiten» (ebd.: 190), die in freier Assoziation, qua attraktiver Arbeit, den Bedarf befriedigen.

Zwar nimmt Marcuse nicht an, dass die Notwendigkeit der Auseinandersetzung mit Natur wegfallen könnte, entfallen könnte aber sehr wohl der kulturell bedingte Konkurrenzkampf. «In dem Maße, in dem der Kampf ums Dasein der freien Entwicklung und Erfüllung individueller Bedürfnisse zu dienen beginnt, weicht die repressive Vernunft einer neuen Vernünftigkeit der Befriedigung, in der Vernunft und Glück zusammentreffen.» (ebd.: 191) Bestimmt Freud Eros als den Trieb, «immer größere Einheiten herzustellen und so zu erhalten, also Bindung» (Freud 1938/1970: 12), so hätte Utopie den Eros auf ihrer Seite. Glück wäre nicht mehr nur kurzfristige Ent-Sublimierung des Sexualtriebs, sondern auch «Selbst-Sublimierung in dauerhafte und erweiterte Beziehungen» (Schriften 5: 190). Austausch mit Natur und anderen Menschen bliebe auch in der Utopie eine Frage von Sublimierung, der Umlenkung von Triebenergie in Arbeit, Politik, Kunst, und Liebe. Marcuse begeistert sich für den Eros als den freizulegenden Verbündeten der Utopie im psychischen Unterbau: Eros bietet keine Garantie, aber die Möglichkeit für Bedürfnisse, die der Utopie entsprächen.

Wo Horkheimer und Adorno mit Hilfe der Psychoanalyse Antisemitismus und Nationalsozialismus erklärten, setzt Marcuse auf die durch sie benennbaren Möglichkeiten. «Der biologische Trieb wird zum kulturellen Antrieb.» (ebd.: 181) Er vollzieht hier also eine grundlegende theoretische Wende. «Antisemitismus beruht auf falscher Projektion» (GS 3: 211), heißt es in der «Dialektik der Aufklärung». «Regungen, die vom Subjekt als dessen eigene nicht durchgelassen werden und ihm doch eigen sind, werden dem Objekt zugeschrieben: dem prospektiven Opfer.» (ebd.) Das heimliche Bedürfnis nach Glück ohne Arbeit, das unter dem Kapital nicht erfüllt werden kann, wird bei Juden als erfüllt unterstellt, diese werden dafür gehasst. Eigene gebändigte Aggression wird zur Aggression der eingebildeten Weltverschwörung. «Unter dem Druck des Über-Ichs projiziert das Ich die vom Es ausgehenden, durch ihre Stärke ihm selbst gefährlichen Aggressionsgelüste, als böse Intentionen in die Außenwelt.» (GS 3: 217) Das Gefühl, von unheimlichen Mächten bedroht zu sein, ist den AntisemitInnen stets eigentümlich. Nationalsozialismus beruht daher keineswegs nur auf strikter Lenkung, die VolksgenossInnen sind bis in ihre Triebstruktur hinein Bestandteil der Bewegung. «Sie werden alles für diese Sache tun und sie brauchen keinen Plan.» (Marcuse 1941/1998: 101) Gegen Antisemitismus, als vom Unbehagen in der Kultur beförderte Projektion des Thanatos, sieht Marcuse den Lebenstrieb Eros als Grundlage einer sozialistischen Alternative.

Bedingung dafür wäre wohl eine Minderung des Drucks der Kultur im Sozialismus. 1958, in seiner Studie zum Staatssozialismus, zeigt Marcuse auf, dass dieser den Druck noch erhöhte. «Industrialisierung in dem rückständigen Staat des bolschewistischen Rußland» (Schriften 6: 223), erfordert die selben Versagungen, die die Industrialisierung im Westen früher erforderte.

«Die individuellen Bedürfnisse und Wünsche werden diszipliniert; Versagung und harte Arbeit sind der Weg zum Heil.» (ebd.: 222) Von Befriedung kann hier gar keine Rede sein. Hatte Bloch den autoritären Charakter des Staatssozialismus auch aus einem fehlenden Erbe an naturrechtlicher, liberaler, menschenrechtlicher Tradition erklärt, so sieht Marcuse den Aufbau autoritärer Staatswirtschaft als Folge der nachholenden Industrialisierung in Russland.

«Solange der Staat eine von außen auferlegte, unabhängige Macht bleibt, können sich die persönlichen Beziehungen nicht in eine res publica auflösen, ohne nach den repressiven Bedürfnissen des Staates umgewandelt zu werden.» (ebd.: 232) Bürokratie, die als Notwendigkeit gilt, entwickelt hier ihre Eigeninteressen (vgl. ebd.: 165). Gerechtfertigt wird sie als Mittel zum Zweck, wie etwa bei Stalin: «Höchste Entwicklung der Staatsmacht zur Vorbereitung der Bedingungen für das Absterben der Staatsmacht» (Stalin, zit. n.: ebd.: 106). Der Übergangsstaat, dessen Perfidie darin besteht, dass er sich ideologisch auf die Zielutopie berief, die er selbst beständig verriet, verfiel nicht einfach, sondern erstarrte im Übergang. Marcuse kritisiert seinerseits die staatssozialistischen Mittel vom angegebenen Zweck her. «Ohne die Initiative und Kontrolle ‹von unten› durch die ‹unmittelbaren Produzenten› ist Verstaatlichung bloß ein technisch-politisches Mittel, die Arbeitsproduktivität zu erhöhen, die Entwicklung der Produktivkräfte zu beschleunigen und sie von oben zu kontrollieren (zentrale Planung) – mehr ein Wechsel in der Herrschaftsweise, eine Modernisierung der Herrschaft, als eine Voraussetzung sie abzuschaffen.» (Marcuse 2004a: 90)

Utopie ergibt sich auch in diesem Fall aus der bestimmten Negation der herrschenden Praxis. Verstaatlichung ist noch keine Vergesellschaftung, die assoziierten Bedürfnissen entspräche. Der Konflikt zwischen den IdeologInnen des Staatssozialismus und Marcuse ist beidseitig. «Mit keinem anderen politischen Autor hat sich die sowjetische Publizistik so ausgiebig beschäftigt wie mit Herbert Marcuse.» (Mehnert 1973: 61)

Klaus Mehnert zitiert einen gewissen Batalow, der am intensivsten gegen Marcuse polemisiert. «Eine legale Kommunistische Partei ist unter den Bedingungen eines kapitalistischen Staates ebenso in die widerspruchsvolle politische Organisation der Gesellschaft und den gesellschaftlichen Überbau ‹integriert›, wie die Arbeiterklasse in die kapitalistische Basis ‹integriert› ist.» (Batalow, zit. n.ebd.: 70) Partei und Klasse müssten sich auf Parlament und Gewerkschaft besinnen, statt sich zu verweigern. «Marcuse bleibt in den Grenzen eines linksradikalen und utopischen Sozialismus» (Batalow u.a. zit. n. ebd.: 71) – und macht damit sogar Schule.

So folgert Rudi Dutschke aus der Situation der Integration, dass eben weil «eine völlig neue Welt uns total verweigert wird […] die Notwendigkeit der totalen Opposition» vorliegt (Dutschke 1967/1980: 102). Die Motivation zur Verweigerung ist die Utopie. Marcuse verweist darauf, Rudi Dutschke habe «die Strategie des langen Marsches durch die Institutionen vorgeschlagen. Sie besteht darin, gegen die etablierten Institutionen zu arbeiten, während man in ihnen arbeitet […]. Der lange Marsch schließt die gemeinsame Anstrengung ein, Gegeninstitutionen aufzubauen.» (Schriften 9a: 60) Anders als die Grünen, die mit ihrem Marsch ins Parlament das System teilweise (un)freiwillig modernisierten, dachten Dutschke und Marcuse ihn als Unterwanderung, als subversiv-zersetzende Tätigkeit. Verliert der «Maulwurf» der Subversion die Orientierung, helfen «Basisgruppen» (Schriften 9b: 154) und Utopien. «Moralische und ästhetische Bedürfnisse werden zu grundlegenden Bedürfnissen und verlangen nach neuen Beziehungen zwischen den Geschlechtern, den Generationen […] und der Natur.» (Schriften 9a: 25) Frauen-, Jugend- und Umweltbewegung sind ihre Artikulation. Die Frauenbewegung betrachtet Marcuse als die «potentiell radikalste politische Bewegung» (Schriften 9c: 131) – trotz der Zwickmühle von utopischer Artikulation und politischer Integration. Ist nämlich die Zielvorstellung des radikalen Feminismus eine «Gesellschaft, in der die bestehende Dichotomie Mann-Frau in den neuen sozialen und personellen Beziehungen überwunden ist» (ebd.: 133), so sei auch «Gleichberechtigung im Rahmen des Kapitalismus» (ebd.) ein mögliches Ergebnis. Die grundlegende Aufspaltung der Gesellschaft wird aber durch die zu erkämpfende Integration der Frauen nicht behoben. «Während die Frauen [...] in zunehmendem Maße in den materiellen Produktionsprozeß eingegliedert wurden (ungleiche Gleichheit der Ausbeutung), sollen sie zugleich all jene Qualitäten verkörpern, die sich in der kapitalistischen Arbeitswelt nicht entfalten können.» (Schriften 9d: 169) In jüngerer Zeit hat die Theoretikerin Roswitha Scholz dies als eine «Abspaltung des Weiblichen» bezeichnet, die sowohl die «materielle als auch die kulturell-symbolische, aber auch die sozialpsychologische Ebene» betreffe, «wobei bestimmte weiblich konnotierte Eigenschaften wie Sinnlichkeit, Emotionalität usw. der Frau zugeschrieben werden» (Scholz 2000: 8f.). Wo Scholz Zuschreibungen kritisiert, redet Marcuse von «femininen Qualitäten: Rezeptivität, Sensitivität, Gewaltlosigkeit, Zärtlichkeit usw.» (Schriften 9c: 134). Marcuse weiß, dass diese historisch aufgezwungen sind, sieht hier aber Potential. «Fusion der Qualitäten, die in der patriarchalischen Zivilisation bei Männern und Frauen ungleichmäßig entwickelt waren, einer Fusion, in der feminine Charakteristika sich mit der Aufhebung der männlichen Vorherrschaft frei entfalten.» (Schriften 9c: 141)

Marcuse sucht, wie dieses Beispiel zeigt, Anknüpfungspunkte in einer Situation, in der es ausdrücklich «noch nicht um die sozialistische Revolution geht, sondern um deren Vorbereitung» (Schriften 9b: 156). Marcuse wendet sich damit indirekt auch gegen die Großmäuligkeit einer radikalen Linken, die keine Massenbewegung ist, sich überwiegend auf studentische Intelligenz und Randgruppen stützt, aber unverblümt von der Revolution redet. Mag diese in der Peripherie des globalen Kapitalismus tatsächlich auf der Tagesordnung gestanden haben, so war sie in den Metropolen nicht absehbar. Weder in veralteten Parolen der Revolution, noch in modernen Phrasen der Reform kann sich der Protest adäquat artikulieren. «Die Protestbewegung muß also ihre eigene, von der des Establishments unterschiedene Sprache entwickeln, die zugleich verständlich sein muß.» (Marcuse 1999: 78)

Verständlich wäre diese Sprache, wenn sie auftretende neue Bedürfnisse utopisch und kritisch artikuliert. Sie bildet sich in Protesten gegen die etablierte Gesellschaft. Gegenstand von Protest, in breiten Bündnissen, kann laut Marcuse sein: «Intensivierte Ausbeutung der Arbeitskraft», «Verletzung der Bürgerrechte» und der «Rassismus» (Schriften 9d: 167).

Ziel der Organisierung wäre jeweils die Desintegration der ArbeiterInnenklasse aus dem Kapitalismus, die Verbindung mit liberaler Intelligenz und Frauenbewegung, die Politisierung unterprivilegierter Randgruppen. Das zu lösende Problem ist der Widerspruch zwischen vorliegenden objektiven Möglichkeiten und einer ausstehenden revolutionären Subjektivität. Auch dies ist eine Frage der Sprache. «Je mehr die umfassenden ‹utopischen› Ziele des Sozialismus als konkret-geschichtliche Ziele erscheinen, desto stärker sind sie dem etablierten Universum des Diskurses entfremdet.» (Schriften 9a: 43) Nicht nur die Senkung der Arbeitszeit wäre möglich, auch ein Ende der entfremdeten Arbeit, aber die Lohnarbeit wird ideologisch als sinnstiftend angesprochen. «Mit dem Einfluß dieser Sprache wäre auch die Macht des ‹falschen Bewußtseins› gebrochen, träten das Bedürfnis nach Befreiung und die Wege, die zu diesem Ziel führen, ins Bewußtsein.» (ebd.) Negation herrschender Ideologie durch politische Aufklärung wäre Grundlage für eine neue Konkretion politischer Utopien, die als Artikulation von Bedürfnissen zur Motivation von Bewegungen taugen.

Als eine Bewegung, die auch von ihrem utopischen Bewusstsein getragen wird, hätte sie mit der Eindimensionalität des industriellen Spätkapitalismus zu brechen, denn es ist das «Muster eindimensionalen Denkens und Verhaltens, worin Ideen, Bestrebungen und Ziele, die ihrem Inhalt nach das bestehende Universum von Sprache und Handeln transzendieren, entweder abgewehrt oder zu Begriffen dieses Universums herabgesetzt werden» (Schriften 7: 32). Eindimensionales Bewusstsein kennt Fortschritt nur als ein Fortschreiten des Bestehenden. Utopisches Bewusstsein zielt auf eine «Änderung der Richtung des Fortschritts» (ebd.: 181), hin zu einem qualitativ anderen Leben. Kann Utopie als Form des Denkens sich nur in Sprache ausdrücken, so ist deren Eindimensionalität eine harte Blockade, wenn der Unterschied von Sein und Sollen kaum noch ausgedrückt werden kann (vgl. ebd.: 116). Wo Ideologie nicht einmal mehr eine Idealisierung des Bestehenden darstellt, sondern nur noch den «glaubenslosen Glauben» (Adorno, zit. n. ebd.: 138) an das Bestehende, bloß weil es besteht, hilft nur radikale Negation: «Das, was ist, kann nicht wahr sein.» (Bloch zit. n. ebd.) Unwahr, so Bloch, ist also das Bestehende, aber nur dann, so Adorno, wenn es nicht alles ist. «Nur wenn, was ist, sich ändern lässt, ist das, was ist, nicht alles» (GS 6: 391).

Mit seinen Genossen vermutet Marcuse Widerstandskraft gegen Eindimensionalität in Kunst. «Der entscheidende Unterschied ist […] der zwischen der künstlerischen und der gesellschaftlichen Wirklichkeit. Der Bruch mit der letzteren, ihr magisches oder rationales Überschreiten, ist eine wesentliche Qualität.» (Schriften 7: 83) Sofern Kunst aus dem Bestehenden Neues entstehen lassen kann, ist sie das Vorbild auch der politischen Utopie. Marcuses kategorischer Imperativ zum Utopischen, den er hinterlassen hat, hat viele Quellen: Die Utopie steckt als Konkretion in den technischen Möglichkeiten der ökonomischen Basis, die Utopie steckt als Intention im psychischen Unterbau und im Potential des verbindenden Eros, die Utopie steckt im kulturellen Überbau, in der Kunst, als Negation der Eindimensionalität. Sind Menschen ideologisch aufs Bestehende vereidigt, psychologisch daran gebunden und ökonomisch darin integriert, ist die Entwicklung der Bedürfnisse geschwächt, deren Artikulation Utopie wäre. Daran ist die Neue Linke gescheitert. Sie wurde re-integriert und, wie Marcuse 1975 schreibt, «vom Establishment vereinnahmt oder offen unterdrückt, zum Teil zerstörte sie sich selbst dadurch, daß sie keine angemessenen Organisationsformen entwickelte, daß ein innerer Spaltungsprozeß um sich griff, der einherging mit […] narzißtischer Selbstüberschätzung» (Schriften 9d: 161). Die Geduld, welche die Distanz zur Utopie erfordert, fehlte wohl letztendlich. Sofern neue Bedürfnisse artikuliert werden konnten, konnten sie zumeist integriert werden. Marcuse verteidigt die Parole «Die Phantasie an die Macht», die er im Mai 1968 in Paris las und wehrt Vorwürfe der Unwissenschaftlichkeit ab, wofür er sogar die mathematische Geisteswissenschaft als Beispiel in den Dienst nimmt. «Der wissenschaftliche Charakter der Phantasie ist sein langem in der Mathematik anerkannt.» (Schriften 7: 260) Vorstellungskraft gilt ihm als Produktivkraft. Exakte Phantasie, mehr konkrete Utopie wäre nötig gewesen. Immerhin wurde das Geschichtszeichen von 1968, «der ersten machtvollen Rebellion gegen das Ganze der bestehenden Gesellschaft, der Rebellion für die totale Umwertung der Werte, für qualitativ andere Lebensweisen» (Schriften 8: 260), zum Höhepunkt der Renaissance der Utopie. Die Praxis der Revolte und der nachfolgenden Neuen Sozialen Bewegungen beeinflusst die Theorie der Utopie nachhaltig.

4.2 Utopisches Bewusstsein der Neuen Linken und Neue Soziale Bewegungen

Im Gefolge der Theorien von vor allem Adorno, Bloch und Marcuse belebt sich in den 1960ern das politische und theoretische Interesse an Utopie in Deutschland. Zahlreiche Publikationen erscheinen, deren Tendenz hier nur ganz exemplarisch erläutert werden kann. Die Unterscheidung zwischen fiktionalen und intentionalen Utopien setzt sich durch. Erstere nennt der Philosoph Robert Heiss 1973 naive Utopien, denn die Idee, «die in den naiven Utopien nicht entwickelt wird, ist die der Revolution» (Heiss 1973: 9). Deutlich wird, dass Heiss utopisches Denken historisch untersucht. «Jetzt, am Ende einer über vierhundert Jahre dauernden Phase des utopischen Denkens, wird deutlich, daß die Komponente des kritischen Denkens die bedeutsamste Rolle in der Entwicklung der Utopien zur Realität übernommen hat.» (ebd.: 43)

Grundsätzlich ist «jede Utopie Kind ihrer Zeit» (ebd.: 37), aber nichtsdestotrotz gibt es eine Tendenz, die immer wieder «Zurück nach Paris» führt. Der allererste Zukunftsroman von Mercier führt ins Paris des Jahres 2440. «Die entscheidende Wandlung aber erfährt die Utopie mit der französischen Revolution, als sie sich zum ersten mal verwirklichen will.» (ebd.: 144) Fourier entwirft in Paris seine große Utopie, die neben der bürgerlichen Philosophie, Ökonomie und Revolution zur Quelle für Marx' Theorie wird. 1871 wirkt Utopisches in der Kommune von Paris (vgl. ebd.: 33), 1968 im Pariser Mai. Letzterer ist für Heiss das Fanal eines dritten Marxismus. Der erste ist jener der Sozialdemokratie zwischen 1869 und 1914, der zweite der Lenins und Maos (1917, 1949). «Völlig unvermutet und plötzlich aber erscheint in unseren Tagen ein neuer und dritter Marxismus.» (ebd.: 140). Marcuse der im Mai 1968 in Paris war, wird sein Sprecher. «In einer Kombination von Freud und Marx, die wohl keiner von ihnen sich hätte träumen lassen und in einer Auslegung, die Freud umstülpt, entsteht jetzt eine strahlende, phantasiereiche und spekulative Utopie. […] Das utopische Versprechen lautet dann: die Aufhebung der Repression, die Umformung der entfremdeten Arbeit in Spiel und lustvoll betonte Arbeit.» (ebd.: 142) Was Heiss in seinem Utopiebuch, ein Jahr vor seinem Tod 1974, interessiert, sind deren Perspektiven. «Zuerst kommt diese Bewegung nicht aus der Arbeiterschaft, sie ist eine Bewegung der jungen Intellektuellen aller Welt. Sie will sich wohl mit der Arbeiterbewegung und dem revolutionären Sozialismus identifizieren» (ebd. 143), stößt aber auf allseitiges Misstrauen. Sicher «geht ein Teil der Jugendrevolution in dem orthodoxen Marxismus auf und wird sehr schnell aufgesogen werden. Der übrig bleibende Rest hat dann auf jeden Fall die unaufhaltsam weiter treibende Idee der Emanzipation und Revolution für sich.» (ebd.: 144)

Neben sich politisierenden unterprivilegierten Randgruppen sind es die Massenuniversitäten, die so etwas wie eine studentische Revolte überhaupt denkbar machen. Hellsichtig erkennt Heiss den schnell einsetzenden Verfall dieses utopisch aufgeladenen Marxismus. Der Sozialistische Deutsche Studentenbund (SDS) löst sich schon 1970 in sektenhafte kommunistische Gruppen (K-Gruppen) auf, die sich als Parteiaufbauorganisationen sehen. Rudi Dutschke spricht angesichts der Versuche Kaderparteien aufzubauen von einer «Anti-Marcuse-Welle» (Dutschke, zit. n. Benicke 2010: 90).

Auf die Auflösung des SDS folgt 1972 die Auflösung der Situationistischen Internationale (SI) in Frankreich durch Guy Debord, die seit den 1950ern für die Entstehung der Neuen Linken in Frankreich prägend war, wie Biene Baumeister Zwi Negator in ihrem Buch in dieser Reihe aufzeigen (vgl. Baumeister, Negator 2005). Für die SI war die «Suche nach einer neuen Lebensweise», einer neuen «Vorstellung vom Glück», Programm (Debord 1959/1995: 17): Herstellung von Situationen als Vor-Schein der Utopie (vgl. 1959/1995: 71). Mit Fourier forderte sie die Abschaffung der Langeweile, attraktive Arbeit, das Leben als Spiel und neue Leidenschaften (Pinot Gallizio 1959/1995: 75ff.). Im Kontrast zu den überschaubaren Insel- und Siedlungsutopien geht die SI von den dynamischen Qualitäten der modernen Großstädte aus. «In den alten Vierteln sind die Straßen zu Autobahnen geworden, während die Freizeitbeschäftigungen durch den Tourismus kommerzialisiert und entstellt werden. Dort werden soziale Beziehungen unmöglich [...] Die von uns geplanten Städte bieten auf diesem Gebiet ein noch nie dagewesenes Variationsspektrum von Eindrücken [...] Die zukünftige Stadt soll als eine kontinuierliche Tragpfeilerkonstruktion oder als ein ausgedehntes System verschiedener Konstruktionen verstanden werden [...] Regelmäßig und bewußt werden die

Umgebungen mit Hilfe aller technischen Mittel [...] verändert.» (Constant 1959/1995: 80ff.) Diese Entwürfe für «eine andere Stadt für ein anderes Leben» (ebd.: 80), sind im besten Sinne des Wortes utopisch. Probleme der bestehenden Gesellschaft, wie Verkehr und Kommerzialisierung, sind der Ausgangspunkt dieser kritischen Negation, die sich utopisch mit der Konkretion bestehender Möglichkeiten und Chancen verbindet. Das Postulat einer permanenten Veränderbarkeit der Stadt ist Artikulation von Gestaltungsbedürfnissen. Aber der kurze Sommer der Utopie hält nicht allzu lange vor.

In der BRD ist die Abkehr vom utopischen Denken zunächst eine Abkehr von den Lehrern. Adorno gesteht der Studierendenbewegung, in einem Brief an Marcuse, durchaus zu, sie habe «den glatten Übergang zur total verwalteten Welt unterbrochen. Aber es ist ihr ein Quentchen Wahn beigemischt.» (Adorno, zit. n. Benicke 2010: 42) Wahnhaft ist weniger ihre Utopie, als vielmehr die ungeduldige Annahme einer in Kürze anstehenden Verwirklichung des Neuen. Adorno, der wie Lenin zu Geduld und Theorie mahnt, muss sich gegen Vorwürfe verwahren. Er beharrt darauf, kritische Theorie und politische Praxis mit utopischer Geduld zu trennen. «Ich möchte damit sagen, daß ich mich keineswegs praktischer Konsequenzen verschließe, wenn sie mir selber durchsichtig sind [...] Ich habe an Kundgebungen gegen die Notstandsgesetze teilgenommen, und ich habe im Bereich der Strafrechtsreform getan, was ich konnte.» (GS 20.1: 406) Ob solche Reformen Schritte zur Utopie einer Welt ohne Knäste oder Ausdruck der Defensive sind, sei dahingestellt. Große Teile der Neuen Linken entschieden sich jedenfalls gegen Dutschkes subversiven Marsch durch die Institutionen und für Maos langen Marsch als Vorbild. «Die einzige bedeutendere Organisation, die die kritisch-theoretische Tradition der antiautoritären Revolte weiterzuführen versucht, ist das (bezeichnenderweise in der Nähe von Frankfurt ansässige) Sozialistische Büro (SB). Hier finden sich unter anderem Oskar Negt und, nach seiner Genesung, auch Dutschke wieder. Die politische Theorie dagegen, die nun die größte Attraktion entfalten wird, ist der Maoismus.» (Benicke 2010: 87)

Selbstaufklärung und Gesellschaftsveränderung, die Marcuse zusammen dachte, trennen sich. Heiss beobachtet den Zerfall des kritisch-utopisch-politischen Bewusstseins. «Ohne Zweifel lebt bei uns die utopische Idee einer Weltrevolution weiter.»

(Heiss 1973: 155). Daneben steht nun aber die «Wendung nach innen, zum Menschen selbst und zur Arbeit an ihm» (ebd.: 156). Alternative Gruppen suchen Veränderrung im Kleinen, K-Gruppen begeben sich in die Pose großer Revolution, Marcuse wird verworfen. Findet 1970 noch eine an Marcuse orientierte Randgruppenkonferenz statt (vgl. Benicke: 95), so richtet sich die Propaganda der ersten marxistisch-leninistischen Gruppen bald schon gegen die «offensichtlich bürgerlichen Ideologien wie Marcuse» (zit. n. ebd.: 93). «Insgesamt wird davon ausgegangen, daß in den siebziger Jahren zwischen 100.000 und 150.000 Personen den K-Gruppen angehört haben.» (ebd.: 122) Die Auseinandersetzung mit deutscher Vergangenheit, mit Antisemitismus und Nationalsozialismus der Elterngeneration, wird abgebrochen. Kritische Theorie und Utopie als Gegen-Bild werden ersetzt durch China als ideologisches Vorbild. «Gleichzeitig entstehen Mitte der siebziger Jahre mit den ersten Umweltprotesten die sog. ‹Neuen Sozialen Bewegungen›, die sich auch auf die Erfahrungen der antiautoritären Studentenbewegung berufen.» (Benicke: 195) In den 1980er Jahren finden Leute aus den zerfallenden K-Gruppen und Bewegungslinke, die bis dahin das utopische Moment stärker bewahrten, in der neuen Partei «Die Grünen» wieder zusammen (vgl. ebd. 185) und die Renaissance der Utopie endet im politischen Pragmatismus. Diese Entwicklung ist in den 1960er und 1970er Jahren aber noch keineswegs ausgemacht.

Exemplarisch steht für den Studenten und Autor Wolfgang Sofsky 1971 nicht das «Aufwärmen historischer Fossilien» des Leninismus an, sondern die «Rekonstruktion des utopischen Elements», wie sie von Marcuse begonnen wurde (Sofsky: 83). Auch der SDS-Sprecher Hans-Jürgen Krahl notiert vor seinem Unfalltod 1970: «Es gilt in Opposition zum bestehenden Wissenschaftsbetrieb die Begriffe konkreter Utopien allererst zu rekonstuieren.» (Krahl: 344) Wollen die K-Gruppen das selbstvergessene Proletariat über seine wahren Interessen aufklären, so hält Sofsky dagegen: «Klassenbewußtsein richtet sich nach den Zielen einer kommunistischen Gesellschaft, wäre daher tendenziell zu ersetzen durch einen Begriff, der von objektivistischen Resten geläutert ist: gemeinsames Bewußtsein, daß die konkrete Utopie realisiert werden muß. Damit erhält die Utopie den wesentlichen Stellenwert zur Entwicklung eines solchen Bewußtseins.» (Sofsky: 18) Sofsky bezieht sich, neben Marcuse, auf Blochs konkrete Utopie und auf Henri Lefebvres Kritik des Alltagslebens. Utopische Elemente sind in tatsächlichen Kämpfen aufzuspüren. «Auszugehen ist vom Bewußtsein derer, die noch am ehesten an Veränderung interessiert zu sein scheinen, von den tatsächlichen Kämpfen, die bereits Elemente der Utopie hervorbringen.» (Sofsky: 16) Der 19jährige Wolfgang Sofsky erweist sich als Schüler der alten Utopietheoretiker und als Verteidiger seiner Lehrer zugleich. «Angesichts der Wiedergeburt einiger intellektueller Kaderparteien», deren studentische Kader sich wohl schon als sozialistische Kader ihres neuen Staates träumten, ist Utopie zu verteidigen als «Zielpunkt einer praktischen Bewegung der Emanzipation» (ebd.: 56). Dabei ist er durchaus optimistisch.

Wie für Otto Rühle, der den Mut zur Utopie gefordert hatte, ist auch für Wolfgang Sofsky «das Rätesystem die Antizipation der konkreten Utopie» (Sofsky: 65). Konkret sei diese Utopie, weil Ermöglichungsbedingungen aufzeigbar wären. Demokratischer Sozialismus werde als Cybersozialismus durch moderne Informationstechnik möglich. «Durch die Eingabe der Randbedingungen und Zielparameter ist die Ausgabe von Zeichnungen, Stücklisten, Arbeitsplänen und Materialkarten durch EDV-Anlagen garantiert. Eine flexible sozialistische Programmierung müßte über die kollektive Diskussion und Beschlußfassung der an der Produktion Beteiligten laufen» (Sofsky: 78). Anders als bolschewistische Planwirtschaft ohne Rückkopplung an die Bedürfnisse der Bevölkerung, aber auch im Gegensatz zu anarchistischer Bescheidung mit lokalen Wirtschaftskreisen, wäre sozialistische Demokratie digital und demokratischer Sozialismus bedarfsorientiert. Die Machtposition der Bürokratie werde durch die computergestützte Transparenz, die Sofsky noch vor der Etablierung des Internets antizipiert hat, in einer digitalen Demokratie überflüssig.

Sollen derlei konkrete Utopien zu der Überprüfung gelangen, auf die sie es abgesehen haben, müssten sie bereits als Vorschläge und Denkfiguren anerkannt sein. Einen wichtigen Beitrag dazu leistet 1968 auch Arnhelm Neusüss mit seinem Buch «Utopie». Er verweist auf die Leistungen von Landauer, Bloch und Mannheim als Theoretiker der Utopie (Neusüss 1968/1996: 23) und schließt sich an die Überlegungen der Kritischen Theorie an. «Nicht in der positiven Bestimmung dessen, was sie will, sondern in der Negation dessen, was sie nicht will, konkretisiert sich die utopische Intention am genauesten.» (ebd.: 33) In solchen theoretischen Arbeiten erweist sich die Renaissance der Utopie, neben dem Lebensgefühl, als Festhalten und Verbreiten der Rehabilitation aus der ersten Jahrhunderthälfte. Die Etablierung eines dritten Utopiebegriffs, der politischen Utopie, wird massiv forciert und aktualisiert. «Tatsächlich drückt sich utopisches Denken, wie das Beispiel Marcuses zeigt, auf seiner Höhe heute nicht mehr in Romanen aus; es hat längst Eingang gefunden in ein theoretisch artikuliertes Bewußtsein, das, über die naive Utopie von Morus bis Hertzka hinaus, unter Verzicht auf plastische Zukunftsvisionen die Möglichkeit einer Vermittlung von utopisch-kritischer Theorie und gesellschaftlicher Praxis reflektiert.» (ebd.: 90)

Theoretisch sind die Bücher von Neusüss (1968) und Sofsky (1971) Beispiele für eine Weiterentwicklung der Utopietheorie, die sich auch im internationalen Maßstab abbildet. Ältere Argumente und Funktionsbestimmungen werden wiederholt und präzisiert. Durchgesetzt hat sich die Historisierung von Utopien, wie sie Landauer vorgeschlagen hat. So schreibt 1961 der Niederländer Fred L. Polak. «Die Utopie ist immer historisch relativ. [...] In Form und Inhalt wandeln sich die Utopien mit der Geschichte. Wie die menschlichen Verhältnisse sich ändern, so ist auch die Natur des Erdachten einem Wandel unterworfen [...] Wie in einem voraneilenden Staffellauf dringt sie in die Zukunft, kehrt in die Gegenwart zurück, um die Fackel der nächsten wartenden Utopie zu übergeben.» (Polak: 365)

An Bloch erinnert die Bestimmung der Utopie als «Vortesten hypothetischer Möglichkeiten» (ebd.: 377), an Mannheim Utopie als Motivation «zum Willen zur Aktion» (ebd.: 367). Bereits die Fragestellung nach der Funktionalität von Utopie erkennt diese als relevant an. Im Sinne Horkheimers und Adornos führt Polak aus: «Die erste Funktion, die des Seinspessimismus, ist primär negativ», hier geht es um die bestimmte kritische Negation. «Die zweite Funktion, die des Willensoptimismus, sichert ihr ihre Stellung unter den positiven Bildern der Zukunft», hier geht es um die Intention zur sozialen Veränderung (ebd.: 368). Eher als Fackel, denn als Trägerin, setzt Utopie sich fort, wird an neue TrägerInnen weitergegeben.

Für den polnischen Philosophen Leszek Kolakowksi kann dies 1961 nur die Linke sein. Utopie ist «Werkzeug der Revolution» und Revolution ein «Kompromiß zwischen Utopie und historischer Wirklichkeit» (Kolakowksi 1961/1986: 425), denn sie erreicht ihre Ziele niemals vollständig. Utopie ist zunächst «Negierung» (ebd.: 426) und damit eine Sache der Linken. Die Linke ist «eine Bewegung, welche die vorgefundene Welt negiert» (ebd.: 427). Aus der Negation ergeben sich Zielsetzungen, die durch das Bestehende bedingt sind, aber zugleich zu den Erfolgsbedingungen der Linken gehören. «Unter Utopie verstehe ich jenen Zustand des sozialen Bewußtseins, der einer sozialen Bewegung entspricht, die auf radikale Veränderungen der menschlichen Gesellschaft hinzielt [...] Mit der Zeit jedoch wird die Utopie zum sozial aktualisierten Bewußtsein, d.h. sie dringt in das Bewußtsein der Massenbewegung ein und gehört zu ihren wesentlichen Triebkräften.» (ebd.: 428)

Mit den Bewegungen, in denen eine Utopie wirkt, verbindet sich die utopische Tradition. Auch Erfolge, die eine Utopie als Utopie durch Verwirklichung abzuschaffen vermögen, folgen auf Ketten von Niederlagen, die dann zum weiteren Antrieb werden (vgl. ebd.: 430). Dazu gehören auch die Niederlagen der eigenen Bewegung, das Scheitern von Hoffnungen, welches nur als Scheitern erinnert werden kann, wenn die Hoffnung nicht aufgegeben wird. Bezüglich der Situation in Polen wäre für Kolakowski schon Negation, «daß man Verbrechen nicht ‹Kommunismus› und Gangster nicht ‹Kommunisten› nennt», also Kritik, die dem Zeitgeist nach potentiell «zum Sieg der sozialistischen Demokratie führen» (ebd.: 439) sollte.

Eine Linke, die sich zur Bewahrung des Bestehenden entschließt, wird für ihn zur Rechten. Um aber das Bestehende nicht wollen zu können, muss die Veränderung gewollt werden. «Die Linke kann nicht auf die Utopie verzichten, denn die Utopie ist auch dann eine reale Kraft, wenn sie eine Utopie ist.» (Kolakowksi: 431) Sogar bei dem Dissidenten Kolakowski, der den Staatssozialismus in Polen kritisiert, steht die Utopie links. Ihr unabgegoltener Inhalt ist der demokratische Sozialismus als Option.

Vom Anfang der 1960er bis zum Ende der 1970er Jahre erstreckt sich ein Diskurs, der die Utopie des demokratischen Sozialismus gegen den autoritären Sozialismus in Stellung bringt. Der Philosoph Rudolf Bahro bringt diese Tendenz auf den Punkt: «Die Marxisten haben eine Abwehrhaltung gegen Utopie. Es war so mühsam, sich davon loszumachen, seinerzeit. Aber Utopie gewinnt jetzt eine neue Notwendigkeit.» (Bahro 1979: 299)

Nur wenn neue Bedürfnisse sich utopisch artikulieren können (vgl. ebd.: 302), ist Befreiung noch denkbar. 1968 ist Höhe- und Scheitelpunkt der Renaissance der Utopie, danach folgt ein erneuter Abstieg. Der Prager und Pariser Frühling werden niedergeschlagen, die Alte Welt beginnt ihre Restauration.

Aber die Bedeutung von Utopie hat sich nachhaltig verschoben. Sagt heute jemand, dass er oder sie eine Utopie habe, eine sozialistische, feministische, pazifistische oder ökologische, so wird nicht sogleich angenommen, er habe ein Buch erworben oder sie plane eine Siedlung. Utopie hat sich effektiv von ihren literarischen und frühsozialistischen Formen abgelöst. Dennoch erscheint sie im Alltagsbewusstsein höchstens als wünschbar, selten als machbar. Die tatsächlichen Revolten, wie z.B. in Prag oder Paris oder die der Schwarzen in den USA, wurden niedergeschlagen, die Kulturrevolution erwies sich bestenfalls als eine Kulturreform. Strömungen, die als utopisch galten, wie Pazifismus, Feminismus, sexuelle Selbstbestimmung, libertäre Pädagogik oder Ökologie bildeten eine Alternativkultur, die in ihren integrierbaren Teilen in die Alltagskultur übernommen werden konnte.

Dieser Integrationsprozeß ist dabei durchaus auch mit Absetzungsbewegungen zur Utopie verbunden, wie an der ökologischen Bewegung exemplarisch aufgezeigt werden kann. Dabei ist zunächst auch eine Rückkehr zu älteren Formen von Utopie zu beobachten. Nicht nur kehrt mit Ernest Callenbachs «Ökotopia» (1975) die literarische Utopie zurück, auch die frühsozialistische Utopie lebt in Form der Kommunebewegung wieder auf. «Menschen aus der Stadt gehen ‹aufs Land› und gründen dort ökologische und/oder anarchistische Gemeinschaften, die sich als ‹gelebte Utopie› und Keimzellen für die Gesellschaft von Morgen verstehen.» (d'Idler 1999: 81) Als Bewegung geht sie von den ‹Grenzen des Wachstums› aus und leistet Widerstand gegen Atomkraftwerke (vgl. ebd.: 83). Umfassende Utopie zerfällt wie die Protestbewegung in Teilutopien, wobei die ökologische Frage eine Fortschrittskritik birgt, die sich gegen utopisches Denken richten kann. Zunächst geschieht dies durchaus noch im Namen der Utopie. 1970 nennt der Theologe Georg Picht sein Buch «Mut zur Utopie», womit übrigens die Veröffentlichung des Manuskripts von Otto Rühle unter diesem Titel verunmöglicht wird. Picht ist allerdings vorsichtig, er bekennt sich zu keiner radikalen Utopie, sondern zur Anthropologie. «Leben vollzieht sich als Vorwegnahme von Zukunft.» (Picht 1970: 7) Ohne «Prognose und Planung» (ebd.: 8) könne die globale Gesellschaft ihre Herausforderungen nicht meistern. Grundlegend ist für ihn, «daß sich Wissenschaft nur die methodisch reflektierte, also die selbstkritische oder, wie man auch sagen könnte, die aufgeklärte Utopie erlauben sollte» (ebd.: 13). Dient Utopietheorie von links dazu, auch die Phänomene zu erfassen, die marxistische Wissenschaft verwirft, so bindet Picht die Utopie zurück an das Kriterium, wissenschaftlich seriös fundiert zu sein. Utopie meint bei ihm kein kämpferisches Bewusstsein, sondern eine Zukunftswissenschaft. Utopischer Optimismus weicht einer pessimistischen Gewissheit: «Es ist zwar möglich, aber es ist unwahrscheinlich, daß die Vernichtung des größeren Teils der Menschheit und aller bisherigen Formen der Kultur verhütet werden kann.» (Picht: 144) Picht argumentiert nicht utopisch, sondern konservativ. Ihm geht es nicht mehr darum, Glück und Vernunft zu versöhnen, sondern darum, «Katastrophen zu verhindern» (ebd.: 15). Die utopische Tradition wird wieder unterbrochen. Hatten Bebel, Bellamy und Bloch die Tradition stark gemacht, so meint Picht, «daß wir aus der Vergangenheit das, was wir für die Zukunft brauchen, nicht mehr lernen können» (ebd.: 18). Utopie, die nur noch Prognose und Planung der Zukunft sein soll, und nicht mehr die Einlösung der Hoffnungen der Vergangenheit will, die schrecklich gescheitert sind, ist keine. Picht spricht in seinen Vorlesungen über «Politische Probleme der technischen Welt» (Vorlesung Nr. 5) oder das «Welt-Erziehungsproblem» (Nr. 6). Atomare Abschreckung firmiert als «Erhaltung des Weltfriedens» (Nr. 3), statt Befriedigung von Bedürfnissen stehen Geburtenkontrolle (Nr. 4) und Wissenschaftsplanung (Nr. 9) im Fokus seiner Vorlesungen. Unter dem Titel «Die Verantwortung der Menschheit für ihre zukünftige Geschichte» (Nr. 1), nimmt er Hans Jonas' «Prinzip Verantwortung» vorweg, das dieser 1979 gegen Blochs «Prinzip Hoffnung» richtet.

Auch die Argumentation von Hans Jonas ist ökologisch begründet. Er liest Bloch so: «Das erste Erfordernis der Utopie ist materielle Fülle, zur Befriedigung der Bedürfnisse Aller; das zweite: Leichtigkeit der Aneignung dieser Fülle.» (Jonas 1979: 327) Was Bloch als Befriedung des Daseins begreift, versteht Jonas als Erleichterung des Lebens, wie sie schon vom Kapitalismus unternommen werde. Bezüglich des utopischen Wohlstands fragt er, ob «dies die Natur ertragen kann» (ebd.: 329).

Zur Muße stellt er fest: «Spiel als Lebensberuf, weit entfernt das Menschenwürdige darzustellen, schließt von ihm aus.» (ebd.: 365) Sah Marcuse, der nur in einer Fußnote erwähnt wird (vgl. ebd.: 410), den Sinn der Utopie in der Änderung der Richtung des Fortschritts zur Befriedigung qualitativ neuer Bedürfnisse, kann Jonas sich darunter nur ein Mehr des Gleichen vorstellen: Automatisierte Warenproduktion, die alle natürlichen Ressourcen vernichtet und Menschen zur Untätigkeit verdammt. Selbstverständlich hat Jonas Recht damit, dass der Lebensstil der Industrieländer nicht global verantwortbar ist (vgl. ebd.: 287) und dröges Nichtstun tatsächlich langweilig wäre. Jonas ignoriert aber, dass Bloch beim Problem der Muße durchaus an Fouriers attraktive Arbeit denkt und Marcuse vor dem «technologischen Fetischismus» (Schriften 7: 246) warnt. Statt unter Utopie die Qualitäten von Umkehr, Umdenken und Umverteilung zu verstehen, empfiehlt Jonas Verzicht auf Quantität aus Verantwortung und entspricht damit dem Pessimismus des neuen Zeitgeistes, der die Katastrophe wieder vor sich zu haben glaubt.

Es kann aber nicht behauptet werden, die ökologische Frage führe der Sache nach zu einer Verwerfung des utopischen Denkens. Wie der radikale und libertäre Ökologe Murray Bookchin sagt, bringt besonders die ökologische Frage ein Interesse für die Zukunft hervor, das aber zumeist so ideologisch bleibt, «in der ‹Zukunft› lediglich eine Verlängerung der Gegenwart zu sehen» (Bookchin 1980: 147). Dies nennt er den «Schein-Utopismus des Umweltschutzes im Unterschied zu der verunsichernden Lösung der Ökologie» (ebd.: 148). Wo Überleben das einzige Prinzip wird, wird die Frage der Lebensqualität ausgeklammert. Für Bookchin ist die «Fähigkeit zum utopischen Denken [...] eine Fähigkeit, die uns die Zukunft in radikal neuen Formen und Werten vor Augen stellt» (ebd.: 150). Die «ökologischen Imperative von heute» (ebd.: 153) verlangen neue utopische Konzepte wie soziale Wohnformen, Ökotechnologien, gegenseitige Hilfe und dezentralisierte Entscheidungsformen (vgl. ebd.: 153f.). Bookchin bleibt Neoanarchist, der ökologischen und kommunalen Sozialismus verficht. Der Utopieverzicht Ende der 1970er, Anfang der 1980er vollzieht sich als Scheitern der Neuen Linken, die sich schließlich integrieren ließ.

Herausforderungen für das utopische Denken stellten aber nicht nur dystopische Stimmungen dar, die eher Umweltkatastophen und Kriege antizipieren als ein Ende das Kapitalismus. Der Soziologe Klaus Lichtblau hat darauf hingewiesen, dass auch in «Varianten des poststrukturalistischen Denkens» wohl «zentrale Erfahrungen verarbeitet worden sind, wie sie einstmals mit der Mai-Revolte von 1968 verbunden waren» (Lichtblau: 256). Revolte erscheint hier nicht als Ausbruch aus einem System, sondern als Ereignis im System. Poststrukturalismus blickt auf das Spiel von «Kräfteverhältnissen» (ebd.: 265), aber er will nicht ideologiekritisch die «Möglichkeit eines besseren Lebens» (ebd.: 264) aufzeigen. Ohne historisches Jenseits sei er «Mikropolitik» (ebd.: 269), bewusste Revolte statt eine Bewusstwerdung für die Revolution. Dazu passt, dass Michel Foucault 1967 den Begriff der Heterotopie für andere, alternative Orte in der Gegenwart ausprobiert, statt am Begriff der Utopie festzuhalten, wie wir im übernächsten Abschnitt in der Darstellung von Simon Dämgen sehen werden.

Davon zu unterscheiden ist die liberale Utopiekritik und ihr Vorwurf des Totalitarismus. Sie geht aus von dem Diktum des Philosophen Nicolai Berdjajew, der als ehemaliger Adliger und Marxist aus der Sowjetunion ausgewiesen wurde: «Die Utopie ist immer totalitär, und der Totalitarismus ist immer utopisch.» (Berdiajew, zit. n. Neusüss: 41) Karl Popper, Ralf Dahrendorf und andere Liberale haben sich nach dem II. Weltkrieg und während der 1960er und 1970er Jahre bemüht, der utopischen Tendenz wieder ein liberales Fortschrittsmodell entgegenzusetzen, um die kurze Renaissance schnellstmöglich zu beenden.

4.3 Pfade aus Utopia – Liberale Utopiekritik

1972 erscheint ein Buch, das einen Grundkonflikt der 1960er und 1970er Jahre in der BRD pointiert: «Revolution oder Reform – Herbert Marcuse und Karl Popper». In Interviews werden Marcuses sozialistische Utopietheorie und Poppers liberale Utopiekritik miteinander konfrontiert. Seinen wichtigsten Text zu diesem Thema «Utopie und Gewalt» veröffentlicht Popper schon 1947, dann wieder 1963 als Abschnitt seines Buches «Vermutungen und Widerlegungen» und erneut 1975 als Aufsatz. Er räumt ein: «Ich gebe zu, daß ich meinen Rationalismus nicht rational beweisen kann. Ich gestehe rückhaltlos, daß ich den Rationalismus wähle, weil ich die Gewalt hasse.» (Popper

1947/1986: 316) Utopie, so die Stoßrichtung, sei erstens irrational und führe zweitens zu Gewalt. Popper nimmt die Utopiedebatte, in der Landauer, Bloch, Mannheim und Horkheimer Funktionen utopischen Denkens skizzieren, nicht zur Kenntnis. Dennoch versteht er Utopie als eine Bewusstseinsform. «Es ist die Auffassung, daß eine rationale politische Aktion [...] auf einer mehr oder weniger ausführlichen Beschreibung oder einer Grundskizze unseres Idealstaats beruhen muß, und auch auf einem Plan oder einer Grundskizze des Wegs, der in die entsprechende Richtung führt – in die Zielrichtung. Ich betrachte diese Auffassung, die ich Utopismus nenne, als eine anziehende, ja, nur allzu anziehende Theorie, denn ich betrachte sie auch als gefährlich und unheilvoll. Sie widerlegt sich meiner Ansicht nach selbst und führt zu Gewalt.» (ebd.: 318f.)

Sein Argument lautet folgendermaßen: Da die utopische Zielsetzung, wie seine eigene Entscheidung zum Rationalismus, nicht rational begründbar ist, ist sie auch nicht verhandelbar. Glück, Frieden, Schönheit, selbst Abwesenheit von Leid, sind körperlich erfahrbar, aber nicht diskursiv als Ziele begründbar. Popper folgert daraus: Zwischen «differierenden utopischen Religionen kann es [...] keinen Kompromiß geben» (ebd.: 320). Die Unversöhnlichkeit utopischer Zielsetzungen führe daher zur Gewalt. «Der Einsatz von Gewaltmethoden zur Unterdrückung konkurrierender Zielsetzungen wird [...] erforderlich.» (ebd.: 320) Popper räumt ein, dass hohe Ideale in der Geschichte verwirklicht wurden (vgl. ebd.: 321). Dies sollte aber auf dem Wege der Reform, nicht auf dem Wege der Revolution geschehen. Sein Rat ist: «Arbeite lieber für die Beseitigung konkreter Übel als für die Verwirklichung abstrakter Güter. Suche nicht, mit politischen Mitteln Glück zu schaffen. [...] Glücklich zu werden, sollte unseren privaten Bemühungen überlassen bleiben.» (ebd.: 322f.) Es stimmt, dass die Idee eines verordneten Glücks, wie in klassischen literarischen Utopien, Autorität und Gewalt voraussetzen würde. die Verbannung des Glücks ins Private übersieht aber dessen Ermöglichungsbedingungen.

Unklar bleibt, wieso Popper meint, ausgerechnet Utopien stünden abwägenden Diskursen im Wege. Da echte Utopien ohnehin nur langfristig zu verwirklichen sind, können sie Politik ja nur anleiten. Politik ist keineswegs primär von transzendierenden Perspektiven bedroht, als vielmehr von egoistischen Interessen, die durchaus auch als eine «rational choice» erscheinen. Im Kapitalismus ist Konkurrenz so rational wie Kooperation im Kommunismus, nur wird es ohne Utopie, ohne kommunistisches Begehren, kein Ende des Kapitalverhältnisses geben. Gegen eine solche Perspektive wendet Popper ein: «Das Bestechende des Utopismus, glaube ich, entstammt der mangelnden Einsicht, daß wir keinen Himmel auf Erden schaffen können. Was wir stattdessen tun können, das ist, wie ich meine, das Leben etwas weniger furchtbar zu machen und etwas weniger ungerecht in jeder Generation.» (Popper: 325) Ein weniger furchtbar und weniger ungerechtes Leben ist in der Tat keine utopische Intention, keine Negation der Ungerechtigkeit und eine nur bescheidene Motivation für soziale Bewegungen. Bewegungen an sich steht Popper nach den Erfahrungen mit Staatssozialismus und Nationalsozialismus zu Recht skeptisch gegenüber. Er verwirft alle «Geschichtsphilosophie» (ebd.: 324), denn «keine Generation darf künftigen Generationen zuliebe geopfert werden» (ebd.: 322).

Was Popper, der laut Selbstauskunft in seiner Jugend Marxist war (vgl. Stark 1972: 9), hier im Blick hat, ist der Umschlag von Utopien in Ideologien. Utopische Intentionen können nur einzelne oder assoziierte Individuen haben, zur Ideologie kann aber jegliches Ideal werden. «Wie tief du dich auch seinen anregenden Visionen verpflichtet fühlen magst, glaube nicht, du seist genötigt, für seine Realisierung zu arbeiten [...] Erlaube deinen Träumen von einer wunderschönen Welt nicht, dich von den Bedürfnissen der Menschen fortzulocken, die hier und jetzt leiden.» (Popper: 322) Popper übersieht, dass Utopien nicht zuletzt aus solchem Leiden und Mitleiden entspringen. Sein Gegensatz zur Utopie ist schließlich, dass er die Lösung von Einzelproblemen stets für möglich, Veränderung des Ganzen für unnötig hält. Ist Kapitalismus reformierbar, sofern er in politisch liberaler Form abläuft, brauche es keinen Sozialismus als Utopie. Ist das revolutionäre Stürmen des Himmels, wie es nur zu oft ohne sinnvolle Zwischenschritte versucht wurde, auf Erden unmöglich, bleibt die Reformhölle.

In ähnlicher Weise argumentiert 1967 Ralf Dahrendorf in «Pfade aus Utopia». Zwar habe Popper das Wesentliche bereits gesagt (Dahrendorf 1967: 246), eine Typologie der Utopie sei aber noch zu geben. Utopische Ordnung, die noch nirgends war, sei statisch (vgl. ebd.: 242), konfliktfrei (vgl. ebd.: 244), harmonisch, mustergültig und stets isoliert (vgl. ebd.: 245). In

Bezug auf literarische Inselutopien und frühsozialistische Siedlungsutopien hat Dahrendorf Recht. Ihm geht es aber, wie er deutlich macht, um philosophische Ideale und politische Utopien. Denn wenn der utopisch Denkende «seine Phantasie mit der Wirklichkeit verwechselt […], droht ihm das Schicksal Platons in Syrakus, Owens in Harmony und Lenins in Rußland» (ebd.: 247). Die utopische Vorstellung einer Gesellschaft ohne Konflikte müsse scheitern. «Wie der Konflikt den Wandel vorantreibt, so mag man meinen, daß der Zwang die Konflikte in der Gesellschaft wachhält. Wir setzen voraus, daß Konflikte allgegenwärtig sind, weil Zwang allgegenwärtig ist, wo immer Menschen sich soziale Verbände schaffen.» (Dahrendorf 1967: 262)

Personen und Gruppen stehen im Konflikt um die Macht, den Zwang legal auszuüben, mit dem sie sich im Konflikt mit anderen Gruppen und Personen durchsetzen. Während Popper das Glück privatisiert und die Politik rationalisiert, geht Dahrendorf einen Schritt weiter. Im Privaten wie im Politischen herrscht sein Primat der Konkurrenz. Das Problem, das alle Utopien umkreisen, von Morus Vernunftsordnung über Fouriers Harmonie, Marx' Assoziation und Adornos Versöhnung, ob Gesellschaft ohne Konflikt sein könnte, verwirft Dahrendorf schon der Fragestellung nach, denn «das Konfliktmodell […] ist das Modell einer offenen Gesellschaft» (ebd.: 362). Konsens und Übereinstimmung kommen vor, vorwärts führen aber Unstimmigkeiten und Konkurrenz. Sein Beispiel einer utopischen Auffassung von Gesellschaft ist die soziologische Theorie Talcott Parsons' (vgl. ebd.: 254). Er und andere Soziologen würden ein stabiles Modell gesellschaftlicher Systeme verwenden, das in seiner Statik und Unveränderlichkeit an utopische Entwürfe erinnert (vgl. ebd.: 257). Dahrendorf verwendet zwei Begriffe von Utopie. Einerseits anerkennt er die utopische Tradition: «Der utopischen Konstruktionen zugrunde liegende Zweck war mit wenigen Ausnahmen stets der der Kritik, ja, der Anklage bestehender Gesellschaften.» (ebd.: 253) Als Kritik und Anklage passt utopisches Denken freilich in sein Konfliktmodell. Kritik soll für Dahrendorf wie Popper umsetzbare Reformen vorschlagen. Der Wandel, der gegen die Statik der Utopie gestellt wird, soll im Rahmen der offenen Gesellschaft bleiben. Marx, der neben den Idealisten Platon und Hegel Hauptgegner ihrer Utopiekritik ist, erkennt die Rolle historischer Dynamik durchaus an, aber nicht so abschließend wie die Liberalen. Zwar seien die «bürgerlichen Produktionsverhältnisse [...] die letzte antagonistische Form», aber mit ihrem Ende entstehe keine ahistorische Statik, sondern «mit dieser Gesellschaftsformation schließt [...] die Vorgeschichte der menschlichen Gesellschaft ab» (MEW 13: 9). Eine bewusst gemachte Geschichte ohne Konflikt ist die Utopie, vor deren Umsetzung liberale Utopiekritik warnt.

Selbst wenn die Möglichkeit der Verwirklichung nicht gänzlich ausgeschlossen wird, raten liberale Utopiekritiker gerne zum Utopieverzicht. Ziele der Menschheit seien nicht erkennbar. «Philosophie ist wesentlich retrospektiv, wenn sie nicht durch die Anmaßung, Wege in die Zukunft zu weisen, Ideologie werden will.» (Spaemann 1977: 19) Auch der Philosoph Robert Spaemann versteht nicht, dass utopisches Denken kein unmittelbar politisches Programm ist. Utopie fasst den Abstand zwischen Befinden und Befriedigung, aber sie gibt keine Rezepte. Morus äußert sich über den Weg nach Utopia gar nicht, Marx sehr zurückhaltend, für Landauer, Bloch und Adorno lässt er sich nur unterwegs, auf dem Weg von einer Topie zur nächsten, beim Umkreisen und Herausbringen des Ziels, durch fortgesetztes Denken finden. Spaemann hat Recht, wenn er einen falschen Gebrauch von Utopie bei denen anmahnt, für die das Fernziel Alles und alles Andere nichts ist. Er meint «jene jungen Revolutionäre», die Reformen «wegen ihres stabilisierenden Effekts verabscheuen» (ebd.: 138).

Als revolutionäres Ziel ohne Zwischenziele wird Utopie zur abstrakten Ideologie, als konkrete Utopie kann sie hingegen einen Maßstab für Etappen bieten. Spaemann spielt den Gedanken durch, dass man «eine Utopie anstreben müsse, um das Erreichbare zu erreichen», behauptet aber: «Eben dies anzunehmen besteht kein Grund.» (ebd. 138) Ihm zufolge müsse jede Verwirklichung von Herrschaftsfreiheit zunächst selbst herrschen, die Menschen seien daher mit Zwang, der die Notwendigkeit zum Zwang abbauen will, «schlimmer betrogen als mit einer Herrschaft, die sich als dauernde bekennt» (ebd.: 138).

Spaemanns Kritik der politischen Utopie hat also drei Stoßrichtungen. Erstens könnten mit rationalen Mitteln, wie schon Popper sagt, keine Menschheitsziele benannt werden. Es gilt Hegels Wort: «Um noch über das Belehren, wie die Welt sein soll, ein Wort zu sagen, so kommt dazu ohnehin die Philosophie immer zu spät.» (Hegel 1820/1986: 27f.) Zweitens könne ohne Ziel aber der Weg, über Tagesaktualität hinaus, auch gar nicht bestimmt werden. Ist die Gesellschaft eine des Konflikts, verlangt sie nach Zwang, wie Dahrendorf sagt, aber Zwang zur Beendigung des Konflikts lehnt Spaemann als Widerspruch ab. Es ist das Dilemma aller ernstzunehmenden Liberalen, Freiheit und Rechtsgleichheit zu wollen, aber zu meinen, sie in den Formen von Kapital und Staat einsperren zu müssen. Ist Freiheit nur in kapitalistischer Konkurrenz möglich, erfordert Gleichheit unumgänglich staatlichen Zwang. Werden Freiheit und Gleichheit positiv bestimmt, wie in Jürgen Habermas' «Utopie der herrschaftsfreien Kommunikation» (Spaemann: 196), wird diese drittens nicht als Fernziel verworfen, sondern als für momentan undurchführbar erklärt. Utopie ist für Spaemann als Ziel und als Wegorientierung wie als schrittweises Vorgehen gleich verderblich.

Hannah Arendt hat sich dieses Problems in ihrem Revolutionsbuch von 1968 angenommen. Sie unterscheidet die amerikanische Revolution von 1776 und die französische Revolution 1789. 1776 versteht sie als ausschließlich politische Revolution, was heutige HistorikerInnen freilich bestreiten (vgl Linebaugh/Rediker: 298ff.). «Die Gründung der Freiheit konnte nur gelingen, weil den ‹gründenden Vätern› nicht die soziale Frage im Wege stand.» (Arendt 1968: 85) Sie sei erfolgreich gewesen, weil sie keine soziale Revolution gewesen sei, gerichtet «gegen Tyrannei und Unterdrückung, aber nicht gegen Ausbeutung und Armut» (ebd.: 93). 1789 in Frankreich wäre hingegen die politische Revolution, die rechtliche Gleichheit verbürgt, in die soziale Revolution umgeschlagen, «es handelte sich um das Glück, nicht um die Freiheit der Vielen» (ebd.: 94), und sie endete in Terror. Die Unlösbarkeit der sozialen Frage, von der Arendt ausgeht, führe stets zur revolutionären Raserei, weil «jeder Versuch, die soziale Frage mit politischen Mitteln zu lösen, im Terror endet» (ebd.: 143). Was ist aber ihre Alternative, wenn die Ausgebeuteten sich nicht mit der privaten Suche nach Glück zufriedengeben können? Letztlich verlässt Arendt sich darauf, dass ökonomische Probleme ökonomisch zu lösen sind; der Untergang revolutionärer Politik trat hingegen immer dann auf, wenn sich «die Revolution von der Gründung der Freiheit abwandte und auf die Befreiung des Menschen vom Leid verlegte» (ebd.: 142). Sie will das politische Naturrecht der Freiheit ohne die soziale Utopie des Glücks. Es ist fraglich, ob eine solche Trennung von Politik und Ökonomie tatsächlich möglich ist. Sicherlich greift eine soziale Revolution, die Ursachen von Unglück, Klassen, Konkurrenz und Kapitalverwertungszwang, abschaffen will, weiter in die Gesellschaft ein, als eine politische Revolution, die nur die Institutionen des Staates verändern will. Eben darum betont Ernst Bloch, dass nur beides zugleich, Glück und Freiheit, zielführend sein kann. «Keine wirkliche Installierung der Menschenrechte ohne Ende der Ausbeutung, kein wirkliches Ende der Ausbeutung ohne Installierung der Menschenrechte.» (NUW: 13) Die Lösung des Gegensatzes von liberaler Freiheit mit Ausbeutung einerseits und sozialer Gleichheit mit Unterdrückung andererseits ist das Ziel von Utopie. Die Wahrheit der liberalen Utopiekritik ist, dass Glück nur individuell erfahrbar sein kann. Ihre Unwahrheit ist der Schluss, Glück sei nur individuell und im Konflikt erreichbar.

Der späte Liberalismus verlässt so das Paradigma der Moderne, das Jean-François Lyotard 1979 mit der Rede vom «Ende der großen Erzählungen» charakterisiert und dann 1984 wieder aufgreift. Die Moderne war utopisch, ihr Ziel lag «in einer einzulösenden Zukunft, das heißt in einer noch zu verwirklichenden Idee [...] der Freiheit, der ‹Aufklärung›, des Sozialismus» (Lyotard 1984/2007: 50). Kann die «große Erzählung» nach «Auschwitz» noch glaubwürdig sein (ebd.)? Lyotard verneint dies. Der Verlust der Utopie ist für ihn der Anfang der Postmoderne.

4.4 Heterotopie als postmoderne Alternative bei Michel Foucault
(von Simon Dämgen)

Das vermeintliche Ende der Utopien und das Scheitern der Neuen Linken haben einen erheblichen Einfluss auf das Politik- und Utopieverständnis von Michel Foucault. Er beteiligte sich zwar an den Demonstrationen und Debatten in dieser Zeit, aber schließt sich spätestens nach der Niederlage der 1968er zumindest oberflächlich dem vorherrschenden Utopieverzicht an. In zwei aufgezeichneten Radiovorträgen, die er im Dezember 1966 für die Sendung «Culture française» gehalten hat, äußert er sich ausführlich zur Utopie und entwickelt dabei sein eigenes Modell (vgl. Foucault 1967/2013). Im Rahmen der Radiosendung, die den Titel «Der utopische Körper» trägt, untersucht er zunächst den menschlichen Körper. Der Körper ist laut Foucault der Hauptakteur der Utopie und symbolisiert gleichzeitig eine der ältesten Utopien in der Geschichte. Das Märchen eines «riesigen, überdimensionalen Körpers, der den Raum verschlingt und die Welt beherrscht» (ebd.: 31) ist für ihn deshalb eine der ersten Utopien der Menschheit. Der Körper besitzt für ihn zwar ebenso bestimmte Eigenschaften einer Topie, einer Antiutopie, aber er stellt auch den Ursprung der ersten positiven Utopie dar. Der Körper ist für ihn ohnehin ein ganz und gar widersprüchlicher «Ort». Er ist zugleich offen und geschlossen, lebendig und verdinglicht, leicht und schwerfällig, undurchsichtig und transparent. Der Körper ist fast jederzeit in Bewegung dennoch kann man ihm nicht entfliehen. Er selbst kann überall hingehen, aber die Seele als Utopie bleibt in ihm gefangen. Er ist sichtbar für andere, jedoch unsichtbar für seinen Besitzer. Der Körper ist für ihn mithin der ortlose Ort der Utopie (vgl. ebd.: 28f.). Der Spiegel bildet dabei für Foucault eine der wenigen Ausnahmen, die den Körper für seinen Besitzer sichtbar machen kann. Nur die Liebe und der Tod besitzen die gleichen Eigenschaften: Sie sorgen dafür, dass der Körper keine Utopie bleibt, indem sie ihn spürbar und erfahrbar machen. Die körperliche Liebe ermöglicht die Erfahrung des eigenen Körpers durch die Berührung des anderen Körpers und der Tod bringt den Körper zum Stillstand, enthüllt ihn im Zustand der Leiche als materielle Einheit. Diese Verfestigungen üben laut Foucault einen beruhigenden Effekt aus, indem sie «die große utopische Raserei zum Verstummen» (ebd.: 35) bringen. Der Gegenstand und Ursprung der utopischen Projektion bleibt dabei jedoch der Körper: «Der Körper ist der Nullpunkt der Welt, der Ort, an dem Wege und Räume sich kreuzen. Der Körper selbst ist nirgendwo. Er ist der kleine utopische Kern im Mittelpunkt der Welt, von dem ich ausgehe, von dem aus ich träume, spreche, fantasiere […]. Mein Körper gleicht dem Sonnenstaat. Er hat keinen Ort, aber von ihm gehen alle möglichen realen oder utopischen Orte wie Strahlen aus.» (ebd.: 34)

Die Utopien haben im Körper zwar einen physikalischen Ausgangspunkt, dennoch bleiben sie für Michel Foucault ganz klassisch die «Länder ohne Ort und Geschichten ohne Chronologie» (ebd.: 9) und deshalb in die Imagination verbannt. Sie existieren nur in Märchen und Mythen, in denen «der Körper sich mit Lichtgeschwindigkeit bewegt, […] in dem man von einem hohen Berg stürzen kann und dennoch heil unten ankommt […]» (ebd.: 26). Die Utopie ist für ihn daher der mystische Nicht-Ort, der im Jenseits der gesellschaftlichen Realität verweilt.

Im Gegensatz dazu haben Räume innerhalb der Gesellschaft einen fassbaren Ort. Sie können aber auch bestimmte Charaktereigenschaften annehmen, die der Gesellschaft widersprechen. Michel Foucault bezeichnet diese besondere Form der Räume in seinem zweiten Radiovortrag deshalb als Heterotopien («anderer Ort») und kehrt damit in gewisser Weise – nach Merciers Wende zur Zeitutopie – wieder zu Raumutopien zurück (vgl. do Mar, Castor Varela 2007: 25). Die Heterotopien sind laut Michel Foucault eine Konstante der menschlichen Gesellschaft aber auch einer ständigen Wandlung unterworfen und daher in vielfältigen Formen vorzufinden (vgl. Foucault 2013: 11). Es können Verstecke für Kinder sein, wie ein Garten, ein Dachboden oder das Ehebett der Eltern. Es können aber auch Räume für Erwachsene sein, wie Bordelle, Friedhöfe oder Schiffe (vgl. ebd.: 10f.). Sie sind grundlegend anders strukturiert als die restlichen Räume der Gesellschaft und zeichnen sich nach Michel Foucault vor allem dadurch aus, dass sie die realen Orte jenseits aller anderen realen Orte repräsentieren (vgl. ebd.: 19). Sie existieren innerhalb des gesellschaftlichen Raums, den er als einen «gegliederten, vielfach unterteilten Raum mit hellen und dunklen Bereichen, mit unterschiedlichen Ebenen, Stufen, Vertiefungen und Vorsprüngen, mit harten und weichen, leicht zu durchdringenden, porösen Gebieten» (ebd.: 10) beschreibt.

Diese Heterotopien können den Menschen dazu dienen, sich in Krisensituationen aus dem gesellschaftlichen Leben zurückzuziehen und somit eine spezifische und besonders sensible Phase in ihrem Leben zu bewältigen. Im Widerspruch dazu stehen die Abweichungsheterotopien. Sie dienen dazu, bestimmte Menschen auszuschließen und von der Gesellschaft fernzuhalten. Sie befinden sich an den Rändern der Gesellschaft und sind «eher für Menschen gedacht, die sich im Hinblick auf den Durchschnitt oder die geforderte Norm abweichend verhalten» (ebd.: 14). Michel Foucault führt in diesem Zusammenhang unter anderem das Gefängnis, psychiatrische Anstalten oder Altersheime auf. Ihnen allen ist gemeinsam, dass sie abweichendes Verhalten in die gesellschaftliche Isolation verbannen, sei es die soziale oder die biologische Abweichung vom gesellschaftlichen Durchschnitt (vgl. ebd.: 13).

Foucault nennt einige Grundsätze, welche auf alle Heterotopien gleichermaßen zutreffen, sie als solche ausweisen und ihren konstitutiven Kern bilden: Erstens gibt es keine Gesellschaft, die keine Heterotopien schafft, denn sie sind eine Konstante in der Geschichte der menschlichen Gesellschaft (vgl. ebd.: 11). Zweitens kann jede Heterotopie von der Gesellschaft jederzeit wieder abgeschafft werden und neue Heterotopien können an ihre Stelle treten (vgl. ebd.: 13). Nicht zuletzt die von Foucault untersuchten Abweichungsheterotopien machen dies deutlich. Haben soziale Außenseiter bis zum Beginn des Kapitalismus ihre Orte oftmals am Rande, z.B. der Städte, so schafft die Moderne mit ihren Arbeits- und Irrenhäusern ganz andere Orte für AbweichlerInnen. Drittens vereinen Heterotopien an einem einzigen Ort mehrere, sich grundsätzlich widersprechende Orte. Viertens stehen Heterotopien oft in Verbindung mit zeitlichen Brüchen, das heißt in ihnen gilt eine besondere Zeit, die in bestimmter Hinsicht mit der gesellschaftlichen Normzeit bricht. Und fünftens gibt es stets ein bestimmtes «System der Öffnung und Abschließung» (ebd.: 18) durch das jede Heterotopie von der Gesellschaft isoliert wird; gleichwohl sie mehr oder weniger zugänglich oder geschlossen ist. In diesem Sinne ist für Michel Foucault jede Heterotopie grundsätzlich «ein offener Ort, der uns jedoch immer nur draußen lässt» (ebd.: 18). Die wesentliche Eigenschaft der Heterotopien besteht darin, dass sie «vollkommen andere Räume» (ebd.: 11) darstellen und so per se alle anderen Räume der Gesellschaft in Frage stellen «und zwar auf zweierlei Weise: entweder [...] indem sie eine Illusion schaffen, welche die gesamte übrige Realität als Illusion entlarvt, oder indem sie ganz real einen anderen realen Raum schaffen, der im Gegensatz zur wirren Unordnung unseres Raumes eine vollkommene Ordnung aufweist» (ebd.: 20). Die Historiker Peter Linebaugh und Markus Rediker liefern in ihrem Buch über «Die verborgene Geschichte des revolutionären Atlantiks» eine ganze Reihe von Beispielen, die um rebellische Traditionen der Seefahrt im 17. und 18. Jahrhundert kreisen. Sie schildern als Heterotopie eine Taverne in New York, die Ausgangspunkt von Aufstandsverschwörungen war. «Die Rebellen in Hugsons Taverne praktizierten einen simplen Kommunismus.» (Linebaugh/Rediker 2008: 192) Auch Schiffe konnten Heterotopien, andere

Orte, sein: «Das Piratenschiff war demokratisch in einem undemokratischen Zeitalter.» (ebd. 176) Anders als die literarischen Utopien ab dem 16. Jahrhundert oder die sozialistischen Utopien ab dem 19. Jahrhundert sind solche Heterotopien weder kritische Fiktion noch politische Vision, sondern existierende Orte, Nischen im Bestehenden. Sie können somit die gesamte Gesellschaft negieren und eben dieser kontradiktorische Charakter der Heterotopien verleiht ihnen ein utopisches Potential. Sie können den Menschen aufgrund ihrer Beschaffenheit einen Einblick in eine andere mögliche Ordnung offenbaren und stehen so den nicht greifbaren Utopien des Körpers als reale Orte mit utopischem Charakter gegenüber. Die Heterotopien erbringen somit durch ihre besondere Konzeption den Beweis, dass ein anderes Leben möglich ist.

Die Utopie wird bei Foucault – außer in diesen beiden Radiovorträgen – nur selten explizit erwähnt. Sie scheint demnach in der Philosophie von Michel Foucault insgesamt keine bedeutende Rolle zu spielen und der «Ort jenseits aller Orte» (vgl. ebd.: 26) für ihn ein Märchen der Menschheitsgeschichte zu bleiben. Der Philosoph Christian Lavagno bescheinigt Michel Foucault deshalb sogar eine «radikale Kritik an utopischen Denkansätzen» (Lavagno 2003: 215) und eine Ablehnung jeglicher Utopie (vgl. ebd.: 215). Dennoch repräsentieren Heterotopien als die vollkommen anderen Räume eine völlig andere Gesellschaft und hinterfragen die gegenwärtigen Verhältnisse, indem sie eine andere mögliche Ordnung aufzeigen.

Foucault möchte auf diese prinzipielle Möglichkeit der Veränderung hinweisen und diese Absicht lässt sich ebenso an für sein Werk zentralen Methoden verdeutlichen: Die Archäologie und die Genealogie dienen dazu aufzuzeigen, dass die Ordnung der Gesellschaft historisch-diskursiv entstanden und demzufolge grundsätzlich veränderbar ist. Die Methoden kommen dabei zwar «weitestgehend ohne Utopie aus» (Lavagno: 214), jedoch implizieren sie bereits ein utopisches Potential. Ihre Absicht ist es, den sozialen Herstellungsprozess sowie den tiefgreifenden Konstruktionscharakter der Gesellschaft offenzulegen. Sie können und sollen somit als Werkzeuge dienen, um die Illusion der Gesellschaft (vgl. Foucault 2013: 19) zu enttarnen. Diese Zielrichtung lässt sich an vielen Stellen in Foucaults Philosophie finden: «Ich habe mir vorgenommen [...] den Menschen zu zeigen, dass sie weit freier sind, als sie meinen; dass sie Dinge als wahr und evident akzeptieren, die zu einem bestimmten Zeitpunkt in der Geschichte hervorgebracht worden sind, und dass man diese Evidenzen in den Köpfen der Menschen zerstören kann. Etwas in den Köpfen der Menschen zu verändern – das ist die Aufgabe des Intellektuellen.» (Foucault 2005b: 960f.)

Die Vorstellung von der Gesellschaft als sich stetig verändernde und historisch gewachsene Akkumulation von Wissen und Macht durchzieht Foucaults gesamtes Denken und diese Grundmaxime der Veränderbarkeit ist der rote Faden, der sich durch sein Werk zieht. Foucault will deutlich machen, dass nichts festgeschrieben ist, sondern das alles auch anders sein könnte und diese Erkenntnis eröffnet die Frage danach, ob – wenn nichts so sein muss, wie es ist – nicht etwas Besseres sein könnte. Die aufgezeigten Möglichkeiten einer utopischen Deutung der Methoden und Heterotopien in der Philosophie Michel Foucaults werden immer wieder mit einem einschneidenden Widerspruch konfrontiert: Die Machttheorie, die Foucault in seiner Philosophie entwickelt, scheint keinen Ausweg aus ihrer Matrix zuzulassen. Lavagno hält das entworfene Machtmodell für derart umfassend, dass «kaum noch zu erkennen ist, auf welche Kräfte die Hoffnung auf ein alternatives Denken oder gar eine alternative Existenz noch setzen können» (Lavagno: 217). Die Macht steht folglich im direkten Widerspruch zur Utopie, denn für Foucault kann es keine Beziehungen zwischen Individuen geben, die nicht gleichzeitig Machtbeziehungen voraussetzen oder produzieren (vgl. Ruffing 2010: 109). Dieser Widerspruch wird aber durch die Äußerung, es könne «keine Machtbeziehung ohne Widerstand, ohne Ausweg oder Flucht, ohne möglichen Umschwung» (Foucault 2005a: 292) geben, in seiner Philosophie teilweise wieder aufgehoben. Macht ist zwar überall präsent, aber überall dort, wo sie existiert, ist auch ein möglicher Widerstand und damit die Möglichkeit des politischen Umschwungs vorzufinden.

Der Philosoph Tobias Klass interessiert sich für diese besondere Dynamik zwischen Macht und Widerstand. Er versteht Macht als eine dynamische Kraft, welche sich immer auf eine ihr widerstehende Macht beziehen muss. Die Tatsache, dass dieser Widerstand in Form einer «Gegen-Macht» (Klass 2008: 157) in der Realität nicht per se existiert, muss bedeuten, dass Foucault Widerstand nicht grundsätzlich als realexistierende

Macht verstanden hat, sondern vielmehr als die prinzipielle Möglichkeit zum Widerstand: «Vielleicht – und es finden sich viele Formulierungen vor allem beim späten Foucault, die eine solche Lesart unterstützen – will Foucault dies auch gar nicht sagen: dass es immer da, wo es Macht gibt, notwendigerweise auch Widerstand gibt. Sondern vielleicht will er – schwächer – nur sagen: Wo es Macht gibt, da gibt es Widerstand der ‹realen Möglichkeit› nach [...], anders gesagt: da bleibt Widerstand zumindest möglich, ist nicht per se ausgeschlossen, unvorstellbar.» (ebd.: 158)

Hier findet sich die kritische Potentialität in der Philosophie Foucaults wieder, die schon in seiner Konzeption der Heterotopien zum Ausdruck kam. Foucault will keine konkrete Handlungsanweisung geben oder eine bestimmte Praxis aufzeigen, sondern auf die prinzipielle Möglichkeit der Veränderung hinweisen. Die Dynamik zwischen Macht und Widerstand, so schreiben auch Daniel Hechler und Axel Philipps in der Einleitung ihres Sammelbandes über Macht und Widerstand bei Foucault, «drängt die Gesellschaft beständig über die bloße Reproduktion hinaus und somit bleibt eine andere Welt immer möglich» (Hechler/Philipps 2008: 7).

Die These von der absoluten Omnipräsenz der Macht, die jeden Ausweg versperrt, kann also angezweifelt werden und eine Utopie scheint im Anschluss an Foucault immer noch möglich zu sein. Es bleibt allerdings fraglich, ob sie auch erreicht werden kann oder ob die Gesellschaft nicht in der ewigen Dynamik zwischen Macht und Gegenmacht gefangen bleibt. Ulrich Brieler betont hingegen, dass Michel Foucault «die Ansprüche von Kritik und Befreiung» (Brieler 2008: 21) trotz der vielen Widersprüche niemals aufgegeben habe. Er sei vielmehr auf der Suche nach einer völlig neuen Gestalt der Kritik und diese führt ihn schließlich zur Entdeckung des Subjekts als neuen potentiellen Träger des Widerstands. Die angesprochene Suche spiegelt sich auch in der politischen Praxis Michel Foucaults während der 1970er Jahre wieder. Er experimentiert verstärkt mit neuen Protestformen und sucht in den Auseinandersetzungen mit der 68er-Bewegung nach einer neuen intellektuellen Praxis (vgl. Brieler: 23). Die daraus resultierende «Verstrickung von Straße und Stehpult, von wachem Engagement und rastloser Reflexion» (ebd.: 20) beeinflusste seine weitere theoretische und praktische Arbeit maßgeblich.

Foucault schließt sich schließlich der neuen Alternativbewegung an und entdeckt das Subjekt als neues politisches Kampffeld. Es steht fortan im Mittelpunkt seiner Philosophie und wird zum Dreh- und Angelpunkt seines Widerstandsbegriffs. Er verkündet, «dass es keinen anderen, ersten und letzten Punkt des Widerstands gegen die politische Macht gibt als die Beziehung seiner selbst zu sich» (Foucault 2004: 313). Foucault will «das Feld des Politischen erweitern, um die neuen Kämpfe um den Körper, die Ökologie, die Lebensweise anzuerkennen und neue ‹Erfahrungen› [...] zu ermöglichen» (Brieler: 23). Die Erfahrung stellt für ihn einen «Intensifikator des Denkens» (ebd.: 24) dar, ohne den eine politische Analyse ihr kritisches Potential nicht entfalten kann. Die Praxis des Subjekts in allen denkbaren Lebensbereichen ist folglich entscheidend für seine Erkenntnisfähigkeit. Die «Lebenskunst» (ebd.: 23) soll das Subjekt von einem machtbestimmten zu einem machtresistenten Subjekt erheben und befähigen, der sozialen Macht zu widerstehen.

Die Konzentration der Theorie auf das Subjekt und seine Lebensweise hat, laut Brieler, indes keine Abkehr von der Politik zu bedeuten, sondern untersucht vielmehr, ob «sich nicht jede Politik die Frage nach der bewussten Veränderung der Akteure in und durch die politische Praxis stellen muss» (ebd.: 24). Die Veränderung des Subjekts ist daher keine individuelle Angelegenheit, sondern ein politischer Auftrag: «Foucault ‹träumt› von einer Politik als einer Praxis der Aktivierung subjektbildender Kräfte im Individuum.» (ebd.: 24) Diese Erweiterung des politischen Feldes um das Subjekt und seine individuelle Lebensweise kennzeichnet somit die neue Politik nach Foucault und überträgt das utopische Potential auf das Individuum bzw. entdeckt es als das Begehren der Individuen wieder. Diese Orientierung ist anschlussfähig an die Bestimmung des Utopischen, welche die Soziologin Ruth Levitas 1990 in ihrem Buch «The concept of utopia» gibt. Utopie sei kein konkretes Projekt, sondern «the essence of utopia seems to be desire – the desire for a different, better way of being» (Levitas 1990: 7).

Bereits die Radiovorträge von Foucault zeigen, dass die Utopie in seiner Philosophie keine konkrete Gestalt mehr besitzt. Sie wird ihm zu einem Mythos der Geschichte ohne Ort und Chronologie. Er hat keinen Zweifel daran, dass «eine Gesellschaft ‹ohne Machtverhältnisse› nur eine Abstraktion sein [kann]» (Foucault 2005: 257) und eben diese Abstraktion lehnt er strikt ab. Er entwirft in seiner Philosophie also kein Jenseits der gesellschaftlichen Realität. In seiner Philosophie fehlt das «Reich der Freiheit», welches der Gesellschaft gegenüberstehen könnte (vgl. Lavagno: 214–215) und «damit ist auch jegliches utopisches Denken verabschiedet, denn dieses lebt ja gerade von der spannungsreichen Gegenüberstellung von trister Gegenwart und möglicher versöhnter Zukunft» (ebd.: 215).

Foucault äußerte demgegenüber allerdings an verschiedenen Stellen den ausdrücklichen Wunsch nach einer gesellschaftlichen Veränderung. In Interviews findet sich häufig die Forderung nach einer neuen Kritik und einer radikalen Praxis. So formuliert er 1976 die Aufgabe einer kritischen Philosophie: «Wir müssen wieder ganz von vorne anfangen und uns fragen, worauf wir die Kritik unserer Gesellschaft in einer Situation stützen können, in der die bisherige implizite oder explizite Grundlage unserer Kritik weggebrochen ist. [...] Nochmals von vorne anzufangen mit der Analyse und Kritik – natürlich nicht einfach nur mit der Analyse der so genannten ‹kapitalistischen› Gesellschaft, sondern des mächtigen sozialen und staatlichen Systems, das wir in den sozialistischen und kapitalistischen Ländern finden. Diese Kritik müssen wir leisten. Ganz sicher ist das eine gewaltige Aufgabe, die wir sofort anfangen müssen. Mit viel Optimismus.» (Foucault 2003a: 514)

Der Ausbruch aus dem fein gesponnenen Kerkersystem der Gesellschaft ist für Foucault durchaus denkbar und er stellt seine Bücher als theoretische Werkzeugkisten für dieses Unternehmen zur Verfügung (vgl. Ruffing: 23). Er gibt jedoch keinen Fluchtweg an und zeichnet auch keine Utopie einer besseren Gesellschaft vor. Sein Werk könnte vielmehr als die Suche nach anderen Denkmustern begriffen werden, mit deren Hilfe die Illusionen und der Zwangscharakter der Gesellschaft enthüllt werden sollen. Er weist ebenfalls beständig auf die soziale Konstruktion der gesellschaftlichen Realität hin mit dem Ziel, die Möglichkeit ihrer Veränderung zu offenbaren. Es gibt jedoch einen Widerspruch zwischen diesem Wunsch und seiner Weigerung, ihn mit einem konkreten Inhalt zu füllen. Dies ist vielleicht «ein Spezifikum Foucaultscher Kritik: sie will appellativ zum Widerstand anstacheln, ihm jedoch nicht in einer Theorie vorgreifen» (Lavagno: 218). Oft wird hier auch der Begriff des Traums verwendet; Foucault ‹träumt› von einer anderen Gesellschaft, aber er will diesen Traum nicht konkretisieren. Es ist ein weiteres Exempel dafür, dass die Utopie bei ihm im Reich des Phantastischen verhaftet bleibt und nicht in die Realität springen darf.

Die Weigerung hat jedoch auch einen persönlichen Grund: Michel Foucault will kein Wortführer sein. Er will keinen Weg vorzeichnen, der gegangen werden muss: «Der Impuls der Veränderung muß von den Betroffenen selber kommen» (ebd.: 218) und seine oft zitierte Warnung – «Verliebt euch nicht in die Macht» (Foucault 2003b: 179) gilt auch für ihn selbst. Die Konsequenz für seine Theorie des Widerstands ist, dass es den von Marcuse gewünschten zentralen Ort der großen Weigerung nicht mehr geben kann (vgl. Hechler/Philipps: 7). Es gibt nunmehr nur noch vereinzelte, vielfältige und auch weit verstreute Widerstände.

Macht- und Wissenskonzentration soll durch die Verteilung des Widerstands auf die einzelnen Subjekte und deren Bedürfnisse und Wünsche vermieden werden. Diese theoretische Hinwendung zum Subjekt ermöglicht zwar einen Ausweg aus seinem Machtdilemma – indem jedem Ort der Macht ein potentieller Ort des Widerstands zugesellt wird – allerdings wird für ihn nun plötzlich alles zum Widerstand und indirekt zum utopischen Potential: «[D]ie Art zu essen, sich zu ernähren, die Beziehungen zwischen Arbeiter und Arbeitgeber, die Art zu lieben, die Art wie Sexualität unterdrückt wird, gesellschaftliche Zwänge, das Verbot der Abtreibung [...]. Das alles zum Gegenstand einer politischen Aktion zu machen, darin besteht heute die Politik. Deshalb bestimmt sich der politische oder nichtpolitische Charakter einer Aktion [...] durch die Art und Weise, wie Dinge, Probleme, Besorgnisse und Leiden, [...] politisiert werden.» (Foucault 2002: 533)

Diese Indifferenz seiner politischen Analyse und die einseitige Konzentration auf das Subjekt und seine Bedürfnisse als Maßstab der politischen Widerstandsfähigkeit machen eine konkrete Utopie unmöglich und verzerren den Blick für gesamtgesellschaftliche Verhältnisse. Ein prägnantes Beispiel dafür ist seine politische Einschätzung der islamischen Revolution im Iran. Michel Foucault faszinieren die subjektive Kraft, die politische Spiritualität und der politische Wille der involvierten Akteure (vgl. Brieler: 31). Diese einseitige und voreingenommene Fokussierung auf das Subjekt führt zu einer Missachtung der Interessen der dort involvierten politischen Gruppierungen. Er sieht zwar den Wunsch der Akteure nach einer gesellschaftlichen Veränderung, aber ihm entgehen die dort geäußerten, reaktionären religiösen und politischen Ideale. Es zeigt sich hier, dass der ausschließliche Wunsch nach Veränderung keine Bürgschaft für eine emanzipatorische Erneuerung der Gesellschaft bedeutet, sondern, dass der politische Inhalt des Veränderungswunsches ausschlaggebend ist. Der konkrete Inhalt liegt jedoch nicht mehr in seinem direkten Erkenntnisinteresse. Er konzentriert sich vielmehr auf das Subjekt, seine widersprüchliche Identität und individuelle Widerstandsfähigkeit. Hatten die Theorien der politischen Utopie den subjektiven Faktor, den Willen zur Utopie, gegenüber der objektiven Wissenschaftlichkeit des Marxismus gestärkt, so ersetzt bei Foucault die Veränderbarkeit der Subjekte tendenziell die Utopie der Gesellschaftsveränderung. Die fehlende politische Dimension und der stumme Traum der nicht in Erfüllung gehen darf, haben somit eine politische Entwertung der Utopie zur Folge, wenngleich Foucault Möglichkeitsräume für eine Reaktualisierung utopischen Begehrens aufzeigt. Nicht zuletzt der Zusammenbruch der Sowjetunion, die als realer Ort die Utopie des Sozialismus okkupierte, gibt Platz für neue und alte utopische Zukunftsvisionen.

5. Die Reaktualisierung von Utopie nach dem Ende des Staatssozialismus

> «Rehabilitierung der Utopie im Zusammenhang des Kampfes um Anerkennung soll den Horizont erweitern, in dem aufklärerisches und auf Herstellung von Mündigkeit zielendes Denken sich bewegt.»
> Oskar Negt

Liberale Utopiekritiken, wie die von Karl Popper und Ralf Dahrendorf, setzen dem Utopiedenken ein Fortschrittsdenken entgegen, das ohne eine andere Gesellschaft auskommt. Mit der liberalen, demokratischen, offenen, kapitalistischen Konfliktgesellschaft komme die Geschichte, dem Ideal nach, damit in einen Zustand dynamischer Stabilität und gemächlichen Wandels. Der Liberalismus, dem Mannheim utopischen Gehalt zugeschrieben und den Bloch sogar als utopisches Erbe anerkannt hat, sofern er nicht nur Ideologie des Bestehenden ist, konkurriert stets mit dem Sozialismus, ob in wissenschaftlicher oder utopischer Gestalt. Einer Renaissance der Utopie, der Rückkehr der Utopie in den Sozialismus der Neuen Linken, wie sie sich vor 1947 teilweise andeutet und partiell um 1967 erfolgte, stellt der Liberalismus seine Kritiken entgegen. Innerhalb der offenen Gesellschaft sei genug Veränderungspotential, ob durch soziale Reformen (Popper) oder soziale Konflikte (Dahrendorf). Frieden ist (noch) nicht.

Adornos Erkenntnis – «Keiner unter den abstrakten Begriffen kommt der erfüllten Utopie näher als der vom ewigen Frieden» (GS 4: 179) – leugnet nicht dessen vage Unkonkretheit. Aber abstrakte Utopien können zu konkreten Utopien und eingelöst werden, sagt Ernst Bloch. Für den Frieden lassen Popper und Dahrendorf dies nicht gelten, wenngleich sie ihn als Grenzideal für eine weniger kriegerische Welt akzeptieren. Foucault benötigt für seine Theorie des Widerstandes und verschiebbarer Machtverhältnisse ebenfalls kein Jenseits der Macht. Davon zu unterscheiden ist die konservative Utopiekritik, wie sie nach

1989, also nach dem Ende des Staatsozialismus, Joachim Fest vertritt. Er will mit dem Stalinismus auch den Marxismus, mit dem utopiefeindlichen Sozialismus auch die sozialistische Utopie entsorgen. Damit war er insofern erfolgreich, als kaum ein Buch zur Utopiedebatte nach 1990 darum herumkommt, sich kritisch auf ihn zu beziehen. Die Rehabilitation utopischen Denkens, die am Anfang des 20. Jahrhunderts begonnen wurde, die in der Renaissance utopischen Denkens in den 1960er Jahren Früchte zu tragen schien, hebt erneut an als Reaktualisierung des nun vermeintlich funktionslosen utopischen Denkens. Andreas Heyer beobachtet «seit 1989 eine verstärkte Annäherung der ‹Linken› an den utopischen Diskurs. Es sind vor allem ‹linke› Autoren, die in den letzten Jahren die politische Utopie verteidigten» (Heyer: 145). Diese Verteidigung ist trotziger Natur. Ob sie gegen die von Jürgen Habermas diagnostizierte «Erschöpfung der utopischen Energien» bestehen kann, ist eine noch offene Frage.

5.1 Die Erschöpfung der utopischen Energien bei Jürgen Habermas
(von Marius Klausener)

Jürgen Habermas diagnostiziert ab den 1980er Jahren eine Art konservative politische Wende (vgl. Habermas 1985: 180f.), die mit einer «Erschöpfung der utopischen Energien» zusammenfällt: «So ist ein Klima entstanden, mehr oder weniger in der gesamten westlichen Welt, das modernismuskritische Strömungen fördert. Dabei dient die Ernüchterung, die die gescheiterten Programme der falschen Aufhebung von Kunst und Philosophie hinterlassen haben, dienen die sichtbar gewordenen Aporien der kulturellen Moderne als Vorwand für die konservativen Positionen.» (Habermas 1980/1992: 52) Seine theoretischen Anstrengungen richten sich fortan gegen diesen neu aufkommenden Konservatismus. Insbesondere an französischen Ausprägungen macht Habermas deutlich, worin das Problem dieser ‹neuen› Orientierung liegt. Foucault gilt ihm als einer der Garanten dieser Entwicklung: «Foucault will es [Nietzsches Programm der Vernunftkritik] mit einer Destruktion der Historik fortführen.» (Habermas 1988: 298) Foucault wird damit zu einem der neuen Vollstrecker der Gegenaufklärung, die die Vernunft destruieren wollen. Dagegen, fast nebensächlich erscheinend, müsse Foucaults «Botschaft vom immer gleichen Machtzyklus der immer neuen Diskurs-Formationen [...] den letzten Funken von Utopie und von Vertrauen der westlichen Kultur in sich selbst ersticken» (Habermas 1985: 144).

Habermas schwebt theoretisch dagegen eine «Versöhnung der mit sich selber verfallenden Moderne» (ebd.: 202) vor, also eine Aussöhnung der Moderne mit sich selbst. Um diese zu erreichen, überführt er Adornos negative Utopie der Versöhnung (vgl. Kapitel 3.4) in das Konzept einer «unversehrten Intersubjektivität» (Habermas 1981/1995a: 523). Habermas glaubt, Adornos Idee der Versöhnung nur retten zu können, indem er sie kommunikationstheoretisch als Möglichkeit eines gelungenen Verhältnisses zwischen miteinander sprechenden Subjekten deutet. Der Anschluss an die Kritische Theorie erfolgt allerdings nicht bruchlos: Habermas will, im Gegensatz zur Kritischen Theorie, eine «Gesellschaftstheorie, die sich bemüht ihre kritischen Maßstäbe auszuweisen» (ebd.: 7). Handelt es sich bei Habermas' Theorie folglich um eine Aktualisierung der Kritischen Theorie, die in der Lage ist – auf einem normativ gesicherten Fundament – die bestehende Gesellschaft kritisch zu fassen? Kann Habermas die Utopie, die Adorno und Horkheimer nur als Negation vorschwebt, positiv bestimmen? Ist es möglich, von der Habermasschen Idee als «von einer strukturell und historisch fundierten ‹konkreten Utopie› (im Sinne Blochs) zu reden» (Fahrenbach 2001: 104)?

Entscheidend für Habermas' Neubestimmung der Gesellschaftstheorie und des Stellenwerts, der der Utopie dabei zukommt, ist die Kritik an der Kritischen Theorie (vor allem an Horkheimer und Adorno). Habermas' Ansatzpunkt ist die Frage nach der Grundlage der Gesellschaftskritik, mit dem die Kritische Theorie ihre Probleme habe: «An dieser Schwierigkeit, über ihre eigenen normativen Grundlagen Rechenschaft zu geben, hat die Kritische Theorie von Anbeginn laboriert.» (Habermas 1981/1995a: 500) Die «Dialektik der Aufklärung» stelle den entscheidenden Schritt dar, «das Bild der Moderne auf erstaunliche Weise ein[zu]ebnen» (Habermas 1988: 137). Horkheimer und Adorno verabschieden in Habermas' Lesart die Vernunft endgültig: «Vernunft wird in der kulturellen Moderne endgültig ihres Geltungsanspruchs entkleidet und an schiere Macht assimiliert» (ebd.). Sie hätten sich «einer hemmungslosen Vernunftskepsis überlassen» (ebd.: 156). Aus dieser «Lage» will sich nach Habermas vor allem Adorno auch gar nicht mehr befreien: «Die ‹Ästhetische Theorie› besiegelt dann die Abtretung der Erkenntnis-Kompetenz an die Kunst» (Habermas 1981/1995a: 514); «die ‹Negative Dialektik› ist nur mehr als ein Exerzitium, eine Übung zu verstehen» (ebd.: 515) und stellt eine «Abkehr vom Ziel der theoretischen Erkenntnis» (ebd.: 516) dar. Habermas besteht allerdings darauf, dass es systematische Gründe für das Scheitern der Kritischen Theorie gebe: «Demgegenüber möchte ich darauf beharren, daß das Programm der frühen Kritischen Theorie nicht an diesem oder jenem Zufall, sondern an der Erschöpfung des Paradigmas der Bewußtseinsphilosophie gescheitert ist.» (ebd.: 518) Das Paradigma der Bewusstseinsphilosophie will Habermas überwinden, da für dieses ein unzureichendes Verständnis von Vernunft und Subjektivität grundlegend sei: «Vernunft wird als die Fähigkeit eines einzelnen Subjekts definiert; die Begabung mit Vernunft dient dem Subjekt dazu, Objekte – Dinge, Gegenstände, Ereignisse, das heißt Seiendes – zu beobachten bzw. auf sie einzuwirken. Der kategorialen Beschränkung auf die Modi des Erkennens und Beherrschens als die zwei prinzipiell möglichen Einstellungsweisen des Subjekts gegenüber der objektiven Welt gilt Habermas' Kritik am subjektphilosophischen [bzw. bewusstseinsphilosophischen] Paradigma.» (Rademacher 1993: 19) Entgegen diesem Verständnis will Habermas eine Bestimmung von Vernunft entfalten, die ihr wesentliches Element auf Intersubjektivität, auf Verständigung, legt und damit gerade nicht nur den einzelnen Subjekten als Anspruch gegenübersteht.

Weil Adorno und Horkheimer aber dem bewusstseinsphilosophischen Paradigma verfangen seien, ist es ihnen nach Habermas unmöglich, Vernunft nicht instrumentell zu denken. Zwangsläufig reiht Habermas damit Horkheimer und Adorno in die Gegenaufklärung ein und macht sie zu Vorläufern von Foucault: «Foucault radikalisiert Horkheimers und Adornos Kritik der instrumentellen Vernunft zu einer Theorie der Ewigen Wiederkehr der Macht.» (Habermas 1985: 144) Die Kritik am bewusstseinsphilosophischen Paradigma und die Unterstellung der Vernunftsabsage sind die Gründe, weshalb «die Philosophie Adornos nicht in die Theorieentwicklung eingeschlossen und integriert, sondern abgegrenzt und ausgeschlossen wird» (Rademacher: 8). Einen direkten Ansatzpunkt bietet jedoch, wie bereits festgestellt, Adornos negative Utopie der Versöhnung. Habermas glaubt auf «eine wie auch immer utopische Form der Intersubjektivität» (Habermas 1981/1995a: 524) gestoßen zu sein, die eine Form der «Vergesellschaftung ohne Repression» ermöglichen soll (ebd.).

Allerdings mildert Habermas Adornos Utopie maßgeblich ab. Es geht ihm nicht um eine umfassende Versöhnung des Menschen mit der (inneren wie äußeren) Natur. «Habermas [...] reduziert systematisch in seiner eigenen Theorie die Idee der Versöhnung zu einer der Anerkennung.» (Lövenich 1990: 56) Ihm schwebt eine «Idee der Versöhnung als Konsensgesellschaft» (ebd.) vor. Die reduzierte Versöhnung nimmt bei Habermas einen gänzlich anderen Stellenwert ein, als bei Adorno die Utopie. Die Utopie ist für Habermas nur noch der vortheoretische Impuls seiner theoretischen Arbeiten und nicht die Hoffnung auf eine ganz andere Gesellschaft, die bei Adorno in der Negation der bestehenden Gesellschaft umkreist wird. Dieser Impuls zieht sich in der Annahme zusammen, daß «Verständigung [...] als Telos der menschlichen Sprache inne» wohne (Habermas 1981/1995a: 387).

Davon ausgehend entfaltet Habermas die «kommunikative Rationalität», mit der «kommunikatives Handeln», «sprachliche Verständigung als Mechanismus der Handlungskoordinierung in den Mittelpunkt des Interesses rückt» (ebd.: 370). Unter kommunikativer Rationalität versteht Habermas einen entfalteten Realitätsbegriff, der einer falschen Verkürzung auf reine Zweckrationalität entgegensteht. Was vernünftiges Sprechen ist, kann nur rein formal bestimmt werden, womit es gerade nicht mehr möglich ist «eine Idee des guten Lebens abzuleiten» (ebd: 112). Er will gegenüber der scheinbar alles umfassenden Zweckrationalität (der instrumentellen Vernunft) «die These vom Primat der kommunikativen Rationalität» (Schnädelbach 1986/2002: 20) zur Geltung bringen. Die «kommunikative Rationalität» nimmt allerdings keineswegs eine utopische Position in der Theorie von Habermas ein. Stattdessen gilt sie als «in der Geltungsbasis der Rede schon angelegt, [sie ist] also [...] bereits ‹praktisch wahr› geworden» (Berger 1986/2002: 258). Zugespitzt ließe sich sagen: «Adornos Utopie ist Habermas' Realität.» (Lövenich 1990: 57) Sofern Menschen miteinander sprechen, ist darin die Utopie angelegt, sie müsste demnach nicht erst historisch eingelöst werden.

Deutlich wird die Stellung von Habermas zum potentiell utopischen Gehalt seiner Theorie bei einem Konstrukt, dem am ehesten ein utopischer Charakter unterstellt werden könnte, der «idealen Sprechsituation». Habermas erklärt dazu proklamatisch: «Die ideale Sprechsituation ist weder ein empirisches Phänomen noch bloßes Konstrukt, sondern eine in Diskursen unvermeidlich reziprok vorgenommene Unterstellung.» (Habermas 1973: 258) Die ideale Sprechsituation versteht er als einen Modus der Kommunikation, in dem Chancengleichheit der TeilnehmerInnen existiert und in dem der Diskurs nicht von Handlungszwängen determiniert ist (vgl. ebd.: 255f.). Ist Sprechen auf Verständigung ausgelegt, wie Habermas unterstellt, sei Konsens als ideales Ergebnis aufzufassen. Anfangs spricht Habermas noch von «einer Antizipation, einem Vorgriff auf eine ideale Sprechsituation» (ebd.). Diesen zumindest potentiell utopischen Funken treibt Habermas seiner eigenen Theorie jedoch aus, wenn er später erklärt: «Der utopische Gehalt der Kommunikationsgemeinschaft schrumpft auf die formalen Aspekte einer unversehrten Intersubjektivität zusammen. Noch der Ausdruck ‹ideale Sprechsituation› führt, soweit er eine konkrete Gestalt des Lebens suggeriert, in die Irre.» (Habermas 1985: 161)

Weiterhin führt Habermas ein Gesellschaftskonzept ein, dass sich gegen die Vereinseitigung der Moderne, ihre Reduktion auf Zweckrationalität bzw. instrumentelle Vernunft zur Wehr setzen soll. Habermas schlägt vor, «Gesellschaft gleichzeitig als System und Lebenswelt zu konzipieren» (Habermas 1981/1995b: 180). Das «System» deckt die Sphäre des zweckrationalen Handelns ab, wohingegen die «Lebenswelt» «einen Komplementärbegriff zum kommunikativen Handeln» (ebd.: 182) bildet. Die Lebenswelt bildet ein Reservat der Kommunikation, das den Systemimperativen entgegensteht. Habermas sieht in ihr die Vorgänge «der kulturellen Reproduktion, der sozialen Integration und der Sozialisation», denen «die strukturellen Komponenten der Lebenswelt Kultur, Gesellschaft und Person» entsprechen (ebd.: 209). Der Clou dieses zweiteiligen Gesellschaftskonzepts (System und Lebenswelt) findet sich in der Konsequenz von Habermas' Evolutionstheorie. Das System hat sich nach Habermas aus der Lebenswelt differenziert: «System und Lebenswelt differenzieren sich, indem die Komplexität des einen und die Rationalität der anderen wächst, nicht nur jeweils als System und als Lebenswelt – beide differenzieren sich gleichzeitig auch voneinander.» (ebd.: 230)

Diese Entwicklung hat jedoch ihre Grenzen, die Habermas als «unaufhaltsame Ironie des weltgeschichtlichen Aufklärungsprozesses [fasst]: die Rationalisierung der Lebenswelt ermöglicht eine Steigerung der Systemkomplexität, die so hypertrophiert, daß die losgelassenen Systemimperative die Fassungskraft der Lebenswelt, die von ihnen instrumentalisiert werden, sprengen» (ebd.: 232f.). Genau hier kommt Habermas' Kolonialisierungsthese zum Zug: Wenn «systemische Mechanismen Formen der sozialen Integration auch in jenen Bereichen, wo die konsensabhängige Handlungskoordinierung nicht substituiert werden kann», verdrängen, «dann nimmt die Mediatisierung der Lebenswelt die Gestalt einer Kolonialisierung an» (ebd.: 293). Wenn elementare Prozesse der Lebenswelt, die kulturelle Reproduktion, die soziale Integration und die Sozialisation, die Habermas als maßgeblich für die Reproduktion der Gesellschaft ansieht, durch das System bzw. dessen Steuerungsmechanismen Geld und Macht besetzt bzw. kolonialisiert werden, sieht Habermas darin eine Entwicklung mit schwerwiegenden Folgen, die sich in der Ökonomisierung der Lebenswelt zeigen.

Die Kolonialisierungsthese gewinnt Habermas auch aufgrund seiner Einschätzung der «Bedeutung der neuen Protestpotentiale, neuer Bewegungen» (Habermas 1985: 181), die Habermas in Kämpfe gegen die Kolonialisierung verwickelt sieht, wie z.B. die «Jugend- und Alternativbewegung, für die eine an Ökologie- und Friedensthemen entfachte Wachstumskritik den gemeinsamen Fokus bildet» (Habermas 1981/1995b: 579). Im Sinne der Kolonialisierungsthese ist auch Habermas' Zeitdiagnose der Aufzehrung der «utopischen Energien» zu verstehen (vgl. Habermas 1985: 143). Die Kolonialisierungsthese (die Bedrohung der Lebenswelt durch das kapitalistische System) muss als umfassende Zeitdiagnose moderner Gesellschaften verstanden werden. Daraus folgt eine Position der Abwehrkämpfe, z.B. der Ökologie gegen die Ökonomie, die mit einem historischen Pessimismus verbunden ist und sich auch in der Beziehung zum utopischen Denken ausdrückt. Das seit dem 18. Jahrhundert sich entwickelnde «moderne Zeitbewusstsein» hat «einen Horizont eröffnet, in dem das utopische mit dem geschichtlichen Denken verschmilzt» (ebd.: 142). «Alle [waren] vom utopischen Denken infiziert» (ebd.), die Utopie wurde verzeitlicht und in die Zukunft verlegt und mit dieser Verlegung wurde ihr auch die Möglichkeit der Verwirklichung zugeführt. Heute hingegen «sieht es so aus, als seien die utopischen Energien aufgezehrt, als hätten sie sich vom geschichtlichen Denken zurückgezogen» (ebd.: 143). Kurz gesagt: «Die Zukunft ist negativ besetzt.» (ebd.) Die «Antworten der Intellektuellen spiegeln nicht weniger als die der Politiker Ratlosigkeit» (ebd.: 143), die sich in den 1980er Jahren ausbreitet. Habermas glaubt jedoch, dass es «gute Gründe» «für die Erschöpfung der utopischen Energien gibt» (ebd.: 144), weil «eine bestimmte Utopie, die sich [...] um das Potential der Arbeitsgesellschaft kristallisiert hat» (ebd.: 145) zum Ende gelangt ist. Das letzte «Erbe der bürgerlichen Emanzipationsbewegung», das «Sozialstaatsprojekt» ist an seine Grenzen gelangt (ebd.: 146f.). Habermas glaubt allerdings, dass es zu den «sozialstaatlichen Institutionen [...] keine erkennbare Alternative gibt» (ebd.: 152). Er will das «Sozialstaatsprojekt [...] auf höherer Reflexionsstufe» fortsetzen (ebd.: 157). Um dabei nicht der Gefahr der Kolonialisierung der Lebenswelt zu erliegen, schlägt Habermas vor, eine «neue Gewaltenteilung» (ebd.: 157f.) zu etablieren: «Die sozialintegrative Gewalt der Solidarität müßte sich gegen die ‹Gewalten› der beiden anderen [systemischen] Steuerungsressourcen, Geld und administrative Macht, behaupten können.» (ebd.: 158)

Dazu bedürfte es «autonome Öffentlichkeiten», die «eine Kombination von Macht und intelligenter Selbstbeschränkung erreichen, die die Selbststeuerungsmechanismen von Staat und Wirtschaft gegenüber den zweckorientierten Ergebnissen radikaldemokratischer Willensbildung hinreichend empfindlich machen könnte» (ebd.: 160). Habermas will eine «hochentwickelte kommunikative Infrastruktur möglicher Lebensformen» bestimmen und einer Verwechslung «mit einer bestimmten, im Singular auftretenden Totalität gelungenen Lebens» vorbeugen (ebd.: 162), ganz dem rein formalen Charakter der «kommunikativen Rationalität» entsprechend. Gibt es keine Alternative zum System, so sollen dessen Einflussgrenzen diskursiv ausgehandelt werden.

Habermas' Haltung zur Utopie erscheint damit mehr als zwiespältig. Er erkennt zwar einerseits im Sinne der Motivationsfunktion von Karl Mannheim an, dass «Utopien [...] eine praktische Funktion, soweit sie in soziale Bewegungen als Orientierung eingehen», haben (ebd.: 74). Andererseits glaubt er allerdings, dass es «keine theoretisch begründeten Utopien» gibt (ebd.: 75). Utopien als «Entwürfe von Totalitäten» unterstellt er, dass sie leicht die «Folgen […] auf die ja unsere neokonservativen Freunde hinweisen», haben können (ebd.: 75f.). Solcher Totalitäten bedarf es nach Habermas nicht mehr, seine «hochentwickelte kommunikative Infrastruktur möglicher Lebensformen» soll «die Beteiligten selbst in die Lage versetzen […] konkrete Möglichkeiten eines besseren und weniger gefährdeten Lebens nach eigenen Bedürfnissen und Einsichten aus eigener Initiative [zu] verwirklichen» (ebd.: 161f.). Die «Erschöpfung der utopischen Energien» scheint sich in Habermas Theorie selbst widerzuspiegeln. Adornos negative Utopie der Versöhnung ist für Habermas nur noch der Ausgangspunkt der Entfaltung der Idee vom Primats des kommunikativen Handelns, der kommunikativen Rationalität, der Lebenswelt gegenüber dem zweckrationalen Handeln, der Zweckrationalität, dem System. Er kann und will keine Utopie der Verständigung entfalten, weil sie bei ihm «bereits ‹praktisch wahr› geworden ist». Damit hat, wie der Philosoph Rolf Eickelpasch feststellt, «Habermas zu viel vom Besten der utopischen Tradition Kritischer Theorie preisgegeben. Wenn ‹Emanzipation› tatsächlich nur noch als Verwirklichung des bürgerlichen Universalismus […] in den Blick kommt, dann steht zu befürchten, daß die […] ‹Wüste der Banalität› sich bereits innerhalb der Kritischen Theorie selbst auszubreiten beginnt.» (Eickelpasch 1996: 43)

Die Utopie wird Habermas trotz allem auch innerhalb seiner eigenen Theorie nicht völlig los. Gegen Ernst Bloch empfiehlt er allerdings eine Selbstbeschränkung der Utopie: Sie müsste, «ebenso streng gegen sich, ein Grenzbewußtsein auch von sich selber bilden» (Habermas 1960: 80). Durch diesen Anspruch will Habermas nicht die Utopie historisch relativieren, ihm schwebt hingegen eine Ausbalancierung zwischen Utopie und Realität vor. Entsprechend liegt, wie der Philosoph Thomas Biebricher richtig feststellt, Habermas Gesellschaftskonzept «eine ausbalancierte Koexistenz von System und Lebenswelt […] als ‹Utopie› im schwachen Sinne zugrunde» (Biebricher 2005: 72). Habermas lässt Adornos negative Utopie der Versöhnung als vortheoretischen Impuls zu. Gleichzeitig aber, und das begründet Habermas' ambivalente Haltung zur Utopie, betont er die möglichen «Folgen» von Utopien als «Entwürfe von Totalitäten», obwohl er meint, dass «die Utopiekritik […]

zu Unrecht die angebliche unvermeidliche Verschwisterung der Utopie mit dem Terror» denunziere (Habermas 1985: 162). Er geht sogar noch weiter, wenn er behauptet, dass die erschöpfte «arbeitsgesellschaftliche Utopie», also eine Utopie, die auf der Befreiung der Arbeiter beruhte, neben dem «sozialdemokratischen Reformismus in den Massendemokratien des Westens» auch im «Sowjetkommunismus in Rußland», «im autoritäre[n] Korporatismus im faschistischen Italien, im NS-Deutschland und im falangistischen Spanien» wohl «ihre Spuren hinterlassen» habe (Habermas 1985: 146). Damit positioniert er sich in erschreckender Nähe zu konservativer Utopiekritik, wie sie etwa Joachim Fest vertritt.

5.2 Vom Ende des utopischen Zeitalters – Konservative Utopiekritik

1991 veröffentlicht der konservative Historiker Joachim Fest sein Buch «Der zerstörte Traum – Vom Ende des utopischen Zeitalters». Er geht darin weit über die liberale und postmoderne Utopiekritik hinaus, indem er das utopische Denken nicht nur als irrational oder veraltet verwirft, sondern es verantwortlich macht für den Nationalsozialismus und Staatssozialismus. «Mit dem Sozialismus ist, nach dem Nationalsozialismus, der andere machtvolle Utopieversuch des Jahrhunderts gescheitert. Was damit endet, ist der mehr als zweihundert Jahre alte Versuch, daß sich die Welt nach einem ausgedachten Bilde von Grund auf ändern lasse.» (Fest 1991: 81) Für einen Historiker ist es erstaunlich, totalitäre Systeme lediglich als Ausdruck von Gedanken zu deuten, so als hätten Hitler und Stalin bloß fixe Ideen gehabt. Selbst auf einer theoretischen Ebene, die gedankliche Konstruktionen ernst nimmt, wäre zudem zu unterscheiden zwischen der Ideologie der Volksgemeinschaft, die Herrschaft stärkt und als verkehrte Utopie wirkt, und der Utopie des Vereins freier Menschen, die als Ideologie missbraucht wird. Fest hingegen sieht Lenin und Stalin als «Vollstrecker» von Marx (ebd.: 86). Sogar Hitler wird in die Reihe der Utopisten eingereiht. «Zwar ist es richtig, daß die Hitlersche Utopie dem Wesen nach auf einem Wahnsystem errichtet war. Das unterscheidet sie im Ausgangspunkt von den meisten anderen Konzepten zur Rettung oder Erneuerung der Welt, in denen ein humanitärer

Impuls zumindest den Anfang machte.» Dennoch «konnte er sich auf alte, teilweise klassische Texte der utopischen Literatur berufen» und «die Frage lautet denn auch, ob nicht alle Traumgesichte einer Neuen Ordnung [...] unvermeidlicherweise in den Terror münden, was immer ihr ursprünglicher Antrieb gewesen sein mag» (ebd.: 57).

Für Fest ist es egal, ob eine Zukunftsvision utopisch auf Glück durch Vernunft abzielt oder ideologisch auf Gemeinschaft durch Wahn, verderblich sei die Vision. Das «historische Gesetz» bei Marx und die «Vorsehung» bei Hitler (ebd.: 88) seien die Quelle des Terrors, der zur Erreichung des Ziels notwendig sei. Fest übersieht, dass Marx' Tendenzforschung der Form nach keine Utopie war, Hitlers Wahn dem Inhalt nach nicht. Nationalsozialismus gleiche dem Kommunismus darin, aus dem «Literaturvergnügen», das Utopie einmal war, ein «Handlungsmodell» zu machen (ebd.: 25). Was ist nun dieses Modell? Für Fest ist es der Gedanke, der schon in der Französischen Revolution scheiterte, nämlich, «daß der Mensch der Herr über seine Verhältnisse sei oder es doch werden könne» (ebd.: 35). Diese Idee steckt in der Tat schon in den Überlegungen von Morus, wie eine humane Gesellschaft einzurichten sei. Schon diesen Gedanken der Einrichtung verwirft Fest radikal. Seine Abrechnung soll die gesamte Tradition des utopischen Denkens treffen. Morus hält er zugute, er habe sein Werk keineswegs als Aufruf zum Handeln verstanden (vgl.: ebd. 92). Er sei ein Katholik geblieben, der die sündige Menschheit nicht diesseitig beglücken will. Dagegen «knüpfte das utopische Denken, das mit Mercier in Gang kam und eine befreite, harmonisch in sich selbst ruhende Welt zum Ziel der Geschichte erhob, viel eher an altjüdische, messianische Traditionen an» (ebd.: 21). Aus Messianismus werde Marxismus. Die Idee einer neuen Menschlichkeit verfehle stets die Unwandelbarkeit des Menschen (vgl. ebd.: 31). Wie sehr Fest an eine unveränderliche menschliche Natur glaubt, zeigt sein Spott darauf, dass angeblich «[wie] Herbert Marcuse, der Philosoph der Achtundsechziger-Bewegung meinte, die großen Fische nicht mehr die kleinen fressen werden» (ebd.: 29). Ist eine Besserung der Menschen, eine Befriedung der Menschheit ausgeschlossen, ist die Utopie tot. Um den Nationalsozialismus in diesen Nachruf einzubeziehen wird er Gegen-Utopie genannt. Selbstverständlich wollte Hitler die Möglichkeiten der Moderne nicht zur Befriedung des Daseins nutzen, sondern antimodern gegen dieses Glücksversprechen wenden (vgl. ebd.: 42). Der totale Krieg sei aber trotzdem das Gegenbild zum Gegenbild ewigen Friedens gewesen. Trotz inhaltlicher Gegensätze sieht Fest Nationalsozialismus als Weltveränderungsprogramm. Dahinter vermutet er das bis heute anhaltende «Bedürfnis, von der Politik immer etwas zu erwarten, was mehr ist als nur Politik» (ebd.: 101). Politik soll laut Fest mit den Menschen rechnen ,wie sie sind. Hatten Popper und Dahrendorf Konflikte noch als Antrieb zum Fortschritt gerechtfertigt, so macht Fest den Status quo zum Naturzustand. Änderungsversuche müssten daher stets in den Terror abgleiten. Ob dieser nun so rational wie brutal politische und ökonomische Maßnahmen durchsetzen soll, wie in der Französischen und Russischen Revolution, oder sich irrational zum Holocaust steigert, mache letztlich keinen großen Unterschied. Für Fest gibt es nur den Gegensatz zwischen dem «geschlossenen Charakter aller grundlegenden Neuentwürfe und der Offenheit einer nur dem Zwang der Spielregeln unterworfenen Ordnung» (ebd.: 95). Nach den Spielregeln des Kapitalismus gibt es Gewinner und Verlierer, Überlebende und Tote, aber jeder Versuch sich seiner Totalität zu entziehen, müsse totalitär werden. Wie Mannheim über konservative Utopien sagt, sind diese Idealisierung der Gegenwart, im Fall von Fest der «modernen Sozialstaaten der offenen Gesellschaft, mit allen Abstrichen und Unzulänglichkeiten» (ebd.: 102). Mehr gibt es nicht. Was nicht konservativ ist, was vom Status quo abweicht, sei empfänglich für Versuchung. «Nach Hitler schien es, als sei diese Empfänglichkeit für lange Zeit vorüber. Daß dies nicht so war, ist ohne die Wirkung Ernst Blochs kaum zu verstehen.» (ebd.: 77)

In grausamer geschichtsrevisionistischer Weise macht Fest aus dem jüdischen, sozialistischen und antifaschistischen Philosophen, bei allen anerkannten Unterschieden (vgl. ebd.: 75), den Wiedergänger des antisemitischen, nationalsozialistischen und faschistischen Führers. «Durch ihn hat das Totale und Totalitäre eine Art zweiter Unschuld zurückgewonnen.» (ebd.: 77) Seine Gleichsetzung von Rot und Braun ist von tiefstem Schwarz. Nachdem der Staatssozialismus endlich an «den Zwängen einer zusehends enger verflochtenen Weltmarktordnung» (ebd.: 86) gescheitert ist, sei mit der verfehlten Umsetzung auch die Utopie erledigt, das übrig gebliebene System ist der zu bewahrende Gewinner der Geschichte.

Dennoch ahnt er, dass Utopie ihre Stärke nicht aus der Umsetzung gewinnt, sondern aus dem Bestehenden, dem sie entgegengesetzt wird, denn «die utopische Sehnsucht ist deshalb nicht verstummt» (ebd.: 89), es könne sogar sein, «daß solche Sehnsüchte in einer ernüchterten und von Zukunftsängsten geplagten Welt noch zunehmen» (ebd.: 91). Davor möchte Fest warnen. Seine völlige Überschätzung des utopischen Denkens, das für alle Gräuel der StalinistInnen und der Deutschen verantwortlich sein soll, ist als taktische erkennbar. Wenn er schließlich fragt, ob Sozialismus «mehr als ein Richtungsweiser sein kann und der Versuch seiner buchstäblichen Umsetzung nicht immer wieder ins Ausweglose führen muß» (ebd.: 90), erkennt er insgeheim die Funktionalität von Utopie an. Schließlich haben Lenin und Stalin sich gerade nicht an utopische Gehalte des Sozialismus als Wegweiser oder Wärmestrom des Marxismus gehalten, sondern eine eiskalte und pragmatische Politik betrieben. Hätten sie sich buchstäblich an Marx' These gehalten, dass Sozialismus nur in hochindustrialisierten Ländern sinnvoll ist, hätten sie erst gar nicht handeln dürfen. Fest wirft der Utopie als Haltung den Stalinismus und den Nationalsozialismus vor, weil er verhindern will, dass an ihr die Differenz von Stalinismus und Kommunismus deutlich wird. Er beruhigt sich damit, dass «sich die Mehrheit der Deutschen nach vielen verlustreichen Irrwegen durch die Geschichte in einer womöglich allzu traumlosen Wirklichkeit eingerichtet hat» (ebd.: 102). Die Shoah als Irrweg der Deutschen, als Irrtum, ist schon ein verräterisches Wort, zumal wenn Fest anerkennt, die «ältere Generation […] mochte ihre eigenen Gründe haben, die Erinnerung an jene Zeit zu verdrängen» (ebd.: 76). Diese Verdrängung störten Intellektuelle wie Ernst Bloch, die im Exil überlebten, und junge Intellektuelle wie Hans-Jürgen Krahl. Die Intellektuellen bleiben verdächtig, denn es suchen «viele Intellektuelle insbesondere aus dem akademischen Bereich mitsamt ihren Apostelscharen in den Medien noch immer nach einem Dritten Weg zwischen System-Utopie und offener Gesellschaft, wo aber keine Brücken sind» (ebd.: 102). Gegen ihr utopisches Bewusstsein steht Joachims Fests Konservatismus.

Er schreibt damit eine alte Tradition des Antiutopismus als Antiintellektualismus fort. Schon 1977 stand das Salzburger Humanismusgespräch, an dem Herbert Marcuse 1965 teilgenommen hatte, unter der Überschrift «Abschied von Utopia –

Anspruch und Auftrag der Intellektuellen». Dessen Leiter Oskar Schatz nennt Marcuses Denken eine «totale Utopie» (Schatz 1977: 16) und «Haß auf das Bestehende» (ebd.). Schatz empfiehlt die Beschränkung von Utopie auf Literatur, denn er macht sie für den Terror von 1792 und 1917 verantwortlich (vgl. ebd.: 21). Zugleich beklagt er, die politische Utopie des Sozialismus werde «von Intellektuellen in Ost und West gegen die Wirklichkeit des Sozialismus unter dem Begriff des utopischen Bewußtseins eingeklagt» (ebd.: 40). Mäßigung wird gefordert. «Warum sollte es denn unter der Würde der Intellektuellen sein, für eine bessere Welt zu kämpfen, in der es weniger Armut, Ungerechtigkeit und Unterdrückung gibt? Warum muß es immer gleich die Welt des Heils schlechthin sein, das Ende jeglicher Herrschaft und Gewalt.» (Schatz: 41) Schatz verkennt, dass es eben Herrschaft und Gewalt sind, welche die Utopie der herrschaftsfreien und gewaltlosen Gesellschaft hervorbringen, und Marx' Diktum prägen: «Materielle Gewalt muß gestürzt werden durch materielle Gewalt.» (MEW 1: 385)

Zwar sei die bestehende Gewalt schon 1977 nicht mehr in Gefahr, sekundiert Richard Löwenthal, denn die «Intellektuellenrevolte» (Löwenthal 1977: 70) ist abgeklungen durch den «Prozeß der Integrierung der ehemaligen Revolutionäre» (ebd.: 73), aber alte Werte wie Arbeitsethik, Familienbindung und Nation seien nachhaltig erschüttert (vgl. ebd.: 78). Der Konservative Robert Hettlage ergänzt, die «utopistische Gefährdung des Intellektuellen» sei noch aktuell, denn sie beruhe auf der «Freistellung von der Produktionsaufgabe», auf «Selbstüberschätzung» und «Resignation» an der Wirklichkeit (Hettlage 1977: 146f.). Wie Diskussionsteilnehmer Helmut Schelsky meint, wären die sogenannten einfachen Leute zu beschützen vor Intellektuellen, ihrer «Daueropposition» (Schelsky 1977: 159) und den Utopien, denn «von hier aus wird die erfahrene Wirklichkeit der anderen, der nicht intellektuell Arbeitenden, des gemeinen Mannes, ja selbst der politisch und wirtschaftlich Regierenden in die Zange von Utopie und Kritik genommen und zerstört» (ebd.: 163). Kritisiert werden die Intellektuellen als «herrschaftsbegierige Klasse» (ebd.: 164), weil, wie Thomas Molnar vermutet, «das utopische Denken verborgene Wünsche nach absoluter Herrschaft» beinhalte (Molnar 1977: 251). Schließlich bestreitet der Gastgeber Oskar Schatz den Denkweg der Utopie, wonach «das Glück der Menschen ausschließlich von guten Institutionen abhinge» (Schatz: 15), ebenso wie das Denkziel Glück, denn hier verberge sich «ordinäres Lust- und Konsumstreben unter der Maske des Sozialen» (ebd.: 35). Konservative Utopiekritik rät stets zur Bescheidenheit und zum Utopieverzicht und warnt vor überzogenen Ansprüchen der Intellektuellen.

Es muss anstrengend gewesen sein auf diesem Kongress zum «Abschied von Utopia» eine Gegenkritik zu entfalten. Sind «Intellektuelle die typischen Träger des spezifisch utopischen Elements» (Löwenthal: 70), so sieht Jean Améry ihre zentrale Aufgabe eben darin, «Unbehagen zu konvertieren in ein utopistisches Streben nach den universellen Werten» (Améry 1977: 141). Gegen Kurt Sontheimers These vom utopischen «Elend unserer Intellektuellen» (Sontheimer 1976) verteidigt auch der Marxist Leo Kofler deren utopischen Auftrag. Zwar ergebe sich aus ihrer Ungebundenheit, die Karl Mannheim lobt, auch das «haltlose Utopisieren» (Kofler 1977: 273), aber «der Griff der progressiven Elite nach der realen Utopie sei [...] der theoretische Ausdruck des verschlungenen Weges der Geschichte über das jeweils Bestehende hinaus [...] gegen klassengesellschaftliche Verunmenschlichung und konservative Stagnation» (ebd.: 278).

Eine solche Verteidigung des Utopiebewusstseins, wie sie 1977 am Ende der Renaissance des Utopischen nötig war, wird nach 1991 auch bei der Reaktualisierung der Utopie notwendig. Gegen die konservative Offensive stellt Johano Strasser seine sozialdemokratische Defensive. Die «endgültige Überwindung des Mangels» sei «Illusion» (Strasser 1991: 85), falsch wäre auch die «Abschaffung des Staates und die Aufhebung der Marktbeziehungen» (ebd.: 100), denn ein regulierter «Markt ist sozial produktiv und freiheitsfördernd», ein demokratischer Staat «Garant der Menschenrechte» (ebd.: 100f.). Die Bedrohung sozialdemokratischer Errungenschaften verleiht diesen für Strasser bereits den Charakter der «Utopie einer neuen Arbeitsgesellschaft und [...] Sozialstaatlichkeit» (ebd.: 120). Was SozialdemokratInnen, die laut Strasser «nicht immer und überall zu ihren eigenen Prinzipien standen» (ebd.: 27), stets als Gegenteil von Utopie verfochten, wird nun selbst zu einer Utopie erklärt, bei der es darum gehe, «soziale Ungerechtigkeit nach Möglichkeit abzubauen» und zugleich die Bedingungen zu fördern «unter denen sich immer neu soziale Ungleichheiten entwickeln» können, was Strasser ganz unironisch «ein typisch sozialdemokratisches Einerseits-Andererseits» nennt (ebd.: 130). Der rot-grüne Sozialstaatsabbau der 1990er neigte später nur zum Andererseits. Erstaunlich, dass die SPD, für Joachim Petzold «die Partei, die mit Marx und Engels begann», sich überhaupt angegriffen fühlt. «Will Fest das Wort Sozialismus, das so besudelt wurde, auch in seiner allein rechtmäßigen demokratischen Form endgültig zu Grabe getragen sehen?» (Petzold 1992: 39) Vielleicht, aber dann kann es die SPD gleich selbst erledigen. An Fest, der Utopie «mit dem Zusammenbruch der Sowjetunion» für erledigt ansah, kommt auch die neue Utopiedebatte, die, maßgeblich vom Utopieforscher Richard Saage geprägt, «vor einer Zerstörung der utopischen Imagination warnte» (Saage: 3), nicht vorbei, Fest ist ihr Abstoßungpunkt.

5.3 Utopie als ethischer Seismograph bei Richard Saage und die jüngste Utopiedebatte

Die jüngste Utopiedebatte, die sich gegen den Konservatismus positioniert, nimmt stufenweise Fahrt auf. Vorarbeit leisten die Bände zur «Utopieforschung» von Wilhelm Voßkamp. Sie versammeln 1983 Forschungsergebnisse einer Projektgruppe an der Universität Bielefeld. Seit Anfang der 1990er belebt die intensive Forschungs- und Herausgebertätigkeit von Richard Saage die Auseinandersetzung um Utopie. Schließlich erfährt «zu Beginn des 21. Jahrhunderts der Begriff der Utopie in kleinen, zumal wissenschaftlichen Kreisen wieder eine Renaissance» (Kritidis 2006: 9), ihre Bedeutung als «Kompaß» (ebd.: 11) der Emanzipation wird erneut hervorgehoben und reaktualisiert. Richard Saage lässt sich durchaus auf die liberalen, postmodernen und konservativen Kritiken des utopischen Denkens ein, indem er rückblickend einräumt: «Nach den Erfahrungen des 20. Jahrhunderts können utopische Szenarien nur dann noch Glaubwürdigkeit beanspruchen, wenn sie die Gefahr des Umschlagens ins Gegenteil des positiv intendierten mit reflektieren» (Saage: 150).

Morus, der lediglich die Übernahme einiger Errungenschaften Utopias empfiehlt und seine Utopie als kritischen Dialog präsentiert, ist dafür vorbildlich. Überhaupt vertritt Saage einen klassischen Utopiebegriff, der sich vor allem von dem Blochs abgrenzt. Blochs Ausweitung versteht er als «Reduktion der Utopie auf ihre bloße Absicht ein besseres Anderes zu verwirklichen», während sein Utopiebegriff außer Romanen z.B. auch Traktate, Architekturszenarien, Bilder und Filme umfasst, sofern sie als Entwürfe zu verstehen sind (ebd.: 10). Trotz dieser Fokussierung auf einen kulturwissenschaftlichen Utopiebegriff, ordnet Saage den Utopien auch eine spezifische inhaltliche Funktion zu. «Es gibt in der europäisch-amerikanischen Geistesgeschichte keine Literaturgattung, welche sich so dezidiert als ethischer Seismograph ihrer eigenen Herkunftsgesellschaft verstand.» (ebd.: 155) Saages Lesart, es handele sich bei utopischem Denken primär um ein Korrektiv, wird deutlich, wirft aber ein Problem auf. Meint Ethik reflektierte Moral bzw. Reflexion über Moral, wäre bei dem, was Utopien kritisieren wohl eher die Moral einer Herkunftsgesellschaft erschüttert. Seismographisch zeigt Morus' Utopia Verletzungen der mittelalterlich-christlichen Moral an. Ethik selbst kann durch Utopie nur in Mitleidenschaft gezogen werden, wenn diese, wie etwa bei Klaus Holz als «Ethik der Utopie», oder besser als utopische Ethik, auftritt: «Alle vom Menschen selbst geschaffenen Lebensverhältnisse, die Menschen verwehren sich selbst wie die anderen auch als Zwecke zu behandeln, sind abzuschaffen.» (Holz 2013: 56) Diese Verbindung von Marx und Kant ist im Sinne der Utopie, weil Verhältnisse an Individuen gemessen werden.

Die utopische Ethik von Holz ist ein Kompass aus dem Kapitalismus. Trotz des gemeinsamen Bezugs zur Ethik ist dies deutlich mehr, als Saage in der Utopie sieht, die bei ihm unter dem Vorzeichen der «Teilrealisierung» steht (Saage: 11). Durch Utopien würden «modernisierende Tendenzen verstärkt oder aber laufende Fehlentwicklungen verdeutlicht» (ebd.). Ein Beispiel ist die ethisch fragwürdige Option zur technischen Selbstoptimierung des Menschen, die sogar die Inhalte von Utopien affiziert (vgl. ebd.: 149). Laut Saage kann Utopie als «Zeitdiagnose» auf solche Probleme (ebd.: 126) hinweisen, ohne eine eigene Ethik zu entwerfen.

Auch hier ist Morus das Vorbild für Saages Utopieverständnis. Dessen Utopie in Form eines «Ideals oder eines regulativen Prinzips» hält Abstand zum Abwarten, zum Attentismus, z.B. wie im Messianismus und der Sozialdemokratie, aber auch zum

Aktivismus des Chiliasmus (ebd.). Utopie bleibt primär Korrektiv. Anders als Märchen und Mythen muss das utopische Bild vor dem Hintergrund seiner Herkunftsgesellschaft möglich sein (vgl. ebd.: 133) und kritisch (vgl. ebd.: 141) wirken. Über Utopien könne daher sinnvoll nur im Kontext ihrer Epoche gesprochen werden, sie bereiten für Saage weder wie für Landauer die nächste vor noch stellen sie wie für Bloch unabgegoltene Ansprüche an die Gegenwart. Mannheims Gestalten utopischen Bewusstseins finden sich bei Saage nicht wieder. Der Chiliasmus Thomas Münzers sei «eher rückwärts gewandt» (ebd.: 127), auf Paradies und Wiederherstellung aus. Liberalismus und Konservatismus werden qua Selbstverständnis von Utopie ausgenommen (vgl. ebd.: 7). Was Saage interessiert, ist die Interpretation von AutorInnen, nicht das Utopiebedürfnis von deren LeserInnenschaft oder gar von politischen Bewegungen. Die Renaissance des Utopischen in den 1960er und 1970er Jahren spielt bei ihm eine Rolle, insofern Romane mit basisdemokratischen, feministischen und ökologischen Utopien erscheinen, die er postmaterielle Utopien nennt (vgl. Saage 1992: 158).

Die von Saage angestoßene Debatte lässt aber durchaus Raum für andere Utopieverständnisse. Helga Grubitzsch und Eva Kaufmann zitieren z.B. utopische Konzepte der DDR-Opposition: «Wir wollen uns beteiligen am Aufbau einer sozialistischen Gesellschaft, die ökologisch, demokratisch, feministisch, multikulturell, nichttotalitär und sozial gerecht ist» (Grubitzsch/Kaufmann 1992: 230). Diese Ziele erwiesen sich als nicht umsetzbar, sie gehörten als politische Utopie aber doch zum «Selbstbewußtsein der Bewegung» (ebd.: 230). Auf die Reaktualisierung einer dritten Variante, neben den literarischen und den politischen Utopien, verweist Herfried Münkler auf alternative Projekte, die wie frühsozialistische Utopien Neues im Kleinen beginnen lassen (Münkler 1992: 214). Die theoretischen Funktionen utopischen Denkens verbinden sich hier unmittelbar mit einer praktischen Option, wie sie von Gisela Notz in ihrem Band «Theorien alternativen Wirtschaftens» behandelt wird (Notz 2012).

Weniger Reaktualisierung als Neubestimmung ist Udo Bermbachs Idee einer Verwissenschaftlichung von Utopie zur «Szenariotechnik» (Bermbach 1992: 148), für die auf wesentliche Charakteristika utopischen Denkens verzichtet werden müsste. Zielt Utopie auf qualitativ Neues, so ist sie mit Verfahren der quantitativen Hochrechnung des Alten unvereinbar. Ernst Nolte zweifelt ganz an der Aktualität politischer Utopie. «Eine politische Utopie ist nur dann etwas anderes als eine literarische Utopie, wenn es eine starke Gruppierung gibt, die entschlossen ist, sie mit dem äußersten politischen Mittel durchzusetzen.» (Nolte 1992: 12) Ohne Gewalt, für Nolte, keine politische Utopie. Als Möglichkeiten bleiben daher nur eine Ökodiktatur, ein neues Matriarchat und der islamistische Fundamentalismus bzw. dessen Ideologie der transnationalen Umma (ebd.: 12f.) (vgl. auch Petzold: 37).

Diese Auswahl exemplarischer Beiträge zeigt an, dass die in den 1990ern neu beginnende Utopiedebatte mit der während der Zwischenkriegszeit nicht zu vergleichen ist. So unterschiedlich die damals herausgestellten Funktionen von Utopie sind, so hatten die Überlegungen doch einen gemeinsamen Abstoßungs- und Zielpunkt. Sie richteten sich gegen die «Ausblendung des utopischen Elements aus der sozialistischen Politik», indem sie der «Utopie als Handlungsleitbild eine zentrale Rolle in historischen Transformationsprozessen» zuwiesen (Graf 2003: 155). Von einer solchen Fokussierung ist die bis heute andauernde jüngste Utopiedebatte (noch) weit entfernt.

Iring Fetscher gibt zum Sinn und Unsinn von Utopiedebatten zu bedenken, dass sich zwar Funktionen utopischen Denkens benennen lassen, es aber nicht vorherzusagen ist, ob eine Utopie auch funktionieren wird. Er denkt dabei in großen historischen Zeiträumen und fragt provokativ: «Waren nicht auch die neuzeitlichen Demokraten ‹Utopisten›? Menschen, die – für ihre Zeit höchst anstößig – die Legitimität der Ständeordnung und der Erbmonarchie in Frage stellten? Ihre idealen Gedanken waren unzulänglich, weil ihnen die Praktikabilität fehlte [...], aber die Doktrinäre des Jakobinerklubs wurden von banaleren, aber realistischeren Pragmatikern abgelöst, und nach zwei Jahrhunderten etwa sind demokratische Gesellschaften entstanden» (Fetscher 1992: 61).

Wie für Mannheim scheinen Utopien ihren Gebrauchswert für Fetscher nur im langen historischen Rückblick zu erweisen, wobei einzubeziehen wäre, welche Zwischenziele solche Bewegungen erreichen, welche Niederlagen sie erleiden. Eine kritische Theorie der Utopie muss anerkennen, dass Langzeitwirkungen utopischen Denkens unberechenbar sind. Abgesehen davon ändert es nichts an den Wünschen, Entdeckungen, Begeisterungen und Empörungen der antifeudalen Revolutionäre, dass wir später mehr wissen.

Utopiebewusstsein ist eines von Menschen, es keimt auf oder auch nicht, lässt sich aber sicher durch keine Debatte regulieren, die ihm Pro-und-Contra-Listen ausstellen will. Zu klären sind vielmehr seine Geschichte, die Bedingungen seines Entstehens, sein Vorkommen. «In der Praxis muß der Mensch die Wahrheit, i.e. die Wirklichkeit und Macht, Diesseitigkeit seines Denkens beweisen.» (MEW 3: 5) Ist dies nur in Hinsicht auf Zukunft möglich, wäre doch der Blick zunächst auf Utopien der Gegenwart zu lenken, wenn Utopieforschung etwas anderes sein soll als Ideengeschichte oder Zukunftsprognose, die nur funktioniert, wenn Veränderung unterbleibt.

Braucht die Betrachtung der Utopie in Bewegung einen breiten historischen Hintergrund, so bietet sich mit dem Feminismus eine Bewegung an, die diesen allein schon aufgrund der Dauer des Herrschaftsverhältnisses, gegen das sie sich wendet, aufweisen kann. So veränderbar wie dieses sind freilich auch die feministischen Utopien als Gegenentwürfe. Fourier sah die Befreiung der Frau als Maßstab des Besseren, Marcuse verstand die Frauenbewegung als radikalste politische Kraft. Sind Umwelt- und Friedensbewegungen der Sache nach mit der Aufgabe der Bewahrung, eben der Umwelt oder des Friedens, verbunden, so muss Feminismus zumindest reformorientiert, wenn nicht radikal sein. In ihrer Notiz «Feminismus als politische Utopie» betont Frigga Haug die Aufgabe utopischen Denkens, zumindest «Umrisse» des Intendierten zu benennen (Haug 1992: 251), motivierende «Bewegungskraft» zu sein (ebd.: 253). Sie sieht Parallelen von Sozialismus und Feminismus. «Eine sich als feministisch verstehende Utopie setzt daher auf die Abschaffung der «Geschlechter», wie die sozialistische auf die Abschaffung der Klassen hoffte. Individuell bedeutet das, daß etwa die weiblichen Menschen sich zunächst als Menschen erfahren können, bevor sie sich als Frauen auf andere beziehen; kulturell geht es darum, das gesamte Netz der Vergeschlechtlichung, das unsere Gesellschaften durchzieht, zu zerstören; und strukturell wäre es an der Zeit, die unterschiedlichen menschlichen Belange, für welche jetzt die einzelnen Geschlechter stehen und die als getrennte Bereiche gewöhnlich wahrgenommen werden, so zusammenzufügen, daß soziale, ökologische, kulturelle menschliche Entwicklung

Perspektive ist und nicht mehr unwahrscheinliches Beiprodukt.» (ebd.: 257)

Die Abschaffung der Geschlechter als Ziel hat im Feminismus verschiedene Ausprägungen. Sie bedeutet im bürgerlichen Feminismus die rechtliche Gleichstellung, im radikalen Feminismus die Aufhebung der geschlechtlichen Arbeitsteilung, im queeren Feminismus die Abwicklung der Geschlechterrollen überhaupt (vgl. dazu Andrea Trumann 2002: Feministische Theorie). Barbara Holland-Cunz verweist auf die Fülle literarischer Utopien aus dem Feld des Feminismus, die jede andere Thematik in den 1970er und 1980er Jahren übertrifft (Holland-Cunz 1992: 239). Sie fühlt sich einem traditionellen, literarischen Utopiebegriff verpflichtet, versteht aber einige Romane als «Visualisierungen zur Erkenntnis der Kritischen Theorie, daß Herrschaft über Menschen und Herrschaft über Natur der gleichen Wurzel instrumenteller (patriarchaler) Rationalität entspringen» (ebd.: 240). Ist utopisches Denken, selbst wo es als subjektiver Faktor bestimmt wird, oft auf objektive Strukturen orientiert, hebt Holland-Cunz hervor, dem Feminismus gehe es utopisch um «andere Subjekte» (ebd.: 243), um eine Subjektkonstitution, die ohne abgespaltenes Anderes, ohne Degradierung von Frauen und Natur zum Gegenteil des Subjekts, auskommt.

Als wäre aber die Auseinandersetzung um Utopie in einer Endlosschleife, kommt auch die objektivistische Verwissenschaftlichung, die Marx und Engels anstrebten, erneut zum Vorschein. Die Objektivität, die Bloch mit Subjektivität in Einklang bringen wollte, löst sich wieder ab. Zur Stützung dieser Tendenz erfindet Immanuel Wallerstein den Begriff der Utopistik.

Für Wallerstein können Utopien «auch der politischen Mobilisierung dienen» (Wallerstein 1998/2008: 7), sie wären aber dann in Gefahr, «fürchterliche Übeltaten zu rechtfertigen» (ebd.). Vielleicht ist es die Hilflosigkeit vor dem Grauen, die stets eine solche Kausalität konstruieren will. Es ist beruhigend das Schreckliche christlicher Inquisition und revolutionären Terrors der Nächstenliebe und Tugend selbst zuzuschreiben. Als wäre Wissenschaft vor Missbrauch eher gefeit als ein Ideal, wird sie wieder gegen Utopie gestellt. «Utopistik ist eine ernsthafte Einschätzung historischer Alternativen.» (ebd.: 8) Wallerstein empfiehlt die «Errichtung von dezentralisierten gemeinnützigen Betrieben» (ebd.: 86), womit er sich zwischen frühsozialistischen Utopien und Sozialdemokratie bewegt, indem er einen Markt ohne Profit und eine Regulierung ohne Planung anstrebt (vgl ebd.: 86f.). Wissenschaft sei dies, weil Konsequenzen aus dem Scheitern des Privat- und Staatskapitalismus gezogen werden. Aber in welchem Sinne sind diese gescheitert? War es ihre Aufgabe Wohlstand zu schaffen? Nein, sie folgten den Imperativen kapitalistischer Verwertung und staatlicher Herrschaft. Wallersteins Utopistik bemüht sich um die Absicherung des utopischen Denkens, das «auf der Suche nach materialer Rationalität» nun Ressourcen und «Kreativität» verbinden soll (ebd.: 94). Utopistik soll Reaktion auf die Krisenphase des globalen Kapitals sein (vgl. ebd.: 41), sie soll die Entscheidung für Weichenstellungen zum neuen System erlauben (vgl. ebd.: 101). Mit dem Aspekt der bewussten Entscheidung kehrt auch die Utopistik ein Stück zurück zum Problem des utopischen Bewusstseins.

Der Psychologe Dietmar Heubrock hat 1988 den seltenen Versuch gewagt, im Anschluss an Ernst Bloch, tatsächlich eine Definition des utopischen Bewusstseins aus psychologischer Sicht zu geben. «Utopisches Bewußtsein ist das Antizipieren einer besseren Welt/Gesellschaft, das sich auf Real-Mögliches in der Zukunft richtet, dessen psychische Medien Tagtraum und Phantasie sind, und dessen psychische Disposition die Hoffnung als bewußter Akt mit Handlungsbezug ist. Utopisches Bewußtsein erspürt, inmitten der Klassengegensätze und oft erst vage, die Latenzen und Tendenzen des geschichtlich-prozeßhaften Fortschritts mit dem, freilich nicht immer expliziten, Ziel des Aufhebens der Klassengegensätze und des ‹aufrechten Gangs›. Utopisches Bewußtsein erhält sich, obwohl unter kapitalistischen Verhältnissen vielfach ‹gebrochen›, einen Kern progressiver Antizipation von individuellen und kollektiven Problemlösungsversuchen.» (Heubrock 1988: 38)

Hier kommen alle Utopiefunktionen vor. Landauers Intention zu einer «besseren Welt», Blochs Konkretion auf «Real-Mögliches», Mannheims Motivation als «Handlungsbezug» und Adornos Negation als Ziel des «Aufhebens». Im Gegensatz zum «Alltagsbewußtsein», das demnach primär «reaktiv» ist, «verhält sich das utopische Bewußtsein überwiegend aktiv und in die gesellschaftlichen Verhältnisse eingreifend» (ebd.: 39f.). Frage ist, wie die Funktionen, die Utopietheorie erfüllt, zu praktischen Aspekten eines Bewusstseins werden, das zur Utopie fähig wäre. Denn das Erleben von Leid, Unterdrückung, Ohnmacht und Krisen kann ebenso bewirken, dass Resignation, Konformismus, Passivität und Ideologien ins Bewusstsein treten.

Der Philosoph Rudolf Maresch betont in diesem Zusammenhang den Aspekt der Avantgarden, die künstlerische oder politische Entwürfe machen, die von Bewegungen aufgegriffen werden (vgl. Maresch 2004: 7). Aber Avantgarden sind nur Avantgarden, wenn ihnen gefolgt wird. Marcuses Argument, utopisches Denken müsste an unterdrückten Bedürfnissen anknüpfen, wäre in diesem Sinne ein Auftrag an Avantgarden zu deren utopischer Artikulation. Umgekehrt verschaffen sich Bedürfnisse, die auch als unterdrückte real existieren, ohnehin einen Ausdruck. Sinn utopischen Denkens ist daher auch, diese Bedürfnisse bewusst zu machen und zu artikulieren. Utopie als Artikulation wäre vergleichbar mit dem, was für Georg Lukács Aufgabe der Partei war. Sie bewirke, dass das revolutionäre Subjekt, für ihn Klasse, «sein eigenes Klassenbewußtsein, als geschichtliche Gestalt, unmittelbar erblicken könne» (Lukács 1923/1970: 495). Utopie ist die Vorstellung von einem Ziel, das als Ziel nur in dieser Vorstellung antizipiert werden kann. Utopie als Vorstellung garantiert aber nicht, das auch jemand hinsieht. Die Utopieregeln des Philosophen Martin Seel – «Denkbarkeit», «Erfüllbarkeit» und «Erreichbarkeit» – sollen die Wahrscheinlichkeit dafür erhöhen, dass Menschen auch «wollen können, in dem utopischen Zustand zu sein» (Seel 2001, zit. n. Kufeld 2011: 15f.). Ist des Menschen Wille sein Himmelreich, so fragt der Soziologe Oskar Negt danach, unter welchen Bedingungen Utopie hier Einzug hält.

5.4 Utopiebewusstsein und Ausbildung von Utopiefähigkeit bei Oskar Negt

«Utopien sind entscheidende Kraftquellen jeder Emanzipationsbewegung.»
Oskar Negt

Der Soziologe Oskar Negt, Schüler von Adorno, Bloch und Marcuse, Theoretiker der Neuen Linken, geht heute von der Einschätzung aus, «dass die Linke in ihren verschiedenen Facetten ihre Deutungshoheit über Gesellschaftsprozesse [...] verloren hat» (Negt 2012: 135). Es handele sich aber nicht um eine hoffnungslose Situation, sondern um «die kulturelle Dimension eines neuartigen Klassenkampfes» (ebd.) – zwischen Alternativlosigkeit und Utopiebewusstsein. Negt ist sich dabei sehr bewusst, dass utopische Denkfiguren kein Bild der Zukunft zeigen, sondern Gegenbilder der Gegenwart sind. Gesamtgesellschaftliche Entwürfe bleiben abstrakt, nur in der Verknüpfung mit Alltagserfahrungen sind «Utopien als normative Leitlinien» wirksam (ebd.: 29). Negts Normativität ist dabei keine aus Prinzipien abgeleitete, sondern verteidigt vor allem die Infragestellung: Sind die Dinge heute so wie sie sein sollten? Bereits diese Frage eröffne einen «Möglichkeitsraum» (ebd.: 30), der in Spannung zur Wirklichkeit steht. An den Bindungen zur Wirklichkeit wird dabei ausdrücklich festgehalten. Utopisch ist ein Denken, das Herrschaft kritisiert und alternative Potentiale aufzeigt.

Eine Besonderheit des Utopiebewusstseins ist die Rückkopplung des Denkens auf sich selbst. Die Wirkung geht über sich selbst hinaus: «Utopie ist ein Antidepressivum» (ebd.: 130). Mit dieser Metapher wird eine depressive Grundstimmung, auch unter Linken, anerkannt. Selbst bei denen, die den Staatssozialismus bzw. Staatskapitalismus nie als Alternative zum Privatkapitalismus gesehen haben, wirkt die neoliberal behauptete Alternativlosigkeit noch heute deprimierend. Durchaus im medizinischen Wortsinn ist nicht Missmut über den Gang der Geschichte, sondern eine gesellschaftliche Stimmungseinengung zu verzeichnen, die Trauer wie (Vor-)Freude, Empörung wie Hoffnung niederdrückt und uns gleichgültig macht. Dagegen will Negt eine regelrechte «Kulturoffensive» (ebd.) in Gang bringen. Weit über den engen Bereich der literarischen Utopie, wie der Utopieforscher Richard Saage ihn eingrenzt, bezieht Oskar Negt auch Wissenschaft und Kunst ein. «Utopisches Bewusstsein ist jedoch eine Erkenntnisquelle eigener Art» in verschiedenen Gestalten, wobei Negt bekennt, er habe stets «den utopischen Gehalt einer empirischen Untersuchung genau so ernst genommen wie den eines Gedichts oder einer Erzählung» (ebd.: 33). Ernst nehmen lässt sich utopischer Gehalt aber nur, wo sich gehaltvolles utopisches Denken überhaupt feststellen lässt.

Überschreitendes und Zukunftsweisendes, das für Negt utopische Leitlinien abgeben soll, findet sich sicherlich hier und da in Kunst, Wissenschaft, Politik usw., beweist aber für sich genommen noch keine Relevanz utopischen Bewusstseins in (post-)modernen Gesellschaften. Utopie ist als Option im Wartestand. «Phantasie wird zur materiellen Gewalt, sobald sie die Massen ergreift» (ebd.: 40) – aber wann und wie kann Phantasie Massen ergreifen bzw. von ihnen aufgegriffen werden? Was lässt sich darüber sagen, ob und wie dies möglich ist? Auf die Frage, ob Utopiebewusstsein relevant werden kann oder nicht, finden sich zwei Perspektiven.

Der Philosoph Julian Nida-Rümelin nimmt einen objektiven Blickwinkel ein. «Utopie ist zunächst einmal historisch gesehen ein Krisen- und Umbruchsphänomen.» (Nida-Rümelin 2011: 33) Bei ihm stehen die Utopien der Renaissance gegen den Frühkapitalismus, die Aufklärung pointiert im Anschluss die Hoffnung auf menschliche Mündigkeit, der Frühsozialismus tritt gegen den Liberalismus an (vgl. ebd.: 34) und später «tritt eine neue Hochphase des utopischen Denkens in einer zweiten Situation des grundlegenden Umbruchs auf, nämlich in den 1960er und 70er Jahren mit der Neuen Linken, mit den Neuen Sozialen Bewegungen» (ebd.: 35).

Wie bei jedem Galopp durch die Geschichte werden Brüche übersprungen. So kennt auch die Epoche der autoritären Staaten, die im Ersten Weltkrieg kulminiert, sich in Faschismus und Stalinismus und Nationalsozialismus fortsetzt, Auseinandersetzungen um Utopie, wenngleich sie primär noch theoretische bleiben (vgl. Kapitel 2). Weiterhin klärt die Frage nach dem Aufkommen von Utopien keineswegs deren Bedeutung. Schließlich haben sich die Einhegungen des Frühkapitalismus über Morus' Gemeinschaftsutopie ebenso hinweggesetzt wie der Nationalismus über die Aufklärung, der Kapitalismus über den Frühsozialismus und der Spätkapitalismus über die Neue Linke, die er reintegriert hat. Die Hoffnung darauf, dass neue Krisen neue Utopien hervorbringen, ist in Krisen wenig tröstlich. Gegen die Wirkungslosigkeit kann dann nur auf Langzeitwirkungen von Utopien gesetzt werden. Wie oben mit Iring Fetscher betont wurde, lassen sich aber Wechselwirkungen zwischen Utopie und Verwirklichung vermuten.

Der Philosoph Hans-Martin Schönherr-Mann hält die Langsamkeit der Verwirklichung für typisch. «Die Utopie verwirklicht sich immer auf leisen Sohlen, ohne dass man es bemerkt hat. [...] Dann sind es aber keine Utopien mehr, sondern Wirklichkeiten, mit denen man notorisch unzufrieden ist: Die verwirklichte Utopie ist keine mehr und hat somit ihren Glanz wie ihre Zugkraft verloren.» (Schönherr-Mann 2013: 153) Sicherlich ist Morus' Demokratie nicht heutiger Parlamentarismus, Kants Völkerbund nicht die gegenwärtige UNO und Owens neues soziales System nicht das hiesige Sozialsystem. Letztere wären höchstens Verwirklichungen mit Abschlägen.

So verhält es sich auch mit Marcuses Utopie einer neuen Moral, die Schönherr-Mann paraphrasiert: «Entmenschlichende Arbeit gilt es abzuschaffen, um das Leben genießen zu können, es nicht mehr als Opfer, als Kreuz, als Dienst und als Leiden zu verstehen. Die bürgerliche Familienmoral soll durch eine an der Sinnlichkeit und der erotischen Lust orientierte Moral ersetzt werden. [...] Offensichtlich hat sich von dieser neuen Moral zwischenzeitlich einiges durchgesetzt und vielleicht auch gerade daher manchen utopischen Glanz verloren» (ebd.: 161). Sicherlich sind eine neue Sexualmoral, Emanzipation der Frau und Selbstverwirklichung Errungenschaften der utopischen Energien der 1960er Jahre. Diese sind aber nicht nur auf halber Stecke stehen geblieben, sondern konnten vereinnahmt werden. Marcuse unterscheidet zwischen einer selbstbestimmten Entsublimierung, die mehr Lust gegen verinnerlichte Zwänge der Leistungsgesellschaft erkämpft, und repressiver Entsublimierung, die Spaß zur Pflichtübung macht und die Leute anhält, «Fit for fun» zu werden. Der entscheidende Unterschied ist der zwischen einer Phase des gesellschaftlichen Aufbruchs, in dem sich viele Menschen aufeinander beziehen und gemeinsam Veränderungen durchsetzen und dem Abbruch solcher Bewegungen durch Spaltung und neue Privatisierung. Sicherlich kann eine Überpolitisierung, die Individualität in allen Lebensbereichen unterwirft, mehr als genug Anlass für solchen Rückzug geben, aber damit beweist eine Assoziation nur, dass sie keine war, «worin die freie Entwicklung eines jeden die Bedingung für die freie Entwicklung aller ist» (MEW 4: 482). Eingliederung in eine Gemeinschaft im Mondschein einer Ideologie ist das Gegenteil einer Assoziation von Individuen unter dem Stern einer Utopie. Auch wenn wir mit Landauer Utopien verstehen als «Bestrebungen, die in keinem Fall zu ihrem Ziel führen» (Landauer 1907/2003: 33), so führen sie uns dennoch weiter. Nur wie? Und wen bzw. durch wen?

Nida-Rümelin sieht einen Ursprung der kulturellen Reformen seit den 1960er Jahren in den Utopien der Neuen Linken, ebenso hat die marxistische Bewegung, wie Lenin gesteht, eine Quelle in den Utopien des Frühsozialismus (Lenin 1913/1966: 4). Utopien verlieren sich in ihrer Verwirklichung, haben dann aber eine Wirklichkeit besiegt. Revolution ist «Kompromiß zwischen Utopie und historischer Wirklichkeit» (Kolakowski 1961/1986: 425). Nun ist aber sowohl utopisches Bewusstsein als auch historisches Sein nur ein Sammelbegriff für unzählige Phänomene, und Begriffe schließen keine Kompromisse. Mag Utopie objektiv ein Krisenphänomen sein, so braucht sie doch subjektive TrägerInnen. Relevant ist vor allem die umgekehrte Frage: Wofür brauchen diese ihre Utopien? Ideologien stabilisieren eine Ordnung und die Subjekte, die in ihr leben. Utopien entfalten ihre Kraft nur im Widerspruch gegen die gewohnte Ordnung. «Sie entspringen einer massiven Verneinung, meist der Empörung über Zustände, die als unerträglich empfunden werden. Wird die Sphäre individuell erfahrener Verletzungen verlassen, enthüllen Utopien ihren grundlegend sozialen Charakter. Sie öffnen den Horizont für den Blick auf eine vernünftig organisierte Welt.» (Negt 2012: 13)

Hatte schon Mannheim es zum Wesen von Utopien erhoben, dass sie Aktivität hervorrufen, so bedürfen umgekehrt AktivistInnen der utopischen Energie als aktivierenden Antrieb. Die Empörung, die Negt an den Anfang stellt, garantiert für sich genommen keine Utopien, sie kann auch in diffusem Unbehagen, ungezielter Wut oder Ideologien Ausdruck finden, die sich an der bestehenden Ordnung festhalten oder eine noch ordentlichere Ordnung fordern. Erst in einer Sphäre jenseits der Vereinzelung in der Massengesellschaft kann sich Utopie als Kraftquelle von Assoziationen auswirken, die sich von der Bündelung der Einzelnen zum Mob qualitativ unterscheidet. Emanzipationsbewegungen, die Utopien tragen und verwirklichen können, bestehen aus assoziierten Individuen, sie sind keine vorgefundenen Kollektive. Was befähigt Individuen zu utopischem Denken, was fördert ihr utopisches Bewusstsein, den subjektiven Faktor Utopie? Die von Negt anvisierte Kulturoffensive, gegen Pragmatismus und Utopieverzicht, ist voraussetzungsvoll und müsste sich auf mehreren Ebenen entwickeln. Erstens ermöglicht bereits die theoretische Arbeit am Begriff der Utopie selbst Utopiegewinn. Die «Rehabilitierung der Utopie im Zusammenhang des Kampfes um Anerkennung soll den Horizont erweitern, in dem aufklärerisches und auf Herstellung von Mündigkeit zielendes Denken sich bewegt» (Negt 2012: 40). Sofern eine solche Rehabilitierung, die heute Reaktualisierung sein muss, in Form von Theorie geschieht, ob in Büchern, Vorträgen, Flugblättern oder Gesprächen, kann sie allerdings nur Menschen erreichen, die bereits ein Interesse am Thema der Utopie mitbringen. Selbst wo das Wort ausgespart bleibt, merken Menschen sehr schnell, wenn kritische Haltungen und mögliche Denkrichtungen den Rahmen des Gewohnten in Frage stellen. Sofern utopisches Bewusstsein aber nicht passive AnhängerInnen sucht, die etwa im Stile des ersten Marxismus an einen Sieg der Emanzipation glauben, sondern TrägerInnen, die sich selbst emanzipieren wollen, hat die Vermittlung kritischer, politischer und utopischer Theorie weitere subjektive wie objektive Voraussetzungen. Wie alle beobachten können, die einmal ein universitäres Seminar zu Kritischer Theorie besucht haben, ist es nicht die vorgesetzte Theorie die kritisch macht, sondern ein kritischer Impuls, der die Beschäftigung mit Theorie befeuert.

Für Negt ist es die Pädagogik, die als Erziehung zur Utopie Utopiefähigkeit schaffen kann. Dabei komme es nicht primär darauf an, bestimmte Werte zu vermitteln, diese ergeben sich weit mehr durch die Verarbeitung von Erfahrungen als durch zielgerichtete Erziehung, sondern Kompetenzen zu vermitteln, die auch zu utopischem Denken befähigen. Die Kompetenzen, die er für wichtig erachtet, lassen sich durchaus mit den hier diskutierten Funktionen utopischen Denkens verbinden. Als Grundlagenkompetenz gilt das Herstellen von Zusammenhängen, nicht nur zwischen erlerntem Stoff, sondern auch zur eigenen Lebenserfahrung mit dem Ziel der Mündigkeit und Kritikfähigkeit (vgl.: Negt 2002: 218). Identitätskompetenz meint das Bemühen, reflektierte Autonomie auch gegen Heteronomie durchzuhalten, für das Festhalten an eigenen Intentionen sind Selbstsicherheit und Ich-Stärke unverzichtbar. Technologiekompetenz soll nicht nur Know-How beinhalten, sondern auch die Fähigkeit, zwischen der Konkretion sinnvoller Möglichkeiten und der Selbstzweckhaftigkeit von Fortschritt zu unterscheiden. Gerechtigkeitskompetenz beginnt mit kritischer Negation von Unterdrückungserfahrungen, die auch im sozialen Umfeld erkannt und zurückgewiesen werden. Ökologische Kompetenz ist Motivation für den behutsamen Umgang mit Mensch und Natur (vgl. ebd.: 235ff.).

Weiterhin ist historische Erinnerungskompetenz für Negt ein Schlüssel zur Utopiefähigkeit. Utopisches Vorstellungsvermögen setzt eine historische Perspektive voraus, die den Subjekten objektiv erschwert ist. Die erlebte Beschleunigung im Spätkapitalismus trifft die Produktionssphäre mit ständigen Jobwechseln und die Konsumtionssphäre mit ihren immer schneller wechselnden Moden gleichermaßen. Der von Negt konstatierte «Gedächtnisverlust der Menschen» (ebd.: 245) betrifft nicht nur das eigene Leben, sondern zerstört auch ein historisches «Beharrungsvermögen» (ebd.), welches die ArbeiterInnenbewegung über Generationen hinweg auszeichnete. Wird Gesellschaft nicht geschichtlich erlebt, sondern als rasender Stillstand, ergibt sich eine «Zerstörung der Erinnerungsfähigkeit» (ebd.). Uneingelöste Utopien werden vergessen, Zukunft erscheint als Wiederkehr des Immergleichen. «Wer über Verluste, die er erlitten hat, nicht trauern kann, hat auch keine Kraft zur Utopie. Soziales Gedächtnis und Utopiefähigkeit sind zwei Seiten derselben Medaille.» (ebd.: 245)

Ohne den Stachel, der im Gedenken an die Niederlage der Pariser Kommune von 1871 liegt, kann ein Sieg des Kommunismus nicht einmal Utopie sein. Werden nicht mal mehr Verschlechterungen im eigenen Leben wahrgenommen, sind selbst die durch Hartz IV zerstörten Sozialsysteme vergessen, ist Sozialismus undenkbar. Aber auch die Erinnerung an Erfolge, z.B. des Feminismus, zeigt die Wirksamkeit von Utopien auf (vgl. Schönherr-Mann: 149). Weiterhin geht Negt davon aus, dass «Kreativität, Eigeninitiative, Organisationsphantasie» (Negt 2011: 540), aber auch «Unbotmäßigkeit und Mußefähigkeit» (ebd.) lernbar sind – und zwar «von Kindesbeinen an» (ebd.). Negts Bildungstheorie beruht auf dem Erwerb von Kompetenzen, die dabei helfen, äußere Phänomene und eigene Fähigkeiten zu verknüpfen. Die Entwicklung von Utopiefähigkeit, um «den Blick frei für zukünftige Konstruktionen» (Negt 2002: 246) zu machen, beginnt daher damit, «erfahrene eigene Lebensgeschichte in Lernprozessen weiterzuführen, die einen Begriff von allgemeiner Geschichte vermitteln» (ebd.).

Was Oskar Negt als Bildungskonzept zur Erlangung von Utopiefähigkeit vorstellt, ist geprägt von seinem Engagement für die Alternativschule Glocksee in Hannover, hat aber neben der Erziehung von Kindern auch für die Erwachsenenbildung Gültigkeit. Hier erprobten Robert Jungk und Norbert Müller in den 1970er Jahren ihr Konzept der Zukunftswerkstatt, mit dem Intentionen in Motivationen, Wünsche in «Kraftquellen für Engagement» umgesetzt werden sollen, wobei Gruppen ihr Thema in einer Kritik-, einer Utopie- und einer Praxisphase bearbeiten (Göll 2011: 160).

Die Verbindung von Utopie und Pädagogik ist aber noch viel älter. Bei Morus und Campanella spielt sie ebenso eine Rolle wie bei Owen und Fourier. Max Adler, der große sozialistische Erzieher des Austromarxismus, erinnert an Kant. «Kinder sollen nicht dem gegenwärtigen, sondern dem zukünftig möglich besseren Zustand des Menschengeschlechts, das ist die Idee der Menschheit und deren ganzer Bestimmung, angemessen erzogen werden.» (Kant, zit. n. Adler 1923/1972: 49) Für Adler fällt dieses Ideal mit dem Sozialismus zusammen, «Erziehung zum Sozialismus» (ebd.: 7) bedeutet ihm die «geistige Herauslösung der Kinder aus der alten Welt des Kapitalismus» (ebd.: 45). Zwar könne Erziehung den Bruch mit der Gesellschaft nicht bewirken, aber verstärken (vgl. ebd.: 55). Nur so werde die neue Gesellschaft «auch in den Seelen der Menschen vorbereitet, die sonst in ihrer Vorbereitung durch den ökonomischen Prozeß bloß eine objektive Möglichkeit bleibt» (ebd.: 48).

Wenn Utopiefähigkeit ein Vermögen ist, zwischen dem eigenen Alltag, den Strukturen der Herrschaft und den Möglichkeiten ihrer Überwindung Zusammenhänge herzustellen, so verweist dies auf die Bedeutung des Alltäglichen, das dem Utopischen keineswegs nur entgegengesetzt ist. Zwar führt der Ansatz der gelebten Utopie meist zu einer Entspannung der einmal wahrgenommenen Distanz zwischen Herrschaft und Befreiung, aber lebendige Utopien sind stets auch «Alltagsutopien». Von ihnen gehen Emanzipationsbewegungen aus und umgekehrt «ruhen politische Utopien auf Emanzipationsbewegungen auf»

(Karpenstein-Eßbach 2011: 173). Das Alltägliche, das Bildung aufgreift, ist auch Quelle von Utopie.

Der Soziologe Henri Lefebvre hat hier wichtige Vorarbeit geleistet. 1957 schreibt er, unmittelbar nach seinem Ausschluss aus der Kommunistischen Partei Frankreichs, über und gegen den Stalinismus: «Er analysiert nicht das menschliche Bewußtsein an sich, um zu ermitteln, ob es nicht eine konkrete Funktion der Voraussicht, der Vorwegnahme, der Antizipation hat; er studiert weder die Imagination und Vorstellung noch den Traum. [...] Er studiert nicht die Utopien und ihre geschichtlichen Bedingungen. Er interessiert sich hier nicht für die wichtige philosophische Kategorie des Möglichen.» (Lefebvre 1957/1965: 118)

In Abgrenzung dazu entwirft Lefebvre sein eigenes Programm. Unter Utopie versteht er in seiner «Kritik des Alltagslebens» eine ferne Möglichkeit, z.B. das Absterben des Staates als Ziel der Realdemokratie (vgl.: Lefebvre 1947/1975: 82). Aber Utopie als entfernteste Möglichkeit soll nicht nur als Ziel aufgestellt werden, sondern verbunden werden mit Tendenzen und Widersprüchen des Alltagslebens (vgl. ebd.: 129), dessen Veränderung die Motivation des Utopiebewusstseins ausmacht (vgl. ebd.: 25). Es geht ihm um eine Theorie, die den Momenten nachspürt, in denen das objektiv Mögliche, die Utopie, im Alltag der Menschen bzw. seiner kurzfristigen Unterbrechung aufscheint, etwa in der Liebe oder dem Spiel. Diese Momente tauchen aus dem Fluss des Alltagslebens auf, stellen ihn in Frage und versinken wieder (vgl. Koltan 2013: 95). Um aus dem individuellen Moment einen kollektiven zu machen, Wünsche zur Utopie zu verdichten, kommt es an solchen Bruchstellen darauf an, auch «Symbole zum Material utopischen Denkens» zu machen, wie z.B. die Barrikaden des Pariser Mai 1968 symbolisch an die der Pariser Kommune 1871 anknüpften. Es gehe darum, «Symbole so effektiv einzusetzen, dass dadurch Menschen affektiv erreicht werden» (ebd.: 100). Der Bruch mit dem Alltag, der Moment, ist in vorrevolutionären Zeiten oft symbolisch, aber der affektive Kern beinhaltet die utopische Energie, die den Menschen zur Motivation dient. Dabei sind es nicht nur utopische Hoffnungen, die alltägliche Aktivitäten motivieren, sondern auch alltägliche Sehnsüchte, die zu Motiven von «Alltagsutopien» werden (Negt 2011: 526).

«Utopien» wirken nur, «wenn sie in den Alltagserfahrungen der Menschen verankert sind» (Negt 2012: 29). Die Gefahr des Irrationalen, die eine theoretische Rehabilitation von Utopie überhaupt nötig macht, die pädagogisch und alltagsorientiert empfohlen wird, ist gegeben. Von Seiten der UtopietheoretikerInnen wird allerdings darauf bestanden, dass Ängste und Wünsche immer einen Ausdruck finden werden, wenn nicht in Utopien, dann in Ideologien. Ist Ideologie Rationalisierung der unvernünftigerweise andauernden Herrschaft, so weiß vernünftige Utopie auch um das überrationale Moment der ausstehenden Befreiung. Den Gedanken von Horkheimer und Adorno, wonach die Utopie der globalen Gründung eines Vereins freier Menschen jenseits von «rational choice» liegt, führen auch Lefebvre und Negt fort. Lefebvres Theorie von der utopischen Affektivität gehört hierhin, ebenso Negts These von der besonderen Kampfkraft des utopischen Bewusstseins. «Wo Menschen in Kampfsituationen ihr Leben riskieren, indem sie sich im Denken und mit ihrer ganzen Existenz den bestehenden Herrschaftsverhältnissen entgegenstellen, sich gegen sie empören, da beziehen sie ihre Motive und ihre Kräfte nicht primär aus der Einsicht, dass ein Herrschaftssystem ungerecht ist oder dass es aus Widersprüchen besteht. Sie träumen vielmehr von einem besseren Leben, von guter Arbeit und einem Stück Lebensglück; sie träumen von guten Beziehungen zu anderen Menschen und vielleicht auch von freier Selbstbestimmung und der Partizipation am gesellschaftlichen Leben. Das alles aber sind Inhalte von Utopien.» (ebd.: 49)

Der affektive Anteil des Utopiebewusstseins, das ja laut Mannheim eine Einheit von «Erlebnisform, Aktionsform, [und] Betrachtungsweise» (Mannheim 1929/1995: 182) darstellt, also auch Bestrebungen und Antriebe umfasst, die anders als Kritik und Möglichkeitssinn oft unbewusst sind, rät zu der Vorsicht, nicht nur aufgrund von Utopien zu handeln. «Utopie ist handlungsmotivierend, nicht handlungsanweisend.» (Schmidt 2011: 70) Utopie ersetzt keine kritische Theorie, sondern ergänzt sie als Antrieb und Orientierung.

Die hier entworfene Konstellation von Funktionen des Utopiebewusstseins beweist nicht dessen Vorliegen, zeigen kann es sich nur in der Praxis. Ist revolutionäre Praxis, als tatsächliche Ausführung des Programms der Abschaffungen, nach wie vor vertagt, so gibt es dennoch eine Vielzahl politischer und sozialer Bewegungen, die in der Auseinandersetzung mit dem Bestehenden über dieses und sich selbst hinausweisen. «All diese Einpunktbewegungen, wenn man sie so bezeichnen darf, tragen in sich Tendenzen auf eine Gesamtorganisation der Gesellschaft, die sich als Alternative zum Bestehenden begreift.» (Negt 2011: 536) Praktischer Kritik ist der Charakter des öffentlichen Ratschlags eigen, der in sich ein Moment von Utopie hat, denn «wenn es im 20. Jahrhundert so etwas wie eine konkrete Utopie gibt, dann ist es die der Räte» (Negt 1976: 462).

Die Utopie der Räte ist keineswegs veraltet, sie scheint vielmehr auf, wo Menschen sich zu gemeinsamer Beratung ermächtigen. So erklären die gwan lodyans, die Streikversammlungen auf der Insel Guadeloupe zum Krisenjahr 2008/2009: «Die gwan lodyans fürchten die Utopien nicht, sie wollen Raum für ihre Entfaltung schaffen. Wir rufen zu diesen Utopien auf.» (zit. n. Hajek 2013: 229) So sehr es Kennzeichen einer utopiearmen Zeit ist, wenn Bewegungen zu Utopien aufrufen müssen, so ist es doch das gelegentliche Aufblitzen utopischen Bewusstseins in einem «Hohlraum mit Funken», wie Ernst Bloch 1964 im Gespräch mit Jürgen Rühle sagt, das Etwas, worauf geachtet werden sollte, was bewusst gemacht werden muss.

6. Utopie – Vom Roman zur Denkfigur

«Man sagt, die Revolution werde zuletzt den Tod abschaffen.»
Tocotronic 2013: Track 3

Die Utopie hat vom 16. bis ins 21. Jahrhundert einen langen Weg hinter sich gebracht. Literarische Gegenbilder, frühsozialistische Musterbilder und politische Leitbilder unterscheiden sich in ihren Absichten und Begründungen, aber entstehen in der Geschichte. Es lässt sich eine Grundtendenz in dem Bestreben nach Glück durch Vernunft ausmachen. Viele, auch historische Utopien sind nach wie vor unabgegolten. Der Form nach unterscheidet Barbara Holland-Cunz die «Thomas-Morus-Weise» und die «Ernst-Bloch-Weise» (Holland-Cunz, zit. n. Kufeld 2011: 12). Morus sucht ein ethisches Korrektiv, Bloch ein politisches Leitmotiv. Was beide am meisten trennt, ist das Verhältnis zum Begriff des Fortschritts. Zwar reagierte Morus erst auf die Entstehungskrise des Kapitalismus, aber mit seinem Ansatz der Rationalisierung steht er am Beginn eines europäischen Fortschrittsdenkens. Dessen Täuschungen sind spätestens durch die «Regression zu einer ungekannten Barbarei» ent-täuscht (Beerhorst 2006: 54). «Kein befreiter Gesellschaftszustand macht Auschwitz im Nachhinein ‹sinnvoll› [...] Utopie nach Auschwitz ist Hoffnung mit Trauerflor» (ebd.), wie Joachim Beerhorst, anschließend an Ernst Bloch, festhält.

Wie gezeigt, tritt die Rehabilitation von Utopie bereits zu Beginn des 20. Jahrhunderts als Gegenthese zum Fortschrittsglauben auf: Ohne subjektiven Willen zum Besseren wird das Vertrauen auf objektive Wissenschaft zur Ideologie. Politische Utopien sind, anders als literarische und frühsozialistische, nur im Plural denkbar. Als kritische Negation einiger Aspekte in einem Buch oder als praktische Option einer Siedlung, bleibt utopisches Denken hinter der Komplexität der Wirklichkeit zurück, statt die Konkretion gegebener Möglichkeiten zu bewerkstelligen und Motivation zu ihrer Einlösung zu sein. Politische Utopien müssen «von und mit den Menschen entwickelt werden und entwicklungsoffen sein», sie erfordern «öffentliche Diskussion aller anvisierten Zwecke» (ebd.: 57). Utopie ist keine Politik, sie hebt an mit Kritik, zeigt Bedürfnisse und Möglichkeiten auf, kann politische Entscheidungen aber nur orientieren, nie ersetzen. Politik, «in der die grundlegenden, gesellschaftlichen Institutionen entwickelt, bestimmt, aufrechterhalten und verändert werden» (Marcuse, Schriften 7: 261), braucht Utopien. Utopische Theorie ist als Form des Bewusstseins auf Verwirklichung durch Politik verwiesen. Landauer, Mannheim, Bloch und Marcuse entdeckten Utopie als subjektiven Faktor z.B. im Chiliasmus, Liberalismus, Sozialismus und Feminismus. Es kommt heute nicht darauf an, neue utopische Romane zu schreiben oder utopische Kommunen zu gründen, sondern nach utopischen Ideen in Bewegungen Ausschau zu halten.

7. Perspektiven des Utopischen: Utopie in (sozialer) Bewegung

«Der Fortschritt
[ist] [wäre – A.d.A.]
die Verwirklichung von Utopien.»
Oscar Wilde 1891/2008: 27

Karl Mannheim versteht in den 1920er Jahren Utopie als Motivation politischer Aktivitäten. Oskar Negt hält mit seiner These, «Utopien» seien «Kraftquellen jeder Emanzipationsbewegung» (Negt 2012: 13) an dieser Perspektive fest. Es ist aber keinesfalls mehr selbstverständlich, dass soziale Bewegungen Trägerinnen utopischer Inhalte sind. Hatte schon Mannheim das Abflauen der utopischen Energie im Sozialismus bemerkt, so sind laut Jürgen Habermas auch die Bewegungsutopien der 1960er und 1970er heute in der Defensive. Was Mannheim an der Sozialdemokratie beobachtet hat, trifft heute grüne und z.T. linke Parteien. «Je mehr eine aufstrebende Partei in das parlamentarische Mitregieren hineinwächst, desto mehr gibt sie ihre aus der ursprünglich treibenden Utopie strahlende Totalsicht auf, desto mehr läßt sie die transformierende Kraft sich am konkreten Einzelfall bewähren.» (Mannheim 1929/1995: 216) Der Prozess der Integration beschleunigt sich. Brauchte die SPD von ihrer Gründung 1869 (bzw. eher 1875 mit der Veinigung mit dem ADAV) immerhin 39 Jahre bis sie 1914 den Kriegskrediten zustimmte und ihren Internationalismus aufgab, so waren es bei den Grünen von der Gründung 1980 bis zur Regierungsverantwortung für den Kosovokrieg 1999 und damit zur Abkehr vom Pazifismus nur 19 Jahre.

Die Verwandlung von Bewegungen in Parteien scheint das Aufgeben von Utopien zu begünstigen. Sicherlich kann und soll ein politisches Programm kein utopisches sein. Aber ebenso wie konkrete Utopien auf Mögliches fokussieren können, kann Politik sich an Utopie orientieren. Beispiele für utopische Ansprüche lassen sich finden. Im Erfurter Programm der Partei «Die Linke» heißt es 2011, demokratischer Sozialismus sei «Utopie und Realismus zugleich»[6]. Das Selbstverständnis des Kinder- und Jugendverbandes «Sozialistische Jugend – Die Falken» hält im selben Jahr fest: «Utopie erwächst aus der Kritik der bestehenden Verhältnisse. Sie ist dabei konkretes Fortschreiten wie Zukunftsvorstellung gleichermaßen.»[7] Die linksradikale Organisation «Avanti» spricht in ihrem Grundsatzpapier davon, die befreite Gesellschaft «wieder zu einer konkreten Utopie werden zu lassen», denn «Utopie mag ein fernes, vielleicht zu unseren Lebzeiten unerreichbares Ziel sein. Und dennoch gibt sie uns Mut, Kraft und Orientierung».[8]

Linke Parteien, linke Jugendverbände und linke Radikale zeigen Interesse an Utopie. Aber Utopien müssen, wie Ernst Bloch sagt, nicht nur gezählt, sondern auch gewogen werden. 1998, 30 Jahre nach 1968, konstatiert der Politikwissenschafter Joachim Hirsch einen «Utopieverlust», der «das Feld der sozialen Kämpfe und die politischen Kräfteverhältnisse auf der ganzen Welt bestimmt» (Hirsch 1998: 142). Das Ende des Staatssozialismus im Osten lässt den Kapitalismus als alternativlos erscheinen und schwächt auch die Reste der Neuen Linken, die heutige Restlinke, die diesen stets kritisiert haben. Zugleich impliziert die These vom Utopieverlust immer auch einen möglichen Utopiegewinn. Dafür ist nach wie vor der Blick auf soziale und politische Bewegungen lohnend. Marcuse bemerkt zu der Renaissance der Utopie in der Neuen Linken: «Der neue Radikalismus widersetzt sich ebenso der zentralisierten bürokratisch-kommunistischen Organisation wie der halbdemokratischen liberalen […] Die Initiative verlagert sich auf kleine, weit zerstreute Gruppen.» (Schriften 8: 315) Diese vergleichsweise lockere Organisationsform birgt Schwächen. Sie ist kaum in der Lage Erfahrungen festzuhalten, ist starken Zyklen unterworfen und oftmals unverbindlich. Dennoch ist der Geist der Utopie in solchen etwas diffusen Bewegungen oft ausgeprägter als in den Apparaten etablierter Organisationen. Innerhalb eines gesellschaftlichen Transformationsprozesses spielt daher die Spontaneität, wie Rosa Luxemburg und Herbert Marcuse betonen, eine wichtige Rolle.

6 Partei «Die Linke» (2011): Programm

7 «SJ – Die Falken» (2011): Unser Selbstverständnis

8 Avanti-Projekt undogmatische Linke (2004): Grundsatzpapier

Analog zur Ungebundenheit von Intellektuellen befördert auch das Fehlen direkter Verantwortung im Staat utopisches Bewusstsein in politischen und sozialen Bewegungen. Diese definiert Mark Herkenrath als Netzwerke von Personen, «welche i) sich selbst als Gruppe begreifen, ii) das Ziel verfolgen, grundlegenden sozialen Wandel zu bewirken, zu verhindern oder umzukehren und iii) deren Kollektiv eine geringe interne Rollenspezifikation aufweist» (Herkenrath 2011: 25). Andreas Zick und Ulrich Wagner werfen in diesem Zusammenhang die Frage auf, «wie Individuen in einem intergruppalen Kontext Einstellungen, Ideologien und Utopien gewinnen» (Zick/Wagner 1995: 59). Ihnen zufolge ist Utopie ein Kohäsionsfaktor, der innerhalb von politischen und sozialen Bewegungen entsteht (ebd.: 61) und über persönliche Interessen hinaus ein Wir-Bewusstsein befördert (ebd.: 63). Utopie wirkt als Orientierungswissen und als Abgrenzungsmerkmal zu bestehenden Institutionen. Eine Utopieforschung, die ausgehend von der theoretischen Arbeit am Begriff der Utopie mehr sein will als Kulturwissenschaft, muss auch Bewegungsforschung werden. Die theoretische Bestimmung der Funktionen von Utopie, wie sie in diesem Band erfolgt ist, würde weitere Untersuchungen über das Vorliegen oder Fehlen von Utopiebewusstsein in sozialen Bewegungen ermöglichen.

Dabei darf nicht unterschlagen werden, dass Utopie als Denkfigur, trotz der im 20. Jahrhundert intensiv geführten Debatte, heute gegenüber dem Leitbild des Pragmatismus zurücksteht. Manche AkteurInnen würden ihre der Sache nach utopischen Alternativen daher selbst nicht als Utopien bezeichnen. Nichtsdestotrotz ließe sich mit schriftlichen Quellen, in Büchern und Programmen und Flugblättern, nebst Interviews wie Gesprächen, Utopisches aufspüren (vgl. Neupert/Doppler 2014). Eine solche bewegungsorientierte Utopieforschung kann hier nur als Ausblick gegeben werden. Sie wäre aber in doppeltem Sinne notwendig. Einerseits wäre der Begriff der Utopie, der hier als Konstellation ihrer möglichen Funktionen skizziert wurde, an neuen Bewegungen zu erproben. Andererseits kann die mögliche Radikalität von Bewegungen nur erfasst werden, wenn auch der Anteil utopischer Vorstellungen an ihren Aktivitäten begriffen wird. Abschließend ein paar Schlaglichter, die nicht als fundierter Einblick zu verstehen sind. Zumeist müssen sie auf der Ebene der Reflexion bleiben. Sie sollen zu weiterer Beschäftigung ermutigen.

Utopische Intention, im Sinne einer umfassenden Bestrebung, erkennt Michael Löwy bei den globalisierungskritischen Bewegungen als TrägerInnen einer «Utopia altermundista», wie sie im Slogan «Eine andere Welt ist möglich» aufscheint. Kritische Negation, die Konkretion von Möglichkeiten und die Intention auf etwas Besseres verbinden sich hier. «Die Dynamik der globalisierungskritischen Bewegung speist sich aus drei sich ergänzenden Momenten: Aus der Negativität des Widerstands, den konkreten Vorschlägen und der Utopie von einer anderen Welt.» (Löwy 2010: 140) Die Utopie einer anderen, gerechten, solidarischen und vielfältigen Welt funktioniert dabei als ein Bindeglied, als eine geteilte «Hoffnung, die von MarxistInnen und AnarchistInnen geteilt wird, von radikalen ChristInnen und linken UmweltschützerInnen, wie auch von einem bedeutenden Anteil der ArbeiterInnen-, BäuerInnen-, feministischen und Indigena-Bewegungen» (ebd.: 143). Utopischer Glaube, wie ihn Schönherr-Mann aus einem Occupy-Manifest zitiert – «Ich glaube, dass ich etwas ändern kann» (Schönherr-Mann 2013: 148) – muss sich vor dem Umschlag in Ideologie hüten, er ersetzt nicht kritisches Denken und politisches Handeln. Diese Bewegungen geben der Demokratie «einen utopischen Wert», sofern sie als Option, «in experimenteller Form praktiziert wird» (Löwy: 142). Neue Formen des Ratschlags garantieren nicht neue Inhalte. Es wäre zu prüfen, ob hier antiautoritäre Beratung oder postmoderne Beliebigkeit dominieren. Zumindest ist diese Utopie «das genaue Gegenteil einer homogenen Welt, in der von allen erwartet wird, ein einziges Modell nachzuahmen. [...] Der Weg nach Utopia ist nicht vorgezeichnet: Es sind die Marschierenden selbst, die ihn aufzeigen werden» (ebd.).

Die Globalität der herrschenden Weltordnung zeigt sich auch an der zunehmenden Migration. Maria do Mar Castro Varela hat 2007 ihre Studie über «Unzeitgemäße Utopien», über «MigrantInnen zwischen Selbsterfindung und gelehrter Hoffnung» vorgelegt, in der sie den Zusammenhang von Migrationserfahrung und Utopiebewusstsein untersucht. Sicherlich ist Migration selten utopisch motiviert und Flucht nie freiwillig, selbst wenn auf ein besseres Leben gehofft wird. Nichtsdestotrotz stellt die Praxis der Migration staatliche Grenzregime in Frage. «Migrationskontrollen besitzen eine tiefe Hegemonie. Sie sind Teil des Staatsfetisch. Wie der Staat insgesamt erscheinen sie dem Alltagsbewusstsein als selbstverständliche und unhintergehbare Voraussetzung individueller Existenz.» (Georgi 2012: 74) Negation des Staatsfetischismus, theoretische und praktische Kritik der Grenzregime, ist utopisch aufgeladen. Deutlicher wird dies noch in (antirassistischen) Bewegungen von Geflüchteten und UnterstützerInnen in den Einwanderungsländern. Geht es politisch um Lebensbedingungen ohne Residenzpflicht, Abschiebungen und Lager, um das Recht auf Arbeit und Migration, so geht die Parole «No Border – No Nation» als utopische Motivation deutlich darüber hinaus. Omid Moradian, ein Sprecher der jüngsten Proteste der «refugees», spricht von einem Ende der Ungleichheit zwischen BürgerInnen und migrantischen Nicht-BürgerInnen als Ziel seiner Bewegung, die helfen soll, «eine Gesellschaft zu bauen, die diese Dichotomie nicht braucht» (Moradian 2013).

Benötigt Migration ein Recht auf Ankunft, so wäre das «Recht auf Stadt» ein Recht zu bleiben. Was konservativ klingt, kann man, laut Henri Lefebvre, dem Erfinder der Parole, nur «als Recht auf ein städtisches, transformiertes, erneuertes Leben formulieren» (Lefebvre 1967). Kritische Negation und utopische Intention liegen hier eng beieinander (vgl. Neupert/Doppler 2014). So schreiben Dirk Gebhardt und Andrej Holm über Recht-auf-Stadt-Bewegungen: «Auch wenn sich die Forderungen nach einem Recht auf Stadt zumeist in konkreten Auseinandersetzungen in umkämpften Räumen artikulieren, weisen sie doch regelmäßig über das aktuelle Konfliktfeld hinaus und sind als Metapher für eine grundsätzlich andere Stadt, ja eine andere Gesellschaft zu verstehen» (Gebhardt/Holm 2011: 15). Es handele sich um eine Konkretion vorliegender Möglichkeiten, denn die Bewegung bezieht sich auf die «utopischen Versprechungen des Städtischen und reklamiert ein Recht auf die schöpferischen Überschüsse des Urbanen» (Holm 2011). Schon der Namensgeber der Recht-auf-Stadt-Bewegung Henri Lefebvre betonte: «Es gibt kein Denken ohne Utopie.» (Lefebvre 1970/2012: 30)

Getreu der These von Gustav Landauer speisen sich Utopien auch aus früheren Utopien. Globale Solidarität und die Utopie einer Welt ohne Grenzen haben eine eigene Tradition. Auch urbanen Utopien ist zu attestieren, dass sie seit «jeher eine zentrale Textgattung darstellen, welche die Debatte um die Stadt in der Vergangenheit beschickt hat und dies im Übrigen noch immer tut» (Cojocaru 2012: 31). Ein Ende von Ausbeutung, Ausgrenzung und Austreibung sind Konzepte, die von kritischer Negation zur Intention werden, zur Utopie einer anderen Welt, einer Welt ohne Grenzen, mit globaler Freiheit und dem Recht auf Stadt. Ihr Zusammenhang kann aber nicht nur darin bestehen, sie bloß nacheinander aufzulisten. Ebenso wie kapitalistische, staatliche und patriarchale Herrschaft zusammenhängen, müssen auch sozialistische, demokratische und feministische Utopien miteinander verknüpft werden.

Ein Beispiel dafür findet sich im Diskurs über Nachhaltigkeit, der für ökologische Bewegungen bedeutend ist und auch internationalistische und feministische Aspekte umfasst. Laut der Politikwissenschaftlerin Daniela Gottschlich ist Nachhaltigkeit, wie andere «Reale Utopien», kein Planungsszenario, sondern will «partizipative Lösungen für Umwelt- und Entwicklungsprobleme» (Gottschlich 2008: 123), beginnt an Schnittstellen «feministischer Bewegung und Wissenschaft» (ebd.). Zu klären ist die Richtung des Fortschritts. Ausgangspunkt ist die Kritik, «dass die gegenwärtigen Formen unseres Wirtschaftens für die derzeitigen sozial-ökologischen Krisen verantwortlich sind. Eine nachhaltige Ökonomie müsste sich daher grundlegend von den herrschenden Leitlinien und Handlungsprinzipien der kapitalistischen Wirtschaft unterscheiden» (ebd.: 125). Ökologie und Ökonomie bedingen sich. Kein Sozialismus ohne Nachhaltigkeit, keine Nachhaltigkeit ohne Sozialismus. Die Perspektive auf eine Gerechtigkeit, die zukünftige Generationen einbezieht (vgl. ebd.: 123), beinhaltet eine sehr wichtige utopische Intention. Diese ist zugleich eine neue Motivation, um geschlechtliche Arbeitsteilung zu hinterfragen. Nachhaltige Ökonomie kann nur gelingen, «wenn ein erweitertes Verständnis von Wirtschaften und Arbeiten zugrunde gelegt wird. [...] Versorgungsarbeit, Eigenarbeit, ehrenamtliches Engagement sind sowohl für jedes Gemeinwesen als auch für die private Versorgung unabdingbar» (ebd.: 125). Eine nichtkapitalistische Ökonomie, um beim Beginn der Negation zu bleiben, muss Care-Arbeit, die immer noch Frauen zugeschrieben wird, neu verteilen und integrieren. Nachhaltigkeit erfordert ein Nachdenken darüber, wie die Konkretion utopischer Ansätze – Vorsorge, Kooperation und Bedarfswirtschaft (vgl. ebd.: 130) – zu erneuern ist. Taugt die Idee einer solidarischen, globalen, ökologischen und feministischen Gesellschaft, die vielleicht eine Postwachstumsgesellschaft (Paech 2012) wäre, als vermittelnde Utopie?

Für Oskar Negt ist das Denken in Zusammenhängen eine Bedingung von Utopiefähigkeit. Natur und Kultur, Individuum und Gesellschaft, Glück und Vernunft stehen nicht nur im Verhältnis, sondern gehen als Dimensionen in die Utopie ein, die sie miteinander vermittelt. Seit den Anfängen des utopischen Denkens spielt die Gestaltbarkeit der Welt eine Rolle. Morus' Utopier haben genau ausgerechnet, «wie viel Lebensmittel die Stadt mitsamt ihrer Umgebung verbraucht» (Morus 1516/1998: 50), in Fouriers Phalanstère erfolgt sogar die «Berechnung der mathematischen Eigenschaften der Leidenschaften» (Fourier 1843/2006: 36f.). August Bebel schreibt in «Die Frau und der Sozialismus» zum Zukunftsstaat: «Die Statistik spielt hier die Hauptrolle; sie ist die wichtigste Hilfswissenschaft in der neuen Gesellschaft, sie liefert das Maß für alle gesellschaftliche Tätigkeit» (vgl. Bebel 1880/1973). Statistische Möglichkeiten ersetzen keine utopischen Bestrebungen, aber seit die Technik mit Rechenmaschinen neue Möglichkeiten erzeugt, richten sich darauf Intentionen von Utopien. Marcuse dämpft Technikeuphorie mit dem Verweis auf ihren instrumentellen Charakter. «Was die Kybernetik und Computer zur totalen Kontrolle einer menschlichen Existenz beitragen können, das wissen wir bereits.» (Marcuse 1967/1980: 15) Was sie für eine nachhaltige, solidarische, sozialistische Ökonomie leisten könnten, kennen wir höchstens als Utopie.

Utopiebewusstsein ist kein Fortschrittsglaube, es will diesem erst Orientierung geben. Einige Autoren sehen nun in Automatisierung und zunehmendem EDV-Einsatz die Grundlage eines «Computer-Sozialismus» (Peters 2000), eines «Sozialismus des 21. Jahrhunderts» (Dieterich 2006) mit «Alternativen aus dem Rechner – Für sozialistische Planung und direkte Demokratie» (Cockshott/Cottrell 2006). Die Aufregung um neue Techniken ist altbekannt, aber weder ist die Französische Revolution auf die Erfindung der Wandzeitung zurückzuführen noch die Ägyptische Revolution auf Twitter. Wohnen der Technik «utopische Möglichkeiten inne» (Marcuse, Schriften 8: 244), so müssen diese doch gewollt, gewertet, gefunden und gefordert werden, um zur Umsetzung von Utopien beizutragen. «Praktisch jeder Arbeitsvorgang ist ab dem Moment, da er in Ablaufplänen darstellbar ist, auch von Computern zu übernehmen», schreibt der Theoretiker Sven Oliveira Cavalcanti (2006: 228). Aber dies gilt nur für mechanische Arbeiten, die die Utopie attrakiver Arbeit überwinden will, wenngleich – bei nachhaltigem Umgang mit Ressourcen – «ein Abbau von Bürokratie und Verwaltung – und damit die drastische Reduktion der gesellschaftlich notwendigen Arbeitszeit» (ebd.) möglich wäre. Eine Gefahr des Computersozialismus liegt wohl darin, erneut Ungleiches berechenbar zu machen und letztlich nur kapitalistische Formalität fortzusetzen. Bedeutsam ist die Kommunikationstechnologie als Mittel dezentral organisierter Koordination. «Sozialistische Planwirtschaft bewirkt die direkte Entsprechung von Produktion und Konsum. Mit seiner Fähigkeit, in einem einzigen Gerät Milliarden von Rechenoperationen pro Sekunde vorzunehmen, kann der Computer schon heute die Bedürfnisse der Menschen erfassen und ordnen sowie ihre Befriedigung durch die Planung und Organisation von Produktion, Dienstleistung und Verteilung ins Werk setzen.» (Peters 2000: 129)

Die Grenze zur Dystopie ist nah. Sicher können Computer die globale Kommunikation und Koordination erleichtern, soweit die soziale Utopie. Aber ihnen die Organisation zu übertragen, tötet die politische Utopie. Glück ohne Gestaltungsfreiheit wäre keines, sondern bloß effektivere Bedarfsdeckung des Konsums. Gestaltungsfreiheit eigenen Glücks setzt wiederum die Sozialisierung der Ressourcen voraus. Computer gehören logischerweise dazu, aber ihre Logistik ersetzt nicht utopisches Wollen. Für Stefan Meretz ist auch die Bewegung für freie Software eine mit utopischer Intention, sofern sie Keimformen und Bedürfnisse einer Bedarfswirtschaft artikuliert (vgl. Meretz 2006). Es bleiben offene Fragen, aber welche Techniken bei der Verwirklichung unserer Utopien in Dienst genommen werden müssen, können und sollen, kann nur die Zukunft beantworten. Computersozialismus und Nachhaltigkeitssozialismus sind in diesem Sinne nur Pole einer neuen sozialistischen Utopie.

Im historischen Rückblick sind ebenso unabgegoltene Utopien zu finden, wie im Hinblick auf aktuelle politische Bewegungen. Eine solche Arbeit des Erinnerns unabgegoltener Utopien und des Entdeckens heutiger Formen utopischen Bewusstseins, kann nicht in einem Buch, nicht in einer Lebensspanne und nicht von einem Menschen geleistet werden. Was diese Einführung hoffentlich leisten kann, ist eine Schärfung des Blicks für die Funktionen, die utopisches Denken im emanzipatorischen Denken haben kann. Als Negation des Bestehenden, Intention auf Besseres, Konkretion von Möglichkeiten, Motivation von

Aktivitäten, Artikulation von Bedürfnissen und Option auf Orientierung steht utopisches Bewusstsein nicht nur neben kritischem Bewusstsein und politischem Bewusstsein, sondern bildet mit diesen eine Konstellation, deren Gravitationszentrum ein noch zu umkreisendes emanzipatorisches Bewusstsein ist. Das «Gespenst des Kommunismus» und der Geist der Utopie, als Kritik und Möglichkeitssinn, Kälte- und Wärmestrom, können den Spuk der Warengesellschaft nur gemeinsam austreiben. Ob «die soziale Revolution aus dem Reich der Utopie in das Reich der Wirklichkeit» tritt (MEW 6: 150), ob sich Menschen in realer Freiheit assoziieren und welche Bedürfnisse sie utopisch artikulieren, ob utopisches Bewusstsein TrägerInnen findet und dazu motivieren kann, konkrete Möglichkeiten zu suchen, um das Bestehende emanzipatorisch zu überwinden und damit Bestrebungen veralten zu lassen, die schon viel zu lange auf ihre Verwirklichung warten, kann keine Theorie der Utopie, sondern nur Praxis erweisen. Utopien sind der kritisch zu prüfende und politisch umzusetzende Ausdruck von Hoffnung auf eine Zukunft, die mehr sein soll als die Verlängerung einer Gegenwart, die Utopien hervorbringt.

8. Literaturverzeichnis

Siglen nach dem Titel, soweit bekannt das Datum der Erstveröffentlichung (oder Niederschrift).

GS: Adorno, Theodor W. (2003): Gesammelte Schriften. Rolf Tiedemann (Hg.). Frankfurt a.M.

GS 3: Dialektik der Aufklärung (mit Max Horkheimer), 1947.
GS 4: Minima Moralia, 1951.
GS 6: Negative Dialektik, 1966.
GS 7: Ästhetische Theorie, 1969/1970.
GS 8: Beitrag zur Ideologienlehre, 1954, 457–477.
GS 11: Henkel, Krug und frühe Erfahrung, 1969, 556–566.
GS 11: Die Wunde Heine, 1996, 95–100.
GS. 20.1: Keine Angst vor dem Elfenbeinturm (Spiegel-Interview), 1969, 402–409.

Bloch, Ernst (1985): Werkausgabe, Frankfurt a. M.

GDU 1: Geist der Utopie. Erste Fassung, 1918.
GDU 2: Geist der Utopie. Zweite Fassung, 1923.
TMTR: Thomas Münzer als Theologe der Revolution, 1921.
EDZ: Erbschaft dieser Zeit, 1935.
DPH 1: Das Prinzip Hoffnung – Band 1, 1953–1959.
DPH 2: Das Prinzip Hoffnung – Band 2, 1953–1959.
DPH 3: Das Prinzip Hoffnung – Band 3, 1953–1959.
NMW: Naturrecht und menschliche Würde, 1961.
TEP: Tübinger Einleitung in die Philosophie, 1963.
AIC: Atheismus im Christentum, 1968.
PMPV: Politische Messungen, Pestzeit, Vormärz, 1970.
PMPVa: Die Leere, 1913, 19.
PMPVb: Der Aufmarsch, 1914, 20.
PMPVc: Der undiskutierbare Krieg, 1914/1915, 20–26.
PMPVd: Jugend, Hindenburg und Republik, 1919, 64–70.
PMPVe: Über Politik als Kunst des Möglichen, 1962, 409–418.
PMPVf: Über das Pulverfaß im Nahen Osten, 1967, 419–424.
PMDVg: Wie Marxismus heute wieder ‹interessant› geworden ist, 1969, 161–167.
TLU: Tendenz – Latenz – Utopie, 1978.
TLUa: Etwas fehlt... Über die Widersprüche der utopischen Sehnsucht, Gespräch mit Theodor W. Adorno, 1964, 350–367.
TLUb: Über ungelöste Aufgaben der sozialistischen Theorie, 1965, 194–208.
TLUc: Gibt es Zukunft in der Vergangenheit, 1966, 286–300.
TLUd: Marx, Bakunin und der Staat, 1970, S. 228–233.
TLUe: Utopische Funktion im Materialismus, 1971, 265–285.
TLUf: Über Ungleichzeitigkeit, Provinz und Propaganda, 1974, 209–220.

MEW: Marx, Karl und Friedrich Engels (1956ff.): Marx Engels Werke, Berlin.

MEW 1: Marx. Briefe aus den deutsch-französischen Jahrbüchern, 1844, 337–346.
MEW 1: Marx. Zur Kritik der Hegelschen Rechtsphilosophie – Einleitung, 1844, 378–391.
MEW 2: Marx und Engels. Die heilige Familie, 1845, 3–223.
MEW 3: Marx und Engels. Die deutsche Ideologie, 1845/1932, 5–530.
MEW 3: Marx. Thesen über Feuerbach, 5ff.
MEW 4: Marx und Engels. Manifest der kommunistischen Partei, 1848, 459–493.
MEW 6: Marx. Die revolutionäre Bewegung, 1848, 148–150.
MEW 8: Marx. Der 18. Brumaire des Louis Bonaparte, 1852, 111–207.
MEW 13: Marx. Zur Kritik der politischen Ökonomie, 1859, 3–160.
MEW 17: Marx. Erster Entwurf zum «Bürgerkrieg in Frankreich», 1871, 493–571.
MEW 18: Engels. Von der Autorität, 1874, 305–308.
MEW 19: Marx. Kritik des Gothaer Programms, 1890-91, 13–32.
MEW 22: Engels. Einleitung zu «Der Bürgerkrieg in Frankreich» von Karl Marx (Ausgabe 1891), 1881, 509–527.
MEW 23: Marx. Das Kapital – Kritik der politischen Ökonomie, 1. Band, 1867.

Marcuse, Herbert (2004): Schriften, Springe.

Schriften, Band 5: Triebstruktur und Gesellschaft, 1955/1965.
Schriften, Band 6: Die Gesellschaftslehre des sowjetischen Marxismus, 1958/1974.
Schriften, Band 7: Der eindimensionale Mensch,1964.
Schriften, Band 8: Aufsätze und Vorlesungen, u.a. Versuch über die Befreiung, 1969.
Schriften, Band 9a: Konterrevolution und Revolte, 1972, 7–128.
Schriften, Band 9b: Theorie und Praxis, 1974, 143–158.
Schriften, Band 9c: Marxismus und Feminismus, 1974, 131–142.
Schriften, Band 9d: Scheitern der Neuen Linken, 1975, 159–170.

Literarische Utopie: Romane / Buch-Utopien

Bacon, Francis (1627/1998): Neu-Atlantis, in: Grassi, Ernesto (Hg.): Der utopische Staat, Hamburg.
Campanella, Tommaso (1623/1998): Sonnenstaat, in: Grassi, Ernesto (Hg.): Der utopische Staat, Hamburg.
Elias, Nobert (1985): Thomas Morus' Staatskritik, in: Voßkamp, Wilhelm: Utopieforschung Bd. 2, Frankfurt a.M.
Heinisch, Klaus J. (1998): Zum Verständnis der Werke, in: Grassi, Ernesto (Hg.): Der utopische Staat, Hamburg.
Hölscher, Lucian (1990): Utopie, in: Brunner, Otto / Conze, Werner / Koselleck, Reinhart (Hg.): Geschichtliche Grundbegriffe, Stuttgart.
Honke, Gudrun (1985): Die Rezeption der Utopia im frühen 16. Jahrhundert, in: Voßkamp, Wilhelm (Hg.): Utopieforschung, 2. Band, Frankfurt a.M.
Koselleck, Reinhart (1985): Die Verzeitlichung der Utopie, in: Voßkamp, Wilhelm (Hg.): Utopieforschung, 2. Band, Frankfurt a.M.

Linebaugh, Peter und Rediker, Marcus (2008): Die vielköpfige Hydra – Die verborgene Geschichte des revolutionären Atlantiks, Hamburg.
Morus, Thomas (1516/1998): Utopia, in: Grassi, Ernesto (Hg.): Der utopische Staat, Hamburg.
Platon (370v. Chr./1991): Politeia – griechisch und deutsch, in: Sämtliche Werke. Band 5, Hülser, Karlheinz (Hg.): Platon. Sämtliche Werke in zehn Bänden, Frankfurt a.M.
Saage, Richard (2010): Utopische Horizonte, Münster.
Mohl, Robert von (1859): Encyklopädie der Staatswissenschaften, Tübingen.

(Früh-)Sozialistische Utopie: Siedlungspläne / Siedlungs-Utopien

Babeuf, Gracchus (1795/1972): Der Krieg der Armen gegen die Reichen, in: Kool, Frits und Krause, Walter (Hg.): Die frühen Sozialisten, Band 2, München.
Burckhardt, Martin (2006): Der Philosoph der Kleinanzeige, Berlin.
Cabet, Étienne (1841/1972): Kommunistisches Glaubensbekenntnis, in: Kool, Frits und Krause, Walter (Hg.): Die frühen Sozialisten, Band 2, München.
Cabet, Étienne (1840/1972): Ikarische Grundsätze, in: Kool, Frits und Krause, Walter (Hg.): Die frühen Sozialisten, Band 2, München.
Chlavda, Marvin / Gwisdalla, Andreas (2014): Charles Fourier – Eine Einführung in sein Denken, Aschaffenburg.
de Saint-Simon, Henri (1824/1972): Beweise, daß die französischen Proletarier in der Lage sind, Eigentum gut zu verwalten, in: Kool, Frits und Krause, Walter (Hg.): Die frühen Sozialisten, Band 1, Olten.
de Saint-Simon, Henri (1820/1972): Die Industrie, in: Kool, Frits und Krause, Walter (Hg.): Die frühen Sozialisten, Band 1, Olten.
de Saint-Simon, Henri (1814/1972): Die Reorganisation der europäischen Gesellschaft, in: Kool, Frits und Krause, Walter (Hg.): Die frühen Sozialisten, Band 1, Olten.
Droz, Jacques (1974): Geschichte des Sozialismus, Band 2, Frankfurt a.M.
Fourier, Charles (1967): Aus der neuen Liebeswelt, in: Burckhardt, Martin (2006): Der Philosoph der Kleinanzeige, Berlin.
Fourier, Charles (1851): Veröffentlichung der Manuskripte von Charles Fourier, in: Burckhardt, Martin (2006): Der Philosoph der Kleinanzeige, Berlin.
Fourier, Charles (1848a): Die Phalanstère, in: Burckhardt, Martin (2006): Der Philosoph der Kleinanzeige, Berlin.
Fourier, Charles (1848b): Die neue Welt der Industrie und Gesellschaft, in: Burckhardt, Martin (2006): Der Philosoph der Kleinanzeige, Berlin.
Fourier, Charles (1846): Die Theorie der vier Bewegungen, in: Burckhardt, Martin (2006): Der Philosoph der Kleinanzeige, Berlin.
Fourier, Charles (1845–1849): La Phalange, in: Burckhardt, Martin (2006): Der Philosoph der Kleinanzeige, Berlin.
Fourier, Charles (1843): Theorie der universellen Einheit, in: Burckhardt, Martin (2006): Der Philosoph der Kleinanzeige, Berlin.
Grosche, Mona (2003): Anarchismus und Revolution, Moers.

Jauch, Liane und Römer, Marie-Luise (1988): Nachwort, in: Owen, Robert – Das soziale System, Leipzig.
Kool, Frits und Krause, Werner (1972): Étienne Cabet, in: Die frühen Sozialisten, Band 2, München.
Owen, Robert (1827a): Das soziale System, in: Jauch, Liane und Römer, Marie-Luise (Hg.) (1988): Robert Owen – Das soziale System, Leipzig.
Owen, Robert (1827b): Über ein neues Gesellschaftssystem, in: Jauch, Liane und Römer, Marie-Luise (Hg.) (1988): Robert Owen – Das soziale System, Leipzig.
Owen, Robert (1827c): Über ein neues Gesellschaftssystem II, in: Jauch, Liane und Römer, Marie-Luise (Hg.): (1988): Robert Owen – Das soziale System, Leipzig.
Owen, Robert (1835a): Über das Eigentum, in: Jauch, Liane und Römer, Marie-Luise, (1988) (Hg.): Robert Owen – Das soziale System, Leipzig.
Owen, Robert (1835b): Über das Eigentum II, in: Jauch, Liane und Römer, Marie-Luise, (1988) (Hg.): Robert Owen – Das soziale System, Leipzig.
Owen, Robert (1835c): Über das Eigentum III, in: Jauch, Liane und Römer, Marie-Luise, (1988) (Hg.): Robert Owen – Das soziale System, Leipzig.

Wissenschaftlicher Sozialismus, Sozialdemokratie und Zukunftsstaat

Bebel, August (1880/1973): Die Frau und der Sozialismus, Berlin.
Benjamin, Walter (1940/1965): Geschichtsphilosophische Thesen, in: Zur Kritik der Gewalt und andere Aufsätze, Frankfurt a. M.
Engels, Friedrich (1880/2009): Die Entwicklung des Sozialismus von der Utopie zur Wissenschaft, Zittau.
Fülberth, Georg (1977): Die Entwicklung der deutschen Sozialdemokratie von ihrer Gründung bis zum Revisionismusstreit, in: Geschichte der deutschen Sozialdemokratie 1863–1975, Köln.
Heyer, Andreas (2006): Die Utopie steht links! Ein Essay, Berlin.
Hoffrogge, Ralf (2011): Sozialismus und Arbeiterbewegung in Deutschland – Von den Anfängen bis 1914, Stuttgart.
Kautsky, Karl (1892): Das Erfurter Programm – in seinem grundsätzlichen Teil erläutert, nach: http://www.marxists.org/deutsch/archiv/kautsky/1892/erfurter/index.htm (eingesehen am 26.11.2013).
Kautsky, Karl (1888): Thomas More und seine Utopie, nach: http://www.marxists.org/deutsch/archiv/kautsky/1888/more/index.htm (eingesehen am 26.11.2013).
Lenin (Uljanow), Wladimir Iljitsch (1917/1978): Staat und Revolution, Berlin.
Luxemburg, Rosa (1970/1898): Sozialreform oder Revolution, Schriften zur Theorie der Spontaneität, Hamburg.
Ruck, Michael u. Dauderstädt, Michael (2011): Zur Geschichte der Zukunft – Sozialdemokratische Utopien und ihre gesellschaftliche Relevanz, Bonn.
Weber, Max (1922): Wirtschaft und Gesellschaft, Tübingen.

Weber Max (1918/1988): Der Sozialismus, in: Weber, Marianne (Hg.): Max Weber: Gesammelte Aufsätze zur Soziologie und Sozialpolitik, Tübingen.
Wilde, Oscar (1891/2008): Der Sozialismus und die Seele des Menschen, Berlin.

Rehabilitation der Utopie im frühen 20. Jahrhundert

Adorno, Theodor W. (1966): Vorwort zu «Charles Fourier: Theorie der vier Bewegungen und der allgemeinen Bestimmungen», Frankfurt a.M.
Becerra, Irma (1995): Relationale Utopie – Über das gegenwärtige Dialogpotential der Wissenssoziologie Karl Mannheims in Zeiten der Globalisierung des Antiutopischen, Münster.
Bein, Alex (1996): Theodor Herzl – Briefe und Tagebücher, Band 7, Berlin.
Bein, Alex (1980): Die Judenfrage. Biographie eines Weltproblems, Stuttgart 1980.
Benjamin, Walter (1936/1963): Das Kunstwerk im Zeitalter seiner technischen Reproduzierbarkeit, Frankfurt a.M.
Bloch, Ernst (1967): Zur Ontologie des Noch-Nicht-Seins, in: Holz, Hans-Heinz (Hg.): Ernst Bloch, Auswahl aus seinen Schriften, Frankfurt a.M.
Bloch, Ernst (1918/1985): Das falsche Geleise Zimmerwald, in: Kampf, nicht Krieg, Frankfurt a.M.
Buber, Martin (1945/1967): Der utopische Sozialismus, Köln.
Christen, Anton F. (1979): Ernst Blochs Metaphysik der Materie, Bonn.
Dowe, Dieter (1972): Die erste sozialistische Tageszeitung in Deutschland, in: Archiv für Sozialgeschichte, Bd. 12, Berlin.
Fetscher, Iring (1968): Über Ernst Bloch, in: Über Ernst Bloch, Frankfurt a.M.
Frommann, Anne (1989): Fortschritt – heute, in: Strohmaier, Jürgen C. (Hg.): Beiträge zur Aktualität Ernst Blochs, Mösslingen-Talheim.
Graf, Rüdiger (2003): Die Mentalisierung des Nirgendwo und die Transformation der Gesellschaft. Der theoretische Utopiediskurs in Deutschland 1900–1933, in: Hardtwig, Wolfgang (Hg.): Utopie und politische Herrschaft im Europa der Zwischenkriegszeit, München.
Haffner, Sebastian (1979/1991). Die deutsche Revolution 1918/1919, München.
Hofmann, Wilhelm (1996): Karl Mannheim zur Einführung, Hamburg.
Horkheimer, Max (1942/1968): Der autoritäre Staat, Amsterdam.
Horkheimer, Max (1937/2005): Traditionelle und kritische Theorie, Frankfurt a. M.
Horkheimer, Max (1930/1971): Anfänge der bürgerlichen Geschichtsphilosophie, Frankfurt a. M.
Horkheimer (1930/1987): Ein neuer Ideologiebegriff?, in: GS 2, Frankfurt a. M., 271–294.
Jung, Thomas (2007): Die Seinsgebundenheit des Denkens – Karl Mannheim und die Grundlage einer Denksoziologie, Bielefeld.
Jung, Thomas (2009): Wächter zu sein in finsterer Nacht: Karl Mannheims denksoziologische Bestimmung des Intellektuellen, in: Jung,

Thomas / Müller-Doohm, Stefan (2009): Fliegende Fische – Eine Soziologie des Intellektuellen in 20 Porträts, Frankfurt a. M.
Kermani, Navid (2011): Bloch, gegen die Gegenwart gedacht, in: Nida-Rümelin, Julian und Kufeld, Klaus (Hg.): Die Gegenwart der Utopie, Zeitkritik und Denkwende, Freiburg.
Kreis, Christian (2006): Das Verhältnis der «Kritischen Theorie» von Max Horkheimer und Theodor W. Adorno zum utopischen Denken, Stuttgart.
Landauer, Gustav (1907/2003): Die Revolution, Münster.
Landauer, Gustav (1911/1978): Aufruf zum Sozialismus, Wetzlar.
Landauer, Gustav (1919/1929): Brief an Margarete Susman vom 31. Januar 1919, in: Buber, Martin: Gustav Landauer – Sein Lebensgang in Briefen, Frankfurt a.M.
Mannheim, Karl (1935/1986): Utopie, in: Neusüss, Arnhelm (Hg.): Utopie, Frankfurt a.M. / New York.
Mannheim, Karl (1929/1995): Ideologie und Utopie, Frankfurt a.M.
Mannheim, Karl (1935): Mensch und Gesellschaft im Zeitalter des Umbaus, Leiden.
Maihofer, Werner (1968): Ernst Blochs Evolution des Marxismus, Frankfurt a.M.
Münster, Arno (1977): Tagträume vom aufrechten Gang – 6 Interviews mit Ernst Bloch, Frankfurt a.M.
Münster, Arno (1982): Utopie, Messianismus u. Apokalypse im Frühwerk von Ernst Bloch, Frankfurt a.M.
Negt, Oskar (1989): Aufrechter Gang, in: Strohmaier, Jürgen C. (Hg.): Beiträge zur Aktualität Ernst Blochs, Mösslingen-Talheim.
Neusüss, Arnhelm (1968): Utopisches Bewusstsein und freischwebende Intelligenz, Zur Wissenssoziologie Karl Mannheims, Meisenheim am Glan.
Notz, Gisela (2012): Theorien alternativen Wirtschaftens, Stuttgart.
Paschukanis, Eugen (1923/2003): Allgemeine Rechtslehre und Marxismus, Freiburg.
Rocker, Rudolf (1919/1999): Vorrede, in: Kropotkin, Peter: Die Eroberung des Brotes, Bern/Grafenau.
Schmidt, Burghardt (2011): Wie ist konkrete Utopie heute zu denken, in: Nida-Rümelin, Julian und Kufeld, Klaus (Hg.): Die Gegenwart der Utopie, Zeitkritik und Denkwende, Freiburg.
Stapelfeldt, Gerhard (2013): Der Geist des Widerspruchs – Studien zur Dialektik, 2. Band, Freiburg.
Tillich, Paul (1951/1969): Die politische Bedeutung der Utopie, in: Für und wider den Sozialismus, Stuttgart.
Wolf, Siegbert (1988): Gustav Landauer zur Einführung, Hamburg.
Wolf, Siegbert (2003): «...nicht der Staat, sondern die Gesellschaft, die Gesellschaft von Gesellschaften» – Gustav Landauers «Die Revolution», in: Landauer, Gustav: Die Revolution, Münster.

Renaissance der Utopie in der Neuen Linken

Arendt, Hannah (1968): Die Revolution, München.
Bahro, Rudolf (1979): Die Alternative – Zur Kritik des real existierenden Sozialismus, Berlin.
Benicke, Jens (2010): Von Adorno zu Mao, Freiburg.
Biene Baumeister Zwi Negator (2005): Situationistische Revolutionstheorie – Eine Aneignung, Stuttgart.
Brieler, Ulrich (2008): Foucault und 1968. Widerspenstige Subjektivitäten, in: Philipps, Axel und Hechler, Daniel (Hg.): Widerstand denken. Michel Foucault und die Grenzen der Macht, Bielefeld.
Bookchin, Murray (1981): Utopismus und Futurismus, in: Hierarchie und Herrschaft, Berlin.
Constant (1959/1995): Eine andere Stadt für ein anderes Leben, in: Situationistische Internationale (1995): Der Beginn einer Epoche, Hamburg.
Dahrendorf, Ralf (1967): Pfade aus Utopia – Arbeiten zur Theorie u. Methode der Soziologie, München.
Debord, Guy (1955/1995): Einführung in eine Kritik der städtischen Geographie, in: Situationistische Internationale (1995): Der Beginn einer Epoche, Hamburg.
d'Idler, Martin (1999): Neue Wege für Übermorgen – Ökologische Utopien seit den 70er Jahren, Köln.
Dutschke, Rudi (1967/1980): Diskussion, in: Marcuse, Herbert: Das Ende der Utopie, Frankfurt a.M.
Foucault, Michel (1967/2013): Die Heterotopien – Der utopische Körper – Zwei Radiovorträge, Frankfurt a.M.
Foucault, Michel (2002): Gefängnisse und Gefängnisrevolten, in: ders., Schriften, Band II, Frankfurt a.M.
Foucault, Michel (2003a): Folter ist Vernunft, in: ders., Schriften, Band III, Frankfurt a. M.
Foucault, Michel (2003b): Vorwort, in: ders., Schriften, Band III, Frankfurt a.M.
Foucault, Michel (2004): Hermeneutik des Subjekts. Vorlesung am Collège de France (1981/82), Frankfurt a.M.
Foucault, Michel (2005a): Das Subjekt und die Macht, in: ders., Schriften, Band IV, Frankfurt a.M.
Foucault, Michel (2005b): Wahrheit, Macht, Selbst. Ein Gespräch zwischen Rux Martin und Michel Foucault (25. Oktober 1982), in: Dits et Ecrits, Band IV, Frankfurt a.M.
Freud, Sigmund (1930/1970): Das Unbehagen in der Kultur, Frankfurt a.M und Hamburg.
Freud, Sigmund (1938/1970): Abriß der Psychoanalyse, Frankfurt a.M. und Hamburg.
Goble, Frank (1979): Die dritte Kraft – A.H. Maslows Beitrag zu einer Psychologie seelischer Gesundheit, Olten.
Hechler, Daniel und Philipps, Axel (2008): Einleitung, in: Philipps, Axel (Hg.) und Hechler, Daniel: Widerstand denken. Michel Foucault und die Grenzen der Macht, Bielefeld.
Hegel, Georg W. F. (1820/1986): Grundlinien der Philosophie des Rechts, Frankfurt a.M.
Heiss, Robert (1973): Utopie und Revolution, München.

Jansen, Peter-Erwin (2006): Die Begierde nach Gesellschaft, in: Hawel, Marcus und Kritidis, Gregor: Aufschrei der Utopie, Hannover.

Jonas, Hans (1979): Das Prinzip Verantwortung, Frankfurt a.M.

Klass, Tobias (2008): Foucault und der Widerstand. Anmerkung zu einem Missverständnis, in: Hechler, Daniel und Philipps, Axel (Hg.): Widerstand denken. Michel Foucault und die Grenzen der Macht, Bielefeld, S. 149–168.

Kolakowski, Leszek (1961/1986): Der Sinn des Begriffs Linke, in: Arnhelm Neusüss (Hg.): Utopie, Frankfurt a.M.

Krahl, Hans-Jürgen (1971): Konstitution und Klassenkampf, Frankfurt a.M.

Lavagno, Christian (2003): Rekonstruktion der Moderne. Eine Studie zu Habermas und Foucault, Münster.

Levitas, Ruth (1990): The concept of utopia, London.

Lichtblau, Klaus (2001): Die poststrukturalistische Herausforderung, in: Faber, Richard / Stölting, Erhard (Hg.): Die Phantasie an der Macht?, 1968 – Versuch einer Bilanz.

Lyotard, Jean-François (1984/2007): Randbemerkungen zu den Erzählungen, in: Engelmann, Peter (Hg.): Postmoderne und Dekonstruktion, Stuttgart.

Marcuse, Herbert (1941/1998): Über soziale und politische Aspekte des Nationalsozialismus, in: Feindanalysen – Über die Deutschen, Lüneburg.

Marcuse, Herbert (1967/1980): Das Ende der Utopie, Frankfurt a. M.

Marcuse, Herbert (1970): Freiheit und Notwendigkeit, in: Marx und die Revolution, Frankfurt a.M.

Marcuse, Herbert (1981): So sieht in der bürgerlichen Gesellschaft der Fortschritt aus, in: Gespräche mit Herbert Marcuse, Frankfurt a.M.

Marcuse, Herbert (1999): Nachgelassene Schriften I, Das Schicksal der bürgerlichen Demokratie, Springe.Mehnert, Klaus (1973): Moskau und die Neue Linke, Stuttgart.

Neusüss, Arnhelm (1968/1986) : Utopie – Begriff u. Phänomen des Utopischen, Frankfurt a.M.

Picht, Georg (1970): Mut zur Utopie – Die großen Zukunftsaufgaben, München.

Pinot-Gallizio, Guiseppe (1959/1995): Rede über die industrielle malerei und anwendbare einheitliche Kunst, in: Situationistische Internationale (SI) (1959/1995): Der Sinn im Absterben der Kunst, in: SI: Der Beginn einer Epoche – Texte der Situationsiten, Hamburg.

Polak, Fred L. (1961/1986): Wandel und bleibende Aufgabe der Utopie, in: Neusüss, Arnhelm (Hg.): Utopie, Frankfurt a.M.

Popper, Karl R. (1947/1986): Utopie und Gewalt, in: Neusüss, Arnhelm (Hg.): Utopie, Frankfurt a.M.

Rotermundt, Rainer (1980): Verkehrte Utopien – Nationalsozialismus – Neonazismus – Neue Barbarei, Frankfurt a.M.

Ruffing, Reiner (2010): Michel Foucault. Paderborn.

Rühle, Otto (1935/1971): Mut zur Utopie – Baupläne für eine neue Gesellschaft, Hamburg.

Scholz, Roswitha (2000): Das Geschlecht des Kapitalismus, Bad Honnef.

Schröter, Welf (1989): Rudis Weg zu Bloch, in: Strohmaier, Jürgen C. (Hg.): Beiträge zur Aktualität Ernst Blochs, Mösslingen-Talheim.

Sofsky, Wolfgang (1971): Revolution und Utopie: Bemerkungen zur Emanzipationstheorie im fortgeschrittenen Kapitalismus, Frankfurt a.M.
Stark, Franz (1972): Revolution oder Reform – Herbert Marcuse und Karl Popper, München.
Spaemann, Robert (1977): Zur Kritik der politischen Utopie, Stuttgart.
Trumann, Andrea (2002): Feministische Theorie – Frauenbewegung und weibliche Subjektbildung im Spätkapitalismus, Stuttgart.

Reaktualisierung der Utopie/Utopie in Bewegung

Adamczak, Bini und Kirsten, Guido (2013): If...then...else – Historische Potenziale, konkrete Utopien, mögliche Transformationen, in: jour fixe initiative Berlin (Hg.): etwas fehlt – Utopie, Kritik und Glücks-ver-sprechen, Münster.
Adamczak, Bini (2011): Gestern Morgen – Über die Einsamkeit kommunistischer Gespenster und die Rekonstruktion der Zukunft.
Adler, Max (1923/1972): Neue Menschen – Gedanken über sozialistische Erziehung, Wien.
Améry, Jean (1977): Ein neuer Verrat der Intellektuellen, in: Schatz, Oskar (Hg.): Abschied von Utopia? – Anspruch und Auftrag der Intellektuellen, Graz/Wien/Köln.
Beerhorst, Joachim (2006): Kein Ort? Nirgendwo? Utopisches Denken und seine Aktualität für Gewerkschaften, in: Verena di Pasquale et. al. (Hg.): Grenzüberschreitungen – Zwischen Realität und Utopie, Münster.
Berger, Johannes (1986/2002): Die Versprachlichung des Sakralen und die Entsprachlichung der Ökonomie, in: Honneth, Axel / Joas, Hans: Kommunikatives Handeln, Frankfurt a.M.
Bermbach, Udo (1992): Die Utopie ist tot – es lebe die Utopie, in: Saage, Richard (Hg.): Hat die politische Utopie eine Zukunft?, Darmstadt.
Biebricher, Thomas (2005): Selbstkritik der Moderne, Frankfurt a.M.
Cavalcanti, Sven Oliveira (2006): Utopie der Technik – Reale Möglichkeiten und das Elend der Realität, in: Kritidis, Georg und Hawel, Marcus: Aufschrei der Utopie – Möglichkeiten einer anderen Welt, Hannover.
Cojocaru, Maria-Daria (2012): Die Geschichte von der guten Stadt – Politische Philosophie zwischen urbaner Selbstverständigung und Utopie, Bielefeld.
Cockshott, W. Paul / Cottrell, Alin (2006): Alternativen aus dem Rechner – Für sozialistische Planung und direkte Demokratie, Köln.
Dieterich, Heinz (2006): Der Sozialismus des 21. Jahrhunderts. Wirtschaft, Gesellschaft und Demokratie nach dem globalen Kapitalismus. Berlin.
Do Mar Castro Varela, Maria (2007): Unzeitgemäße Utopien – MigrantInnen zwischen Selbsterfindung und gelebter Hoffnung, Bielefeld.
Eickelpasch, Rolf (1996): Bodenlose Vernunft. Zum utopischen Gehalt des Konzepts kommunikativer Rationalität bei Habermas, in: Eickelpasch, Rolf / Nassehi, Armin: Utopie und Moderne, Frankfurt a.M.
Fahrenbach, Helmut (2001): Wirklichkeit und Reflexion, Pfullingen.

Fest, Joachim C. (1991): Der zerstörte Traum. Vom Ende des utopischen Zeitalters, Berlin.
Fetscher, Iring (1992): Was ist eine Utopie? in: Saage, Richard (Hg.): Hat die politische Utopie eine Zukunft?, Darmstadt.
Gebhardt, Dirk und Holm, Andrej (2011): Initiativen für ein Recht auf Stadt, Hamburg.
Georgi, Fabian (2012): Mit dem Messer der Kritik zum faulen Kern, in: Hinterland 25, München.
Göll, Edgar (2011): Tötet TINA! Utopien als Impulse für zukunftsfähiges Handeln? Annäherungen der Zukunftsforschung, in: Nida-Rümelin, Julian und Kufeld, Klaus (Hg.): Die Gegenwart der Utopie, Zeitkritik und Denkwende, Freiburg.
Gorz, Andre (1999): Arbeit zwischen Misere und Utopie, Frankfurt a.M.
Grigat, Stephan (2007): Fetisch und Freiheit, Über die Rezeption der Marxschen Fetischkritik, die Emanzipation von Staat und Kapital und die Kritik des Antisemitismus, Freiburg.
Grubitzsch, Helga und Eva Kaufmann (1992): Ohne Frauen ist kein Staat zu machen, in: Saage, Richard (Hg.): Hat die politische Utopie eine Zukunft, Darmstadt.
Gruppe Paeris (2010): Spinner, Utopisten, Antikommunisten – Gegen das Festhalten am Bilderverbot und für eine Verständigung über den Kommunismus, in: Phase 2, Nr. 36, Leipzig.
Guillou, Marion (2012): Wir glauben nicht an den Untergang (Interview), Online: http://www.spiegel.de/wissenschaft/mensch/inracehfin-marion.guillou-wie-die-erde-die-menschheit-ernähren-kann-a-839142.html (eingesehen am 30.4.2013).
Gottschlich, Daniela (2008): Care Economy. Nachhaltiges Wirtschaften aus feministischer Perspektive, in: Gottschlich, Daniela et. al. (Hg.): Reale Utopien – Perspektiven für eine friedliche und gerechte Welt, Köln.
Habermas, Jürgen (1960): Ein marxistischer Schelling, in: Über Ernst Bloch, Frankfurt a.M.
Habermas, Jürgen (1973): Wahrheitstheorien, in: Fahrenbach, Helmut (Hg.): Wirklichkeit und Reflexion, Pfullingen.
Habermas, Jürgen (1980/1992): Die Moderne – ein unvollendetes Projekt, Frankfurt a.M.
Habermas, Jürgen (1981/1995a): Die Theorie kommunikativen Handelns Band 1, Frankfurt a.M.
Habermas, Jürgen (1981/1995b): Die Theorie kommunikativen Handelns Band 2, Frankfurt a.M.
Habermas, Jürgen (1985): Die neue Unübersichtlichkeit, Frankfurt a.M.
Habermas, Jürgen (1988): Der philosophische Diskurs der Moderne, Frankfurt a.M.
Hajek, Willi (2013): Das Ende der Geschichte ist vorbei, in: jour fixe initiative Berlin (Hg.): Etwas fehlt – Utopie, Kritik und Glücksversprechen, Münster.
Haug, Frigga (1992): Feminismus als politische Utopie, Notiz, in: Saage, Richard (Hg.): Hat die politische Utopie eine Zukunft?, Darmstadt.
Hettlage, Robert (1977): Utopie der Macht oder Macht der Utopie, in: Schatz, Oskar (Hg.). Abschied von Utopia? – Anspruch und Auftrag der Intellektuellen, Graz – Wien – Köln.

Herkenrath, Mark (2011): Die Globalisierung der sozialen Bewegungen: Transnationale Zivilgesellschaft und die Suche nach einer gerechten Weltordnung, Wiesbaden.
Heubrock, Dietmer (1988): Utopie und Lebensstil. Eine empirische Untersuchung zur Bedeutung von Ernst Blochs Konzept der «konkreten Utopie» für eine materialistisch-psychologische Utopieforschung, Köln.
Hirsch, Joachim (1998): Vom Sicherheitsstaat zum nationalen Wettbewerbsstaat, Berlin.
Holland-Cunz, Barbara (1992): Utopie der anderen Subjekte. Geschlechterverhältnis, Naturverhältnis und nichtteleologische Zeitlichkeit, in: Saage, Richard (Hg.): Hat die politische Utopie eine Zukunft?, Darmstadt.
Holm, Andrej (2011): Das Recht auf Stadt (http://www.blaetter.de/archiv/ jahrgaenge/2011/august/das-recht-auf-die-stadt (eingesehen am 28.12.2012).
Holz, Klaus (2013): Ethik der Utopie – Posthumanismus Marx zufolge in: jour fixe initiative Berlin (Hg.): etwas fehlt – Utopie, Kritik und Glücksversprechen, Münster.
Jour fixe Initiative Berlin (2013): etwas fehlt – Utopie, Kritik und Glücksversprechen, Münster.
Karpenstein-Eßbach, Christa (2011): Utopie in der Literatur, in: Nida-Rümelin, Julian und Kufeld, Klaus (Hg.): Die Gegenwart der Utopie, Zeitkritik und Denkwende, Freiburg.
Kofler, Leo (1977): Dialektik der konservativen und progressiven Intelligenz, in: Schatz, Oskar (Hg.): Abschied von Utopia – Anspruch und Auftrag der Intellektuellen, Graz – Wien – Köln.
Koltan, Michael (2013): Utopischer Marxismus – Henri Lefebvres Entwurf eines revolutionären Romantizismus, in: jour fixe initiative Berlin (Hg.): Etwas fehlt – Utopie, Kritik und Glücksversprechen, Münster.
Kritidis, Gregor (2006): Aufschrei der Utopie – Möglichkeiten einer anderen Welt, Hannover.
Kufeld, Klaus (2011): Zeit für Utopie, in: Nida-Rümelin, Julian und Kufeld, Klaus (Hg.): Die Gegenwart der Utopie, Zeitkritik und Denkwende, Freiburg.
Lefebvre, Henri (1947/1975): Kritik des Alltagslebens, München.
Lefebvre, Henri (1957/1965): Probleme des Marxismus heute, Frankfurt am Main.
Lefebvre, Henri (1967/2011): Le droit à la ville, zit. n. NBO (2011): Das Recht auf Stadt – mehr als eine griffige Parole? In: Transmitter. Jg. 6 (6), Hamburg.
Lefebvre, Henri (1970): La revolution urbaine, zit. n.: Vrenegor, Nicole (2012): Mehr als eine Insel der Unordnung, in: ak – analyse und kritik. Jg. 42 (575), S. 30.
Lenin (eigentlich Uljanow), Wladimir Iljitsch (1913/1966): Drei Quellen und drei Bestandteile des Marxismus, Berlin.
Löwenthal, Richard (1977): Die Intellektuellen zwischen Gesellschaftswandel und Kulturkrisen, in: Schatz, Oskar (Hg.): Abschied von Utopia? – Anspruch und Auftrag der Intellektuellen, Graz – Wien – Köln.

Löwy, Michael (2010): Negativität und Utopie in der Bewegung für globale Gerechtigkeit, in: Luxemburg – Zeitschrift Gesellschaftsanalyse und linke Praxis, Heft 1/2010, Hamburg.
Lukács, Georg (1923/1970): Geschichte und Klassenbewußtsein, Neuwied/Berlin.
Maresch, Rudolf (2004): Renaissance der Utopie. Zukunftsfragen des 21. Jahrhunderts, Frankfurt a.M.
Meretz, Stefan (2006): Freie Software – Keimform einer neuen Form gesellschaftlicher Produktion, in: Kritidis, Georg und Hawel, Marcus: Aufschrei der Utopie – Möglichkeiten einer anderen Welt, Hannover.
Münkler, Herfried (1992): Das Ende des Utopiemonopols und die Zukunft des Utopischen, in: Saage, Richard (Hg.): Hat die politische Utopie eine Zukunft?, Darmstadt.
Molnar, Thomas (1977): Epistemologie und Utopie, in: Schatz, Oskar (Hg.): Abschied von Utopia – Anspruch und Auftrag der Intellektuellen, Graz – Wien – Köln.
Moradian, Omid (2013): Zur Position «Asylsuchender» und ihre Kämpfe in modernen Gesellschaften, online: http://refugeetentaction.net/index.phpoption=com_content&view=article&id=213:zur-position-asylsuchender-und-ihre-kaempfe-in-modernen-gesellschaften&catid=2&Itemid=132&lang=de (eingesehen am 1.11.2013).
Negt, Oskar (1976): Keine Demokratie ohne Sozialismus, kein Sozialismus ohne Demokratie, Frankfurt a.M.
Negt, Oskar (2002): Kindheit und Schule in einer Welt der Umbrüche, Göttingen.
Negt, Oskar (2011): Der politische Mensch: Demokratie als Lebensform, Göttingen.
Negt, Oskar (2012): Nur noch Utopien sind realistisch: Politische Interventionen, Göttingen.
Neupert, Alexander und Doppler, Lisa (2014): Das Recht auf Stadt als konkrete Utopie? Utopisches Bewusstsein als Gegenstand der Bewegungsforschung, in: Gestring, Norbert / Ruhne, Renate / Wehrheim, Jan (Hg.): Stadt und soziale Bewegungen, Wiesbaden.
Neupert, Alexander (2013a): No_body should starve – Die Erfüllung körperlicher Bedürfnisse als Ethos der Utopie, in: Goll, Tobias / Keil, Daniel / Telios, Thomas (Hg.): Critical Matter, Münster.
Neupert, Alexander (2013b): Staatsfetischismus – Zur Rekonstruktion eines umstrittenen Begriffs, Münster.
Nida-Rümelin, Julian (2011): Utopie zwischen Rationalismus und Pragmatismus, in: ders. u. Kufeld, Klaus (Hg.): Die Gegenwart der Utopie, Zeitkritik und Denkwende, Freiburg.
Nollmann, Gerd (1996): Dreistrahlige Vernunft? Zum utopischen Potential des Ästethischen in Habermas' Kommunikationstheorie, in: Eickelpasch, Rolf / Nassehi, Armin: Utopie und Moderne, Frankfurt a.M.
Nolte, Ernst (1992): Was ist oder war die «politische» Utopie?, in: Saage, Richard (Hg.): Hat die politische Utopie eine Zukunft?, Darmstadt.
Paech, Niko (2012): Befreiung vom Überfluss – Auf dem Weg in die Post-Wachstums-Ökonomie, München.

Peters, Arno (2000): Computer-Sozialismus. Gespräche mit Konrad Zuse, Berlin.
Petzold, Joachim (1992): Gedanken beim Lesen zweier Bücher, in: Saage, Richard (Hg.): Hat die politische Utopie eine Zukunft?, Darmstadt.
Rademacher, Claudia (1993): Versöhnung oder Verständigung? Kritik der Habermasschen Adorno-Revision, Lüneburg.
Saage, Richard (Hg.): Hat die politische Utopie eine Zukunft?, Darmstadt.
Schatz, Oskar (1977): Abschied von Utopia?, Graz/Wien/Köln.
Schelsky, Helmut (1977): Die Intellektuellen, die Regierenden u. die Erfahrungen des gemeinen Mannes, in: Schatz, O. (Hg.). Abschied von Utopia? Graz/Wien/Köln.
Schnädelbach, Herbert (1986/2002): Transformation der Kritischen Theorie, in: Honneth, Axel / Joas, Hans: Kommunikatives Handeln, Frankfurt a.M.
Schönherr-Mann, Hans-Martin (2013): Protest, Solidarität und Utopie – Perspektiven partizipatorischer Demokratie, München.
Sontheimer, Kurt (1976): Das Elend unserer Intellektuellen, Hamburg.
Sookee (2011): Working on Wonderland, auf: Bitches Butches Dykes & Divas.
Strasser, Johano (1991): Leben ohne Utopie, Frankfurt a.M.
Tocotronic (2013): Abschaffen, auf: Wie wir leben wollen.
Wallat, Hendrik (2013): Transformationsprobleme. Wissenschaft und Utopie, Geschichte und Freiheit, in: Phase 2, Nr. 45, Leipzig.
Wallerstein, Immanuel (1998/2008): Utopistik – Historische Alternativen des 21. Jahrhunderts, Wien.
Zick, Andreas und Wagner, Ulrich (1995): Soziale Identität und Gruppenverhalten – Sozialpsychologische Beiträge zur Analyse sozialer Bewegungen, in: Forschungsjournal NSB., Jg. 8 (1), Berlin.

Johannes Agnoli

Die Subversive Theorie
«Die Sache selbst» und ihre Geschichte

1. Auflage 2014
230 Seiten,
kartoniert, 18,80 EUR
ISBN 3-89657-066-8

schmetterling verlag

«Ich lasse euch hoffen.» – So endet die «subversive Theorie» Johannes Agnolis. Das Buch dokumentiert die letzte Vorlesungsreihe des Autors 1989/90 am Berliner Otto Suhr-Institut. «Ich wollte», so Agnoli, «Abschied nehmen von der akademischen Aktivität mit einer Reise quer durch die Geschichte der Theorie der menschlichen Rebellion gegen jede Form von Macht und der Unterdrückung. Ich hatte zwei Ziele, abgesehen von meinem grundlegenden Wunsch, das Denken anzuregen und das Gehirn kritisch einzusetzen. Als Erstes geht es um eine historische Forderung: den anderen Weg der Entwicklung des ‹Bewusstseins der Freiheit› aus der Vergessenheit zu reißen, selbstverständlich nicht als linearen Prozess im Sinne Hegels, sondern als ständige Präsenz. Und ich wollte zweitens verständlich machen, daß dieser Weg noch nicht zuende ist, daß die Hoffnung auf eine Gesellschaft der Freien und Gleichen nicht etwa eine eintägig-vergängliche und bedenkliche Kundgebung ist, sondern vielmehr, um es mit Nachdruck zu sagen, der eigentlich Existenzgrund der Menschheit.»

Das Buch wird ergänzt durch ein Sach- und Personenregister sowie umfangreiche Quellenangaben.

Probeheft gratis! 6 Ausgaben: 12 €

Direkte Aktion – anarchosyndikalistische Zeitung:

Besser als jeder Wellnessurlaub!

Unser Verwöhnangebot:

▶ Hirnmassage aus dem Ressort »Hintergrund«: Kritische Analysen aus Sicht der Lohnabhängigen ▶ Motivationstraining durch das Ressort »Betrieb & Gesellschaft«: Berichte über kollektive Aktionen, die Mut machen ▶ Don't do everything yourself: »Wie von anderen lernen und zusammen kämpfen?« erklärt das Ressort »Globales« ▶ Ressort »Kultur«: handverlesene Produktempfehlungen sorgen für Entspannung ▶ Gesichtsmuskeltraining im sozialrevolutionären Kreuzworträtsel

DA
DIREKTE AKTION
anarchosyndikalistische Zeitung

Probeheft gratis:

www.direkteaktion.org

Radical Pursuit

Pocket-Quiz theorie.org.

Der ultimative Test für linke Fragestellungen

1. Auflage 2014
62 Fragekarten in Kunststoffbox
ISBN 3-89657-682-8,
10,00 EUR

schmetterling verlag

Fragen, die jeder und jedem Linken unter den Nägeln brennen: Was meinte Marx mit Fetischismus? Wer war Rubinstein – der Kosename Freuds für seine Geliebte, ein in der Hypnosetherapie häufig verwendetes Pendel oder eher ein sowjetischer Psychologe? Wollten die Lokalisten in der Arbeiterbewegung des 19. Jahrhunderts ein eigenes unabhängiges Parteilokal, ging es um lokale Autonomie oder ging es doch um eine lokale Einheitsfront?

Mit 62 Fragekarten inklusive Antworten lässt sich die Zeit zwischen den Demos im Nu vertreiben und Spaß wird mensch dabei auch noch haben. Wer perfekt sein will, besorgt sich noch einen theorie.org-Schuber dazu und wird unschlagbar – theoretisch zumindest.

Für nur 10 Euro wird sich jede WG kollektiv auf ein hohes Wissenslevel hieven können. Geeignet auch als Geschenk zum Studienanfang und als Quelle fieser Fragen für/an den Prof bzw. SchulerIn.